초보에서 고수 배낭여행자로 등극한 '고구마 아줌마'의 실전 여행담

고구마 아줌마 동남아 피한 배낭여행

김춘자 지음

자유여행 길라잡이
여행마인드

목차

- 머리글 • 8
- 배낭여행 준비물 • 12

제1부
1차 동남아 장기 자유 배낭여행

Chapter 1. 태국
단둘이 인천국제공항에서 출국한 생애 짜릿한 경험 • 18
'여행자의 거리' 치앙마이 타페게이트 • 24
좌충우돌 손짓 발짓으로 찾은 쌈깜펭 온천 + 도이인타논 국립공원 • 34
친정 같은 배낭여행 첫 번째 숙소, '코리아 하우스' • 42
산속 마을 빠이, 매혹적인 매홍선 투어 • 47
진주와 상윤이와 함께 한 치앙마이 투어 • 62
타향만리 '쑤코타이'에서 보낸 고유명절 '설' • 73
씨쌋차 랄라이'에서 아버지 생각이 사무치다 • 88
오늘은 '딩굴딩굴' 자유인으로 여유 만끽하다 • 94
'탑돌이 사원'으로 유명한 '왓프라탓 람빵 루앙' • 100
오래된 티크 목재 가옥 즐비한 동네의 우아한 매력 • 106

"어게인, 치앙마이!" • 113
치앙라이 숙소서 장기투숙객 애영 씨네를 만나다 • 117
말 안 통해도 척척 '뽕빠 밭 온천', '나이트 바자' 망중한 • 122
굽이굽이 산속에서 찾은 평화 '매쌀롱' • 129
머나먼 이국에서 만난 한글, 아카족과 커피 농장 • 140
'타톤' 거쳐서 '치앙라이' 향해 고고! • 146
내 딸 같은 꺼이 부부와 함께 지낸 '푸치파' • 150

Chapter 2. 라오스

물 위에서 이틀, 슬로 보트 타고 라오스로 • 164
'황금 도시' 루앙프라방의 한 라오스 결혼식과 꽝시 폭포 • 169
경건한 스님들의 탁발 인상적 '왓탓루와 사원' • 178
그대, 쏭 강가 방비엥 일몰을 보았는가 • 183
정말 경이롭고 찬란한 아침이었다 • 191
말도 많고 탈도 많은 게스트하우스 • 198
비엔티엔 사원에서의 철야 이색 잔치 • 201
파파야 깍두기를 담가주고 '철수네'와도 안녕! • 207

Chapter 3. 태국 방콕

가슴 아픈 사연 지닌 깐짜나부리 '죽음의 철도' • 212
옛 도시 아유타야에서 사기당할 뻔하다 • 222
"다섯이면 더 즐거워" 애영 씨네와 멋진 재회 • 233
천신만고 끝에 찾아간 기찻길 '매끌렁 시장' • 237

Chapter 4. 말레이시아

페낭의 에메랄드 바다 위 정자에서의 오찬 • 246
갯벌 위에 선 수상 도시, 게탐섬 • 254
정신없이 둘러본 쿠알라룸푸르! • 261
세계 최고 열대우림 고공 유격 훈련 '타만네가라' • 269
유럽풍 고산 도시 '카메룬 하일랜드'와의 멋진 만남 • 277
모성애 강한 엄마 닭과 케이블카 멋진 '랑카위' • 284
'사툰'에서 오매불망 귀국 채비하다 • 296
감개무량한 첫 장기 배낭여행 귀국길 • 301

제2부
2차 장기 동남아 자유 배낭여행

Chapter 1. 베트남 호치민

아침에는 겨울, 저녁에는 여름, 팜응라오 거리 도착 • 310
메콩 강 투어와 어린 시절 '튀밥'의 추억 • 314

국기 깃발 힘찬 호치민시와 전쟁 참상 담긴 구찌터널 · *320*
옛 왕족 한여름 휴양지, '달랏 시티'에서 망중한 · *324*
바다·해변·사막 '무이네' 어촌마을의 황홀경 · *336*
호치민 시장 구경 삼매경에 빠지다 · *355*

◎ **좌충우돌 심심풀이로 거쳐 가는 방콕** · *357*
  - 정다운 친구 같은 방콕시가지 전통시장들 · *360*
  - 45일 간의 인도 자유 배낭여행 대장정 시동 · *368*
  - 기차표 분실 사건과 치앙마이 병원에서 생긴 일 · *370*

Chapter 2. 미얀마

태국·미얀마 국경시장에서의 하룻밤 · *378*
옛 왕조의 흔적, 만들레이 밍군대탑 유적지 · *384*
만들레이 외곽의 영험 있는 파야들 · *388*
'편백나무 숲속 도시' 삐울린과 예술성 높은 곡테철교 · *397*
'1천만 불탑 도시' 바간에 매혹되다 · *407*
바다처럼 큰 호수 품고 있는 '인레' 마을 · *421*
'따웅지' 거쳐 고즈넉한 '삔다야' 일대 종횡무진 · *435*
쉐우민동굴과 살고 싶은 시골 '삔다야' 트레킹 · *444*
인레온천과 밍갈라마켓 장날에서 누린 행복 · *453*
'따지렉' 경유해 다시 찾은 방콕 · *461*

Cambodia

Chapter 3. 캄보디아

홍길동 작전 방불케한 태국에서 캄보디아로의 입국 • *472*
다시 찾은 앙코르 와트와 씨엠림 시내 종횡무진 • *474*
작지만 알찬 수도 '프놈펜'에서의 뜻밖의 수확 • *485*
왕년 최고 휴양지 명성 '보꼬 국립공원' 트레킹 • *492*
한국인 노부부가 하는, 씨하눅의 바닷가 레스토랑 • *502*
산호바다 '코롱섬'에서 물장구치고 놀다 • *508*

◎ **좌충우돌 쉬어가는 방콕** • *515*
 - 방콕의 단골 숙소 '싯데 게스트하우스' • *516*

Chapter 4. 베트남 하노이

몸이 안 좋아 쉬엄쉬엄 구경하는 '항베' • *522*
산수화처럼 아름답고 정겨운 산마을 '싸파' • *530*
웅장한 천국 파노라마, 동쩌이 짬뽁 언덕 투어 • *536*
소박한 깐깐마을과 유럽 풍 '싸파' 정경 • *540*
흥겨운 나룻배 유람 삼매경 '땀꼭 투어'·'하롱베이 투어' • *545*
멋진 미국 할배와 조우한 '흐엉 사원' • *560*
동남아 4개월 자유 배낭여행 대장정 후 집으로! • *567*

제3부
태국에서의 두 달 피한(避寒)여행

Chapter 1.
태국에서의 두 달 피한(避寒)여행 ① 치앙마이 편

① 치암다오 유황 온천 · *580*

Thailand

Chapter 2.
② 빠이 리조트 핫스프링

② 쌈깜펭 유황 온천장 · *606*
③ 도이사켓 유황 온천 · *608*

 머리글

우리 또래 6~70대 어르신들, 배낭여행 맘껏 즐기자!

　패키지 단체 해외여행을 다녀올 때마다 매번 아쉽고 왠지 부족하다는 느낌을 지울 수 없었다. 이러한 아쉬움을 만회하고자 여행 목적지에 대해 미리 공부해 떠나기로 했다.
　패키지 여행으로 가고자 하는 해외 가까운 곳의 가서 볼만한 곳과 먹어야 할 것들, 특산품이 무엇인지를 미리 공부했다. 현지에 가서도 남보다 일찍 일어나 호텔 주변을 둘러보았다. 점심시간에도 밥을 서둘러 먹고 남은 시간에 식당 주변을 돌아보았다.
　저녁에는 숙소에 도착해 남들 씻고 쉴 때 우리 부부는 다시 나와 그 일대를 더 돌아다니는 걸 즐겼다. 그렇게 하나라도 더 보고 더 느끼고 싶었다. 그래도 단체패키지 여행은 늘 부족하고 왠지 아쉬움만 가득했다. 단체여행을 다녀오고 나서도 도서관에서 관련 여행지의 여행 에세이 책자를 빌려다 보며 허전한 마음을 달래곤 했다.
　우리 부부 나이가 어느덧 60대 중반에 접어들었다.

15년의 고구마 농사로 허리와 무릎이 점점 아파오는데~ 이렇게 70살 80살로 늙어 가기에는 내 인생이 너무 억울하고 슬펐다.

인생을 시계로 치면 우리 나이는 오후 6시쯤일 것 같다는 생각이 들었다. 죽기 전까지 남은 황금 같은 6시간을 어떻게 보내야 잘 보내는 건지 공곰히 생각하기에 이르렀다.

그때부터 이제는 엄마가 아닌 인간 김춘자의 여생을 보다 멋지게 살아야겠다고 특단의 결심을 했다. 그래서 내가 가장 가고 싶었던, 항상 꿈만 꾸었던 내 맘대로의 자유 배낭여행을 떠나보기로 했다.

너무 두려웠지만 아주 큰 용기를 내었다.

우리 부부는 인터넷에 익숙하지도 않고 영어도 잘 하지 못 하고 핸드폰도 잘 못 만지는 숙맥불변인지라 주변 사람들과 아이들이 우리 배낭여행 도전에 대한 반대가 심했다.

하지만 지금 이 순간 안 떠나면 영원히 못 갈 것 같아서 나와 남편은 무작정 떠나기로 마음을 굳혔다. 매일 도서관과 각국 주한 대사관을 드나들며 우리 나름의 자유 배낭여행 나름 만반의 준비를 다 했다. 그렇게 나름 치밀하게 준비하면서도 '진짜로 우리끼리 떠나도 될까?' 라고 하는 의구심이 수없이 뇌리를 스치고 지나갔다.

그러한 마음의 갈등을 극소화하기 위해 아시아나항공 서울 본사에 가서 항공권을 그냥 사 버렸다.

'표는 왜 그리 비싼지?' 인터넷 관련 사이트에서 할인항공권을 사면 훨씬 싸게 살 수 있다는 데 그 당시에는 그런 정보를 잘 몰랐다.

기왕 비싼 값을 주고 나가는 거 본전이라도 톡톡히 뽑자는 아줌마의 근성이 발동했다.

고구마는 5월에 심어 10월에 수확하니까 농사를 다 갈무리하고 12

 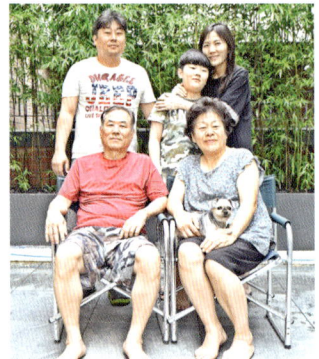

김춘자 필자 가족사진

월에 출발해서 다음 해 4월 입국하는 유효시간의 항공권으로 샀다. 그렇게 처음 나가는 배낭여행 여정은 어쩔 수 없이 4개월로 확정되었다.

'정 여의치 않으면 숙소 주변에서 열대 과일을 사 먹고 마사지 받으며 놀다 오면 되지'라는 생각으로 그렇게 매년 떠난 배낭여행이 횟수로 4번을 돌파하고 말았다. 매해 고구마를 판 이익금으로 배낭여행을 가다 보니 태국, 라오스, 말레이시아, 베트남과 미얀마, 인도네시아, 인도에 스리랑카, 몰디브까지 다녀왔다.

지금 돌이켜 생각해도 참으로 나의 결정은 잘한 일이라고 스스로 대견스럽고 나를 칭찬해 주고 싶을 정도다.

여행은 준비하면서 한 번 가고, 진짜 여행을 즐기며 두 번 가고, 다녀온 후 일기장을 정리하며 세 번째로 간다.

한번 나갈 때마다 4~5개국씩 둘러보고 오곤 하지만 배낭여행 하면서 영어 못해서 불편한 적은 별로 없었다. 여행지에 가 보면 영어 못하는 늙은 유럽인들도 자주 보는데 다들 매우 여행을 제대로 멋지게 즐긴다.

그러니 인터넷에 능숙하지 않고 영어 못한다고 무서워서 자유 배낭여행을 못 떠나시는 50대, 60대, 70대 어르신들이여, 걱정마시고 이 책을 보시고 용기 내어 과감히 떠나보시길 바란다.

못 쓰는 글을 이렇게 쓰는 건 첫째로는 내가 더 늙었을 때 우리 부부의 여행을 추억하기 위함이고, 둘째로는 우리 같은 60~70대분들, 그동안 자녀 뒷바라지에 애쓰셨는데 이제 단 하루라도 자유여행을 해보시라고 감히 용기를 북돋우기 위함이다.

이 책이 나오도록 애써주신 여행마인드 출판사 신수근 편집장님과 최지은씨, 그리고 라이나 전성기재단의 이영주 과장님, 워드 작업해준 김재덕씨, 모든 항공권을 예매해준 멋쟁이 김상중씨, 우리의 여행을 응원해준 우리 가족 상원, 진주, 범기, 선희, 한희, 기민이, 상윤이… 그리고 동남아 장기 자유 배낭여행 중에 만나 크고 작은 신세를 진 모든 분들게 이 지면을 빌어 진심에서 우러나는 감사의 인사를 드리고 싶다.

2019년 7월
'고구마 아줌마' 김춘자

자유 배낭여행 준비물

　장기 해외 자유 배낭여행을 준비하면서 수하물 짐 무게를 생각해 꼭 가져갈 것만 챙기자.
　나의 경우 첫 4개월 여정의 자유 배낭여행을 떠나면서 내가 챙겨간 준비물은 이렇다.

1. 여권+여권 복사본 6장. 여행자 보험, 예방 주사(보건소에서), 가이드북, 포켓 여행 영어책
2. 만능 콘센트·상비약·설사약·소화제 및 종합감기약 [화이투벤] 넉넉하게
3. 설탕·소금·가루비누 한 주먹씩. 여행지에서 대용량으로 파니까 조금만 챙겨가자. 샴푸, 치약, 비누는 현지에서 사는 게 나으니 그 무게만큼 다른 것을 더 챙기자.
4. 예쁜 옷핀 20개 정도. 현지 사람들에게 선물하기에도 좋고 비상시에 쓰자. 옷이나 가방이 찢어졌을 때 임시로 여미기에도 좋다.
5. 번호 자물쇠 3개. 배낭이나 숙소 방문을 잠글 때 유용하다.
6. 옷은 절대 등산복을 입지 말자. 등산복 티가 안 나는, 쉽게 마르고 가벼운 옷이 좋다. 여자 주머니 팬티(남대문 시장)와 남자 복대가 매우 요긴하다.
7. 전기 라면 포트. 계란·고기·야채를 삶을 수 있어서 제일 유용하다. 한 달 이상 여행시에는 전기 밥솥도 필요하다. 동남아에서 사면 저렴하다. 2~3만원 정도.
8. 경비는 미화 100달러짜리로 전부 바꾸어 갔다. 여행지에서 1장

씩 현지 돈으로 바꾸어 쓴다.
9. 반찬으로 고추장·된장·라면 수프 20개. 라면을 봉지 째로 들고가면 가방 부피를 너무 많이 차지한다. 현지에서 그 나라 라면을 사서 우리 수프를 넣어도 우리나라 라면이 된다. 라면 수프는 야채국이나 해물 국도 맛있게 하는 만능 요리사다. 무말랭이는 두 달간 상하지 않아서 인도에서 유용했다.
10. 둥지 냉면 10개. 매우 힘들 때 하나씩 먹으면 힘이 났다.
11. 숙소는 예약을 안 하고 그때 그때 지역을 이동할 때마다 방을 구한다. 숙소는 생각보다 많다. 현지에서는 인터넷을 하는 게 힘들 뿐더러 예약을 미리 해 놓으면 그 일정에 맞추고 예약 숙소를 찾아가는 게 더 스트레스를 받는다. 새로운 여행지에는 낮에 입성하는 것이 좋고 교통이 편리한 곳으로 가자. 주인 관상도 봐 가며 숙소를 구하자. 체크아웃 때는 방을 대충이라도 정리하고 나오자. 한국 사람들은 깔끔하다고 소문이 나 있다.
12. 절대 잘난 척, 돈 있는 척하지 않는다. 못사는 현지인을 업신여기지 않는다. 현지인과 싸우지 않는다. 우리 안전은 스스로 지켜야 하니까 밤에 돌아다니지 않는다. 원색 옷, 메이커 옷이나 신발은 도둑이나 소매치기의 눈에 잘 띄니 안 입는 것이 좋다. 항상 겸손하고 국가에 누가 되는 행동을 하지 말자. 관광지에서 한국·일본·중국 사람들을 평가한다. 한국 사람은 깨끗한 사람, 일본 사람은 조용한 사람, 중국 사람은 시끄럽고 어지르는 사람으로 이름이 나 있다.

이러한 주의사항을 숙지했더니 여행 400일을 강행해도 여러모로 안전했다.

제 1 부
1차 동남아 장기 자유 배낭여행

태국 치앙마이 인근에 있는, 시암 왕국의 문화적 유산이 풍성한 수코타이 역사공원 정경

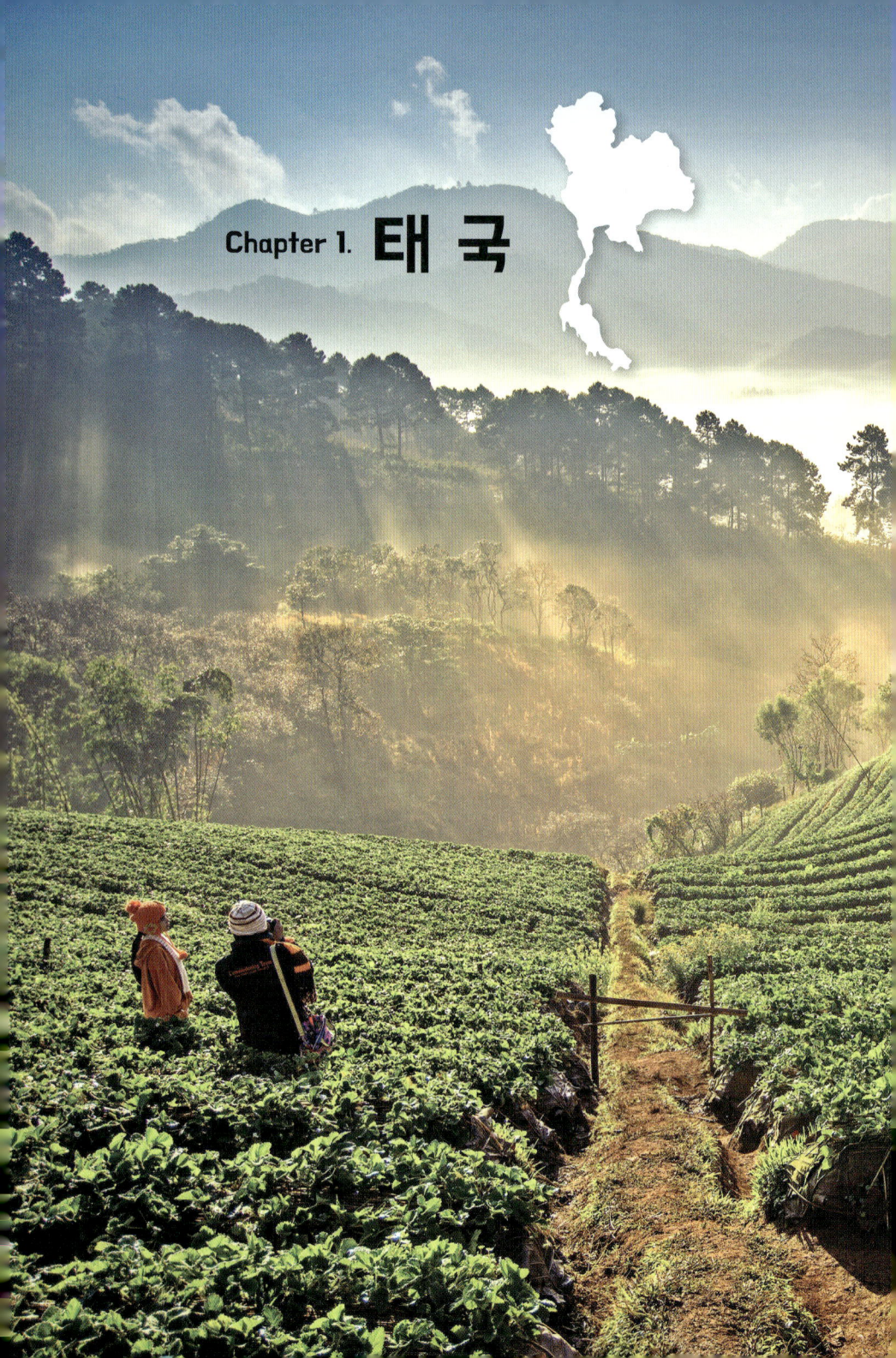

Chapter 1. 태국

치앙마이 도이앙캉 지역 계단식 밭에서 맞이하는 찬란한 일출 광경

단둘이 인천국제공항에서 출국한
생애 짜릿한 경험

하루에도 수십 번씩 '진짜로 가는 게 맞아?' 하고 되묻던 장기 자유배낭여행을 드디어 감행하는 그 첫날이 밝았다.

우리는 타이항공 비행기로 오전 9시 30분에 인천국제공항을 출발해 방콕을 경유해서 태국의 치앙마이로 갔다. 인천에서 방콕까지는 4시간, 경유지에서 2시간 정도 기다리다 다시 비행기를 갈아타면 방콕에서 치앙마이까지는 1시간 10분 정도 걸린다.

여행사나 가이드 도움 없이 우리끼리만 스스로 알아서 타고 가는 비행기이니 출발 전부터 얼마나 달달 외웠는지 모른다. 잠도 자는 둥 마는 둥 하다가 아침 6시에 집을 나섰다. 막내아들 한희가 공항까지 차로 태워다 준단다. 날도 추운데 멀리 나오게 하는 게 미안해서 공항 가는 버스 정류장까지만 짐을 들어 달라고 했다.

우리 부부가 들고 가는 짐은 중간 사이즈 캐리어 2개와 각자 어깨에 맨 배낭 2개다. 가능한 한 짐은 줄이려고 했지만 아무래도 첫 장기 배낭여행이다 보니 차마 빼지 못한 물건들이 많았다.

낯선 땅에서 무슨 일이 있을지 모르니 약도 한 보따리 챙겼다. 신랑의 혈압·당뇨·허리 통증약 넉 달치, 내 혈압약 넉 달치, 거기에 영양제·정관장·상비약까지 바리바리 챙겼다.

여행자금으로는 넉 달 동안 쓸 돈으로 100달러짜리로 환전하고 비상용 체크카드도 발급받고, 태국 화폐도 일부 환전했다. 지폐는 바지마다 주머니를 달아서 나눠서 넣었고, 팬티 주머니에도 일부 넣었더니 여행 내내 매우 요긴하게 사용했다.

거기에다가 밑반찬으로 고추장 한 병, 된장 한 병, 라면 열 개, 거기에 김 한 톳 정도를 다림질로 구운 것까지 챙겨간다. 나름대로 열심히 준비했다.

출국 검사장에서 배낭 짐을 다 꺼냈는데 웬걸, 유산균 음료 한 병이 들어 있었다. 공항에서 출국 전 먹으려고 했는데 깜박하고 말았다. 그 자리에서 폐기해야 한다는 게 너무 아까워 내가 얼른 그 자리에서 먹어버렸다.

아뿔사, 현찰을 복대에 넣은 것이 몸 수색할 때 걸려 버렸다. 그것도 밀실에서 다 꺼내서 확인받고 나서야 출국장 게이트에 들어갈 수 있었다.

드디어 비행기가 하늘로 이륙했다. 어느새 창문 밖에 하얀 뭉게구름을 보고 있으니 그동안 아이들이 자유 배낭여행을 극구 말리던 기억이나, 주변 사람들이 걱정 어린 시선을 보내왔던 모습들이 주마등처럼 스쳐 지나갔다. 심지어 출국하기 보름 전에 찜질방에서 만난 낯선 아주머니까지 나의 무모한 도전에 관해 이야기 듣더니 한사코 만류했다. 그녀는 운세를 봐 주겠다고 내 생년월일을 묻더니 "올해 당신이 외국에 나가면 죽는다"고 겁박했다.

절대로 가면 안 된다나? 그런 말까지 듣고 보니 모든 준비를 마쳐 놓고도 하루에도 수십 번이나 고민이 이만저만이 아니었다.

하지만 과천의 백산 스님이 "그냥 가라"고 하셔서 예정대로 떠나기로 했다. 하지만 여태껏 팔팔하게 살아있으니 지금 생각하면 그 아마추어 점쟁이는 돌팔이임이 틀림없었다. 백산 스님 말씀 듣기를 참 잘했다는 생각이 든다.

그런 우여곡절을 생각하며 옆자리에 앉은 남편의 손을 잡아보았다.

'당신이 있어서 이번 여행에 용기를 낼 수 있었다. 이 자리까지 함께 해 줘서 정말 고맙고, 우리 같이 즐겁게 여행한 뒤 무사히 귀국하자'는 무언의 말을 건넸다.

비행기를 갈아타는 방콕 공항에 도착한 뒤 직원에게 물어물어 치앙마이로 가는 비행기도 무사히 탔다.

치앙마이에 도착하고 보니 오후 4시가 다 되었다. 입국장에서 수하물이 나오기만을 기다리는데, 다른 사람 짐은 다 나왔는데도 우리 짐만 유독 안 나왔다. 옆에서 기다리던 사람들이 하나둘 가 버리고 우리만 덩그러니 남았을 때는 무언가 잘못되었나 싶어서 조바심이 났다. 다행히 우리 짐은 가장 마지막에 나왔는데 '아니나 다를까' 가방 자물쇠가 사라지고 없었다. 가방 비밀번호를 잊어버려서 급한 김에 가방을 끈 열쇠로 잠갔는데 그 자물쇠를 누가 홀딱 빼 간 거였다. 가방 속 무엇이 없어졌는지도 살피지 못하고 부랴부랴 공항을 나왔다. 출국장을 나오니 치앙마이의 첫 숙소, 코리아 하우스의 사장님이 직접 픽업을 나와 있다. 그제서야 마음이 한결 놓였다.

숙소에 도착하여 짐을 풀고, 타지에서 첫 식사도 할 겸 길 건너 타패에 있는 솜팻 시장으로 갔다.

　작은 시장인데도 망고·파파야 같은 열대 과일들과 먹거리를 파는 노점상들이 쭈욱 늘어서 있다. 일단 30바트(한국 돈으로 천 원)를 주고 쌀국수 한 그릇씩을 시켜 먹었는데 참 맛있었다. 그리고 태국 마사지 집에서 가서 전신 마사지도 받았다. 마사지 값은 180바트에 팁으로 20바트, 합계 200바트, 우리 돈으로는 7천 원 정도다.

　돌아오는 길에는 열대과일을 한 아름 사서 숙소에서 양껏 먹었다. 망고 1kg가 70바트, 약 2,500원 정도 하니 정말 싸다.

　마침내 숙소에서 잠자리에 누우니 "차~암 좋다. 그치?"라고 하는 소리가 절로 나왔다. 세상 참 좋다. 아침에는 추운 한국에 있었는데 저녁에는 따뜻한 나라에서 잔다니 말이다.

치앙마이 숙소 근처 썬데이 마켓 풍경

출국하기 전 인천국제공항에서의 펄자 부부

타패게이트

솜펫 시장

'여행자의 거리'
치앙마이 타페게이트

아침부터 시끄러운 오토바이 소리에 눈을 떴다. 9시 30분이다.

창밖을 보니 도로에 오토바이들이 줄지어 서서는 일사분란 하게 잘도 달리고 있었다. 그뿐만이 아니라 썽태우에 자동차에 온갖 탈 것들이 좁은 도로에서 분주하게 움직인다. 시끄럽고 복잡하다는 느낌이 들었지만 활기차게 보이기도 했다.

그나저나 이런 길을 어떻게 건너지? 이 찻길은 좁은 데다가 횡단보도에 신호등도 없고, 하다못해 따로 행인이 걸어가라고 구분해 놓은 인도도 없다. 내가 알아서 건너야 한다.

신랑이랑 같이 길거리에서 한참을 주춤대다가 옆에 있던 서양인들이 건너기에 얼른 따라서 뛰어 건넜다. 아슬아슬 곡예를 하는 것만 같이 말이다. 그렇게 건너서는 큰일을 해낸 것처럼 서로 마주 보며 환하게 웃었다.

오늘은 타페게이트의 왼쪽을 관광하기로 하고 지도를 챙겨 숙소를 나섰다. 구시가지인 빠뚜타패에는 옛날 그 형태만 조금 남은 벽돌 성곽과 성벽이 둘러싸고 있어서 옛날 사람들의 자취를 느낄 수 있었다. 화려하고 멋있게 생긴 사원도 많았다.

그 중 왓프라씽은 1345년 맹라이 왕조의 파우 왕이 세웠고, 거기서 세운 왓프라씽 불상은 태국의 큰 축제인 쏭크란 축제의 불상 행렬 때 제일 앞자리에서 행렬하는 불상이다. 그만큼 귀한 불상이다 싶어 법당의 부처님께 정성스레 여행 잘하게 해 달라고 빌고 가기로 했다. 신랑과 함께 예를 드리니 사원의 큰 스님이 기도해 주시고, 머리에 물도 뿌려 주시고, 손목에 실을 매어주셨다. 웬일인지 실 3개도 따로 주셨는데 우리 아이들, 3남매의 몫인 것 같아서 신기했다.

'아무 말도 안 했는데 우리 아이들의 수를 어떻게 알았을까? 신통하기도 하지.'

시주를 한 돈은 법당에 연등을 달듯이 매달아 놓는다. 왓쩨의 루앙도 멋있었다. 1401년에 세워진 90m 정도의 절로, 매년 5월 말에 1주일 동안 기우제를 치르는 곳이라 한다.

몇 군데 사원을 둘러보는데 너무 덥고 햇볕이 따가웠다. 그늘에 서 있던 노점상에서 쌀국수를 40바트 주고 사 먹었다. 그런데 양이 너무 적다. 한 젓가락에 다 먹을 것 같은데 이 정도면 간에 기별도 안 가겠다.

태국 사람들은 양이 적은가? 세 그릇은 줘야 양이 찰 것 같은데 한 그릇 더 주문하기가 민망해서 멀리 떨어진 다른 곳에서 국수를 더 사 먹었다. 그나저나 곱빼기는 여기 나라 말로 뭐라고 하나? 숙소에 돌아와 물어보니 곱빼기는 '피셋!'이라고 했다.

숙소에서 낮잠을 한숨 잔 뒤 썽태우를 타고 와롯 시장에 갔다. 매우 큰 시장이라서 태국의 활기찬 모습을 보는 것 같다. 오늘도 눈에는 한국에서 쉽게 살 수 없는 열대 과일만 보인다. 한국서 비싸게 파는 삼채도 있었는데 큰 거 한 뿌리에 10바트(320원) 정도밖에 하지 않았다. 망고와 구아바, 그리고 풋대추보다 조금 크고 단맛이 많이 나는 과일들을 잔뜩 사서 옆에 있는 뻰강 나무 그늘에 앉아서 잔뜩 깎아 먹었다. 자리 잡고 앉아서 그때그때 과일을 많이 먹으면 배도 부르고 짐이 되지 않는다.

저녁나절에는 나이트 바자에 갔다. 작은 가게가 수백 개나 늘어서다 보니 형형색색 조명등을 켜 둔 것이 참으로 장관이었다. 뭐라도 사고 싶었지만 3개월 다니는 동안 짐이 될 텐데 싶어서 주전부리나 사 먹으며 눈으로 구경만 실컷 하고 돌아왔다.

여행 가이드북을 지역별로 묶어서 하나씩 들고 다니면 매우 편리하다. 가이드북 지도를 들고 다니며 관광지를 찾아다니면 훨씬 뿌듯하고 보물섬에서 보물 찾는 것처럼 여행이 즐겁다.

무엇보다도 현지 숙소에서는 그 주변의 관광지 투어를 신청할 수 있다. 각 숙소는 현지 여행사와 연락망이 있어 사람 수요만 있으면 미니밴 같은 탈 것이 숙소 앞으로 픽업을 온다. 투어 갈 때는 숙소에서 같이 갈 사람들을 모으면 머릿수대로 나눠서 내니까 더 싸게 구경을 갈 수 있다. 그래서 치앙라이 트라이앵글 투어도 1인당 1,000바트씩 내고 갈 수 있었다.

같이 가는 사람들은 미얀마에서 수행 중인 스님, 김 선생 부부, 홍씨네 새댁 부부, 그리고 우리 부부까지 한국인들 일곱 명과 서양인들이다. 봉고 버스 한 차에 다같이 탔는데 가이드는 영어로 진행했다. 알아듣지는 못하나 눈치로 이해하면 되었다.

치앙라이의 골든트라이앵글은 미얀마·라오스·태국 세 나라의 국경 근처를 아우르는 강가였는데, 강다운 운치는 있었지만 그뿐이었다. 오히려 그냥 가는 길에 들렀던 왓롱쿤, 백색 사원이 더 멋있었다.

내부의 벽화도 매우 특이했다. 슈퍼맨이나 로켓 등 현대적인 것들을 그려 놓았는데 사진을 못 찍게 해서 아쉬웠다. 백색 사원은 온통 흰색만으로 만든 사원이라 풍경 한가운데 놓인 하얀 조각의 모습이 정말 화려했다. 극락으로 가는 길이라 해서 다리 아래 지옥의 망자들이 손을 휘젓고 있는 세계도 조각으로 만들어 놓았는데 어쩜 그리도 세세하게 만들어 놓았는지 보기에 전율이 느껴졌다. 세계에서 가장 멋있는 황금색 화장실도 매우 돋보였다.

타페게이트 풍경

빠뚜 타페 특유의 오렌지빛 성벽

왓프라씽 사원 외관 및 내부

왓쩨디 루왕 사원

타페 썬데이 마켓 이모저모

타페게이트 거리의 화려한 식당 내부

치앙라이 골든 트라이앵글 표지판 앞에 선 필자 부부

순백의 백색 사원 전경

백색 사원 극락으로 가는 길 아래 손들

세계에서 가장 멋있는 황금색 화장실 외관

'좌충우돌 손짓 발짓'으로 찾은 쌈깜펭 온천
+ 도이인타논 국립공원

어느덧 이 숙소에서 보내는 네 번째 아침이다. 빵과 우유로 아침을 먹고 로비로 내려와 보니 어제 투어를 함께 한 한국인 스님이 식사하고 있었다. 먼 나라에서 수행하느라 고생하셔서 용돈을 좀 드리고 싶었는데 받지 않으셨다. 식사 한 끼라도 대접해 드리고 싶어서 스님의 식사비를 대신 사장님께 냈다.

오늘은 쌈깜펭 온천에 가기로 했다. 그동안 와롯 시장까지 가는 썽태우를 40바트씩 주고 불렀는데, 숙소 직원이 잡아주니 20바트에 왔다. 와롯 시장 은행 옆에서 쌈깜펭에 가는 흰색 썽태우를 탔는데 이게 웬일인지, 차비가 15바트 밖에 안 한다.

책에는 60바트라고 했는데 너무 싸다. 인삼 사탕을 현지인들과 나누어 먹고 재미있게 얘기하며 타고 가는데 문득 썽태우가 낯선 곳에 멈추더니 쌈깜 마을이라면서 내리라고 했다. "온천은?"

개발괴발 손짓발짓으로 물어본 끝에 얻은 대답은 더 가야 하니,

600바트를 더 내라고 했다. 아뿔싸, 너무 비싸다. 너무 바가지를 씌운다고 생각해 벅벅 우겨대니 운전사가 눈치를 보다가 그제야 400바트로 깎아 주었다.

온천으로 가는 길은 온통 시골 풍경이었다. 태국의 논과 밭은 한국에서의 모습과 다르면서도 비슷했다. 들에서 사람들이 일하는 모습이 정겨웠다. 온천은 거기서 더 더욱 산속에 들어가 있었다. 입장료로 1인당 100바트, 온천을 쓰는 값으로 60바트를 더 내고 입장했다. 정원이 매우 잘 가꾸어져 있었다. 그리고 현지인들도 가족 단위로 많이 와 있어서 지역 명소구나 싶었다. 주변이 유황 냄새가 진동한다.

한쪽에서 펄펄 끓는 물이 분수처럼 높이 솟아오르는데 어른들은 노천 족탕에 발을 담그고, 아이들은 수영하듯 물장구를 친다. 그곳에서는 달걀을 대나무 바구니에 담아 온천물에 삶아 먹는데 맛이 매우 일품이었다. 거기서 만난 어느 젊은 한국인 부부는 계란을 간장에 찍어 먹는데, 따라 해보니 제법 맛있었다. 목이 메지 않고, 계란 맛있게 먹는 법을 또 한 가지 배웠다.

그곳 온천은 40분간 개인 탕에 물을 받아서도 할 수 있다. 물이 매우 미끌미끌하고 유황 냄새가 많이 나는 것이 한국에서는 생전 못 느껴본 물이었다. 뜨뜻한 물에 몸을 담그니 피로가 씻겼다. 신선놀음에 도끼 자루 썩는 줄 모른다더니 그곳이 바로 그런 곳이었다.

한편 온천에서 돌아오는 귀로에 다시 애를 먹었다.

썽태우가 너무 비쌌으니 버스를 타는 게 낫겠다 싶어서 정문 직원에게 물으니, 이 사람 저 사람 말이 다 달랐다. 온천 앞 가게 아저씨한테 물으니 한 장소를 가리켜 주며 3시에 온다고 했다.

그러나 막상 가 보니 4시가 되도록 버스가 오지 않았다. 설상가상으로 지나다니는 썽태우도 하나 없었다.

당연하지, 누가 그 시간에 썽태우를 타고 온천에 오겠는가.

갑자기 마음이 급해 이 사람 저 사람 다 붙잡고 간곡하게 물었는데 이 사람은 저쪽, 다른 사람은 이쪽, 혹은 버스 같은 건 안 온다고 대답하는 사람까지 제각각이었다.

같은 걸 묻는데 어쩌면 이렇게 사람들 말이 다른지!

어찌할 바를 모르고 길바닥에 앉아있는데, 때마침 지나가던 자가용이 멈추어 섰다. 중년 부부가 타고 있었다. 그들이 "어디 가냐?"고 물어오길래 "치앙마이"라고 했더니, 단번에 타라고 했다. 그렇게 만난 그 사람들은 막히는 길을 달려서 우리를 숙소까지 데려다 주고 갔다. 한국 기념품 같은 게 있었으면 선물로 건넸을 텐데. 줄 것이 마땅찮아 서울의 우리 집 전화번호만 적어줬다.

"한국 오면 꼭 연락 달라"며 손으로 전화 거는 몸동작을 구사해 가며 몇 번이고 감사 인사를 했다.

태국에서는 이처럼 종종 길거리에서 헤매는 사람들을 도와주는 현지인들이 많았다. 사고무친의 이국 여행지를 돌아다니는 배낭여행자에게는 참 고마운 일이다.

그날 저녁은 토요시장에서 새우 볶음밥으로 먹었다. 볶음밥이 대체로 입에 맞는 거 같다. 파파야를 사서 숙소로 돌아왔다가 솜펫 시장 근처의 마사지숍에 갔다.

이번에는 남자 마사지사에게 받았더니 남자라서 그런가, 힘이 있어 더 시원하다.

'오 예~, 다음부터는 꼭 남자 마사지사한테만 받아야지.'

다음날은 아침부터 일찍 도이인타논 국립공원 투어에 나섰다.

타이에서 가장 높은 산 해발 2,565m 위에 있는 국립공원이라 공기가 참 맑은데 산 정상으로 갈수록 안개구름이 잔뜩 끼어 있었다. 정상에 올라가니 사람들은 외투에 목도리까지 했다.

  하지만 우리는 얇은 바람막이 점퍼만 입었다. 너무 추워서 신랑과 나란히 붙어서 개 떨듯이 덜덜 떨었다. 그래도 여긴 봄인가 보다. 길마다 분홍색 벚꽃이 온통 꽃망울을 터뜨리고 있었다.

  원주민 커피 농장에도 가 보았다. 흰 천으로 매미 채처럼 만든 것에 커피 가루를 넣고는 그걸 주전자 끓는 물에 넣었다 빼기를 반복해서 커피를 끓여준다. 나는 원래 커피를 안 좋아하는데 커피 향이 하도 좋아서 한 잔 사 먹었더니 와! 세상이 다르게 보였다.

  여태껏 먹어본 커피 중에 제일 맛있었다. 지금 글 쓰는 중에도 입안에서 그때 향긋한 커피 맛이 감돌아 침이 고인다.

  막내 놈이 커피를 좋아하니 커피 생콩을 사 가자 싶었다. 그런데 온갖 손짓 발짓해 보아도 원주민과 말이 안 통했다. 그래도 가다 보니 생콩을 멍석에 말리는 집이 있어 돈을 내 보이며 이러쿵 저러쿵 말을 걸어보니 이번에는 어렵사리 소통이 되었다. 덕분에 커피콩 1kg을 120바트 주고 샀다.

  점심은 야외 식당에서 먹었는데 동네 들개들이 지나다니면서 밥 먹는 손님들 옆구리를 주둥이로 툭툭 건들었다. 자기도 먹을 것을 달랜다. 태국은 온통 들개 천지다. 날씬한 들개들이 길바닥 아무데서나 잠을 자는데 그렇게 온순할 수가 없었다. 사람들에게 해코지를 안 하는 모양이다.

  저녁에는 마사지 받고 쌀국수 사 먹고 숙소로 돌아왔다.

  '오늘 하루도 잘 지내서 감사합니다.'

치앙마이에 머물 때 마사지를 자주 받자고 다짐했다. 신랑 허리도 다쳤고, 나도 무릎이 안 좋으니까 기회가 있을 때 자주 받기로 했다. 그곳에서는 마사지를 받고 나면 몸이 상당히 가벼워서 좋았다.

도이안타논 국립공원 입구에서의 필자 부부

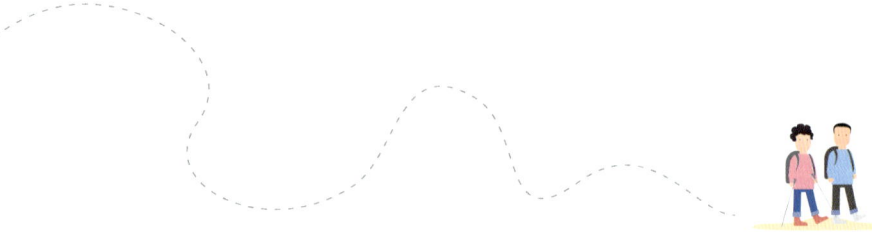

쌈깜펭 온천 풍경

도이인타논 국립공원 정상 부근에서의 황홀한 석양 풍광

친정 같은 배낭여행 첫 번째 숙소,
'코리아 하우스'

　오늘은 느긋하게 숙소에서 쉬기로 했다. 여기 '코리아 하우스'는 현지에서 사시는 한국인이 운영하는 곳이다.
　1층에 한국 음식점과 여행사가 있고 2층과 3층이 객실이다. 우리가 머무는 1박 350바트짜리 방은 간단하게 옷장, 침대, 선풍기, 그리고 전기 코드가 하나 정도 있다.
　목욕탕은 방 바깥에서 공동으로 쓴다. 그렇지만 지금이 비수기인지 사람이 방마다 차지 않아서 대청마루며 목욕탕까지 전세낸 것처럼 마음껏 썼다. 다만 위치가 시가지 한복판이라서 사방이 좀 시끄러웠다. 오늘 아침에도 오토바이 달리는 소리에 일찍 잠이 달아나 버렸다. 그래도 교통이 편리하고 여기에서 묵는 것이 안전해서 그대로 묵고 있었다.
　식사할 겸 썽태우를 타고 에어프라자에 갔다. 푸드코너의 식사가 깔끔하고 값도 싸고 맛있었다. 슈퍼마켓에는 신라면도 있고, 미역·김도 있었다. 건강코너에는 스피루나나 노니 엑기스도 있어 몇 병씩 사고, 꿀도 몇 병 샀다.

저녁으로 검은 돼지고기 덮밥을 먹었다. 이름도 모르고 메뉴판을 보고 시켰는데 맛있었다. 오는 길에 타패 남차던로드에서 열리는 선데이 마켓도 구경했다. 사람도 많고 물건도 많았다. 푸드 코너에서는 얌윤쎈이라는 음식을 사 먹어보았다. 젓갈과 당면, 새우를 넣고 매콤달콤시큼하게 무친 것인데 먹을 만 했다. 손가락만한 찐 고구마를 바나나 잎에 가지런히 싸서 10바트에 파는 노인도 보였다.

우리도 고구마 농사를 짓고 있는데 이 동네 고구마 맛은 어떤가 궁금해 하나 사서 먹어보니 한국 것이 더 달았다. 그리고 길거리서 돈통 놓고 노래하는 노인과 아이들이 인상 깊었다. 처음에는 구걸인가 싶었는데 깨끗한 옷차림으로 당당하게 노래를 부르고 있으니 어떤 공연 같기도 했다. 길거리에는 현지인들뿐만 아니라 서양의 젊은 여행객들도 많았다. 아가씨들도 총각들도 자기 몸집보다 큰 배낭을 등에 지고 다녔다.

치앙마이는 여행자의 도시답게 수많은 배낭객이 들어오고 나가고, 밤이고 새벽이고, 강물이 흘러가 듯 여행객들이 차고 넘쳤다.

숙소의 사장님이 어제 노니를 사서 온 것을 보고 태국에는 노니보다 더 좋은 모링가가 있다면서 모링가 직매점을 가르쳐 줬다. 타패 동쪽에 있는 모양인데 찾으러 나갔다가 끝내 못 찾고 돼지고기와 상추 그리고 밥 까우니여우(찐찰밥)를 10바트(320원)에 사왔다.

전기포트로 물을 끓여 샤브샤브를 해서 쌈도 싸 먹었다. 고작 며칠만 있는 것도 아니고 몇 달 내내 타지에 있는 데다, 날마다 부지런하게 이곳저곳 돌아다니고 있으니 굶는 일 없이 잘 챙겨 먹어야 오래오래 여행을 다닐 수 있다. 아침에 밥맛이 없어도 전기 포트에 찰밥을 끓여서 숭늉처럼 먹고, 한국에서 가져온 된장을 풀어 국도 해 먹고, 과일도 보일 때마다 듬뿍 사서 많이 먹었다.

그래서 그런가? 돌이켜 보면 그냥 집에 있을 때보다 여행을 다닐 때 몸이 더 개운하고 피부도 더 매끈매끈해지는 듯한 느낌이 들었다.

저녁에는 하우스 사장님이 시장에서 두리안을 사서 왔다. 냄새가 고약하지만 내가 제일 좋아하는 열대 과일이다. 하지만 비싼데… 한국에서 올 때 꽁치 과메기를 사다 드렸더니 그 보답인가 보다.

게스트하우스 옥상에 올라가 별을 보며 느긋하게 두리안을 먹고 내려왔다. 몸이 한가하니 집 생각, 아이들 생각이 났다.

결혼한 큰딸 진주, 장남 범기, 결혼 안 한 막내아들 한희. 다들 밥은 잘 챙겨 먹고 직장은 잘 다니는지…

결국에 그리움을 못 참고 막내와 전화 통화를 했다.

잘 있단다. 걱정 말란다. 잘 놀다 오란다.

집 떠난 지 며칠 되었다고 벌써 걱정이 앞선다. 손자 기민이도 걱정이 되었다. 여태껏 우리 손에 키우다가 이제 막 외갓집 근처로 이사 보냈는데 적응은 잘하고 있는지… 6살까지 키우다 보냈는데 이번 여행을 안 오고 집에 있었으면 아마 기민이의 빈 자리가 허전해 가슴앓이 병을 크게 앓았을 것 같다. 지나다니다 손자 또래 아이들만 봐도 문득 문득, 보고 싶은 생각이 났다. 그렇게 두고 온 가족들 생각이 깊어가는 날이었다.

여행지로 이동할 때 타는 썽태우

시장에서 사 온 과일들. 패션 푸룻, 파파야, 그리고 용과 등

'코리아 하우스' 숙소 외관풍경

큰사원에서 공부 중인 스님들

산속 마을 빠이,
매혹적인 매홍선 투어

　빠이와 매홍선에서 며칠 머물 예정으로 오늘 출발하는 날이다.
　새벽에 일어나 속부터 든든하게 채웠다. 어제 사가지고 온 찰밥을 전기 포트 물에 넣고 한번 끓이면 숭늉처럼 되어서 밑반찬과 먹기 좋았다. 짐은 숙소에 맡기고 작은 배낭만 매고 숙소로 오는 미니밴을 타고 빠이로 출발했다. 새댁 네 부부, 한국인 김 선생네, 우리 부부, 거기에 중국 사람 일가족 5명이 다함께 탔다.
　빠이 가는 길은 제법 험했는데 꼬불꼬불 굽이가 270 고개나 된단다. 높은 산으로 올라갈 수록 발 아래 산봉우리는 연꽃처럼 겹겹이 포개져 늘어섰다.
　멀미가 날 것 같아서 오래 보지는 못했다. 그 와중에 가는 길 내내 중국인 엄마가 어린 아들에게 영어로 숫자 세는 것을 가르치고 있었다. 아이가 버벅거릴 때마다 옆에서 끼어들어 하나에서 열까지 세는 것을 도와주었다. 영어로 대화가 조금 되는 것을 보자 중국인 엄마는 더 신이 나서 아이를 가르치고 우리와도 자꾸 대화를 엮어가게 했다. 여행을 와서도 영어 공부라니 엄마 아빠의 교육열이 대단하다. 그동안에도 버스는 굽이굽이 길을 계속 달려서 4시간 만에 빠이에 도착했다.

빠이는 높은 산속의 마을이라 공기도 좋고 경치도 좋았다. 일단 숙소부터 구했다. 넓은 마당에 꽃나무도 많은 예쁜 숙소를 하루 300바트에 사흘 묵기로 하고 얻었다. 나중에 알고 보니 우리 집이 제일 저렴하고 좋아서 같이 간 사람들이 모두 부러워했다.

여행사에 가 보니 '원데이 빠이근교 투어'라는 것이 있어 돈을 같이 낼 사람을 모았다. 한국인들 7명이 모여 200바트씩 내고 같이 구경 가기로 했다.

저녁 나절에는 빠이 강가에서 보냈다. 수많은 여행기에서 사람들이 일명 멍 때린다고 언급하는 곳이다. 생각보다 매우 작은 개울이라 안양천보다 작았다. 주변은 조용하고 한가롭지만 그렇게 감동이 느껴지지는 않았다.

'내가 세상 때가 많이 끼었나?'

주변이 어두워지자 가가호호 처마에 전등불을 밝혔다. 어둠 속에 불빛이 떠오르니 이건 낮에 볼 때와 전혀 다른 세상이었다. 큰 길가에 고산족 사람들이 수공예품을 팔고 장사꾼들이 별의 별 물건과 먹거리들을 파는 노점이 쭉 늘어섰는데 서양인 동양인 할 것 없이 자유로운 영혼의 사람들이 돌아다닌다.

우리 부부도 그 활기 가득한 거리에 묻혀 주전부리를 먹고 길거리 음식 쇼나 생음악, 장신구 등을 구경했다. 조각한 대나무통에 생강차나 녹차를 담은 것을 30바트에 파는데 다 먹고 빈 통을 가져가면 또 담아 주었다.

오리털 점퍼를 챙겨 입어야 할 정도로 추운 밤에 따뜻한 차가 그렇게 좋을 수가 없다. 초밥 파는 곳도 있었는데 하도 신기해서 내륙 산속까지 초밥 재료가 어찌 왔는지 따져보지도 않고 2접시를 사 먹었다. 배탈이 조금 걱정되었으나 다행히 탈은 안 났다.

빠이는 산간 마을이라서 치앙마이처럼 화려하게 밝지는 않았다. 마을 한 바퀴를 도는 데 2시간도 채 안 걸릴 정도로 작은 마을이지만, 촌락다운 정겨운 분위기가 물씬 풍겼다.

길거리 한쪽에서는 마을 어르신과 아이들이 악기를 연주하고, 한쪽에서는 기타와 드럼을 치고, 젊은이들은 연주를 기웃거리며 맥주잔을 기울이고 있었다. 길 중앙에서는 짚으로 옷을 만들어 입은 허수아비 같은 사람이 퍼포먼스도 했는데 어울려 보는 것만도 눈이 즐거웠다. 하늘에는 별도 주먹만큼 큰 것이 참 많았다. 음악 소리와 사람들이 왁자지껄하는 소리와 함께 빠이의 밤이 깊어가고 있었다.

그다음 날은 새댁 부부와 김 선생네와 함께 미니밴을 빌려서 빠이 근교를 구경했다.

그 국립공원의 노천 온천이 좋았다. 키 큰 나무들 사이로 아침 햇살이 내려 쬐는데, 땅에서는 온천 수증기가 뭉게 뭉게 올라서 무지개가 어렸다. 그 멋진 광경을 보면서 따뜻한 물에 발도 담갔다. 박빙 폭포는 건기라서 물은 별로 없었지만 시골 풍경이 고즈넉해서 너무 좋았다.

플라워가든은 인위적으로 만든 것이 눈에 너무 띄었지만 빠이 그랜드캐넌도 멋있었고, 커피하우스도 좋았다. 다만 새댁네 신랑은 감기가 들어서 내내 볕 드는 양지 쪽에서 덜덜 떨고 있었다. 두꺼운 옷이 짐이 된다고 공항에서 버리고 왔다고 했다. 우리도 여분의 옷은 치앙마이에 두고 왔는데, 얇은 옷만 입고 떠는 것이 참 짠했다. 결국 새댁 네는 다음날 가는 투어는 가지 못했다.

매홍손에 가고 싶어 여행사들을 여럿 들러 보았는데 투어가 없을 뿐더러, 가까스로 찾은 한 곳은 인원이 적어서 값이 너무 비쌌다. 그때 마침 여행사에 중국인 아가씨 세 명이 들어오길래 얼른 불러다 같이 매홍선 투어를 저렴하게 하자고 설득했다.

그래서 1인당 1,000바트씩 내고 다섯 명이 다음 날 아침 7시에 모이기로 했다. 산속이라 너무 추워서 씻지도 않고 오리털 점퍼를 껴입고, 긴 바지에 양말까지 신고 잠자리에 들었다. 다음날 아침에는 일찍 일어나 대충 씻고 배낭을 꾸리고는 '쪽'이라는 흰 닭죽을 한 그릇씩 사 먹었다. 중국인 아가씨들이 안 올까봐 내심 걱정했는데 다행히 제 시각에 와서 미니밴을 타고 출발했다.

매홍손은 빠이에서 서쪽으로 110km 떨어진 미얀마 국경의 지역으로, 일명 '안개의 도시'라고 한다. 그런 별명이 붙은 것은 빠이와 매홍손 사이에 있는 천여 개가 넘는 산 봉우리 때문이다.

급경사로 높아지는 길 아래로는 가파른 낭떠러지가 펼쳐지는데, 올라가면 올라갈수록 산 굽이굽이 밑으로 끝도 없이 많은 산봉우리들이 겹겹이 꽃잎처럼 포개어진 것이 보였다. 그 봉우리 사이로 아침 안개인지 구름인지 은은한 기운이 드리워져 있으니 '이런 곳이 바로 신선이 사는 극락인가' 그야말로 '환상의 도가니'였다.

다들 가슴이 벅차서 "와~! 와~!"라고 환성을 지를 뿐 무어라 할 말을 잃었다.

'우리가 전생에 나라를 구했나, 어찌 이런 행운을, 이런 곳을 우리가 보게되다니.'

처음에는 잔뜩 흥이 올랐다가, 신이 났다가 가슴이 벅차오르면서 감사하단 생각이 마구 들었다.

'감사합니다. 감사합니다. 그저 감사합니다.'

살면서 이런 아름다운 풍경을 보다니 마침내는 눈물마저 났다. 그냥 눈물이 난다.

'분명 이것은 신이 우리에게 선물을 주신 거야.'

그 옆의 팡웅 호수는 하늘을 찌르도록 높은 소나무로 울창하게 둘러싸여 있었다. 흔한 가게 하나도 없고 텐트 몇 개, 서양 젊은이들 몇 명만이 보이는 걸 보니 세간에 별로 알려지지 않은 곳 같다. 혼자서 찾아가긴 힘들고 여행사의 도움을 받아야 할 것 같다.

하지만 그만큼 사람 손길이 안 닿은 자연 그대로를 보는 느낌이라 너무 평화로운 마음이 들었다. 호수에서 대나무 뗏목을 타고 한 바퀴 돌면서 그 고즈넉한 풍경을 보고 있자니 이곳만큼은 다음에 꼭 우리 아이들을 데리고 다시 한번 오고 싶어졌다.

그 뒤로는 매홍손 산 정상을 돌아다니면서 미얀마 원주민인 샨 족이 지은 사원들을 구경했다. 백여 년째 이곳 지방 출신 스님의 사리를 모신 탑들도 보고, 법당에 대나무를 엮어 만든 부처님상도 보고, 매홍손의 대표 사원이라 할 수 있는 왓쫑끄랑 왓쫑캄 사원도 보았다. 외부 사람이 찾아오지 않아서 그런지 더욱 자연과 하나가 된 듯한 사원이 호숫물에 비친 모습이 너무 아름다웠다.

다음 목적지, 로드 동굴을 갈 때는 이미 해가 저물었다. 안내인들이 퇴근하려다가 걱정이 되었는지 등불을 가지고 따라 나섰다.

어마어마한 동굴 입구로 들어서니 바닥에 무릎 정도 깊이의 개울물이 흐르고 있었다. 대나무 뗏목 배를 타고 동굴 안으로 들어가는데 가늠할 수 없이 높은 천장에는 3층까지 대나무 사다리가 놓여있고, 커다란 종유석들이 화려하게 솟아 있었다. 시원한 물에 손을 넣으니 무엇인가 자잘한 것이 부딪혔다. 자세히 들여다보니 팔뚝만한 고기 수십 마리가 500원 동전만한 입을 뻐끔거리며 뗏목을 따라오고 있었다. 입구에서 고기밥을 파는 것 같았는데 말도 안 통하고 하루 종일 걷느라 다리도 아프고 해서 미처 사 오지 못했다.

'미안하다, 고기들아!'

동굴 벽에는 박쥐들도 많이 앉아있었다. 박쥐 똥이 많아 냄새도 좀 났지만, 커다란 사내 대장부처럼 늠름하고 시원시원하게 웅장한 동굴이었다.

30분 정도 들어가다가 물고기와 같이 동굴을 나오니 해가 저물어가고 있다. 미니밴에 서둘러 타고 보니 사방은 벌써 깜깜했다. 가던 길이 험하던 만큼 되돌아오는 길도 꼬불꼬불하고 좁은데 길가에는 가로등도 하나 없어서 운전하는 분이 바짝 긴장한 채 차를 몰았다. 뒤에 앉은 우리도 손에 땀을 쥐고 왔다. 옆은 천 길 낭떠러지길, 그런 와중에도 나무 사이로 보이는 하늘은 온통 별천지였다. 그 하늘마저도 너무 아름다워서 "아, 감사합니다!"라는 소리가 절로 나왔다.

좋은 엄마도, 좋은 아내도 아닌 나는 60평생을 그리 잘 살지도 못했는데, 그래도 남의 것을 탐내지 않고 나름 열심히는 살았다. 그래서 그런지 신이 우리에게 상을 주신 것 같다. 숙소에 돌아와 이부자리에 누우니 몸은 피곤한데 마음이 그렇게 뿌듯하고 행복할 수가 없었다.

"오늘 하루도 차~암 감사하고 즐거웠습니다."

빠이 안내판

이동하는 중 촬영한 메모리얼 브릿지

빠이 강변 초저녁 풍경

빠이 근교 노천 온천

매홍선의 로드 동굴

로드 동굴 안의 거대한 종유석

빠이의 야시장에서 마을어르신 연주

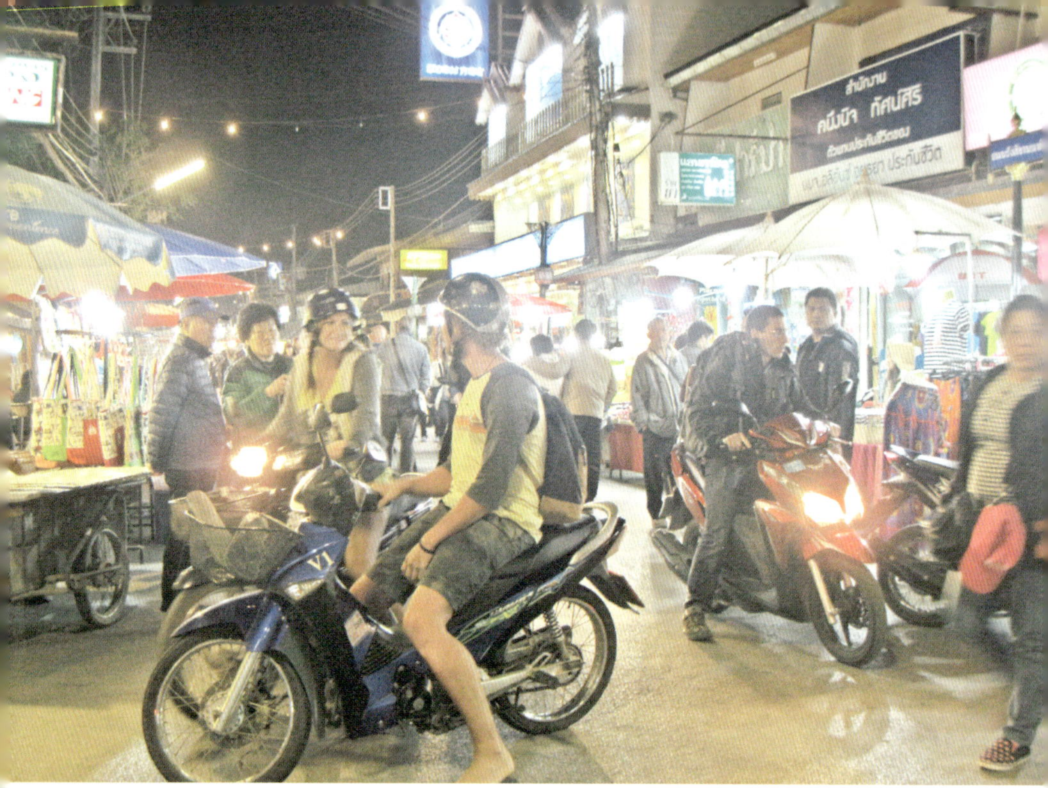
สำนักงาน
ประกันชีวิต

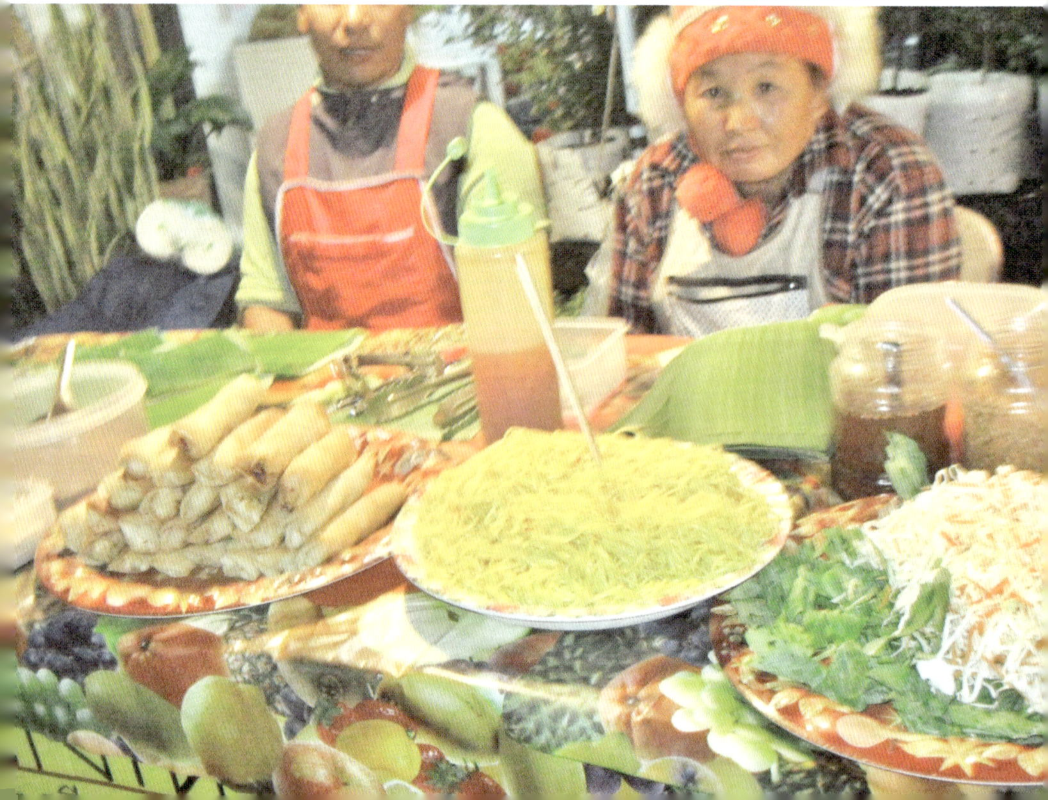

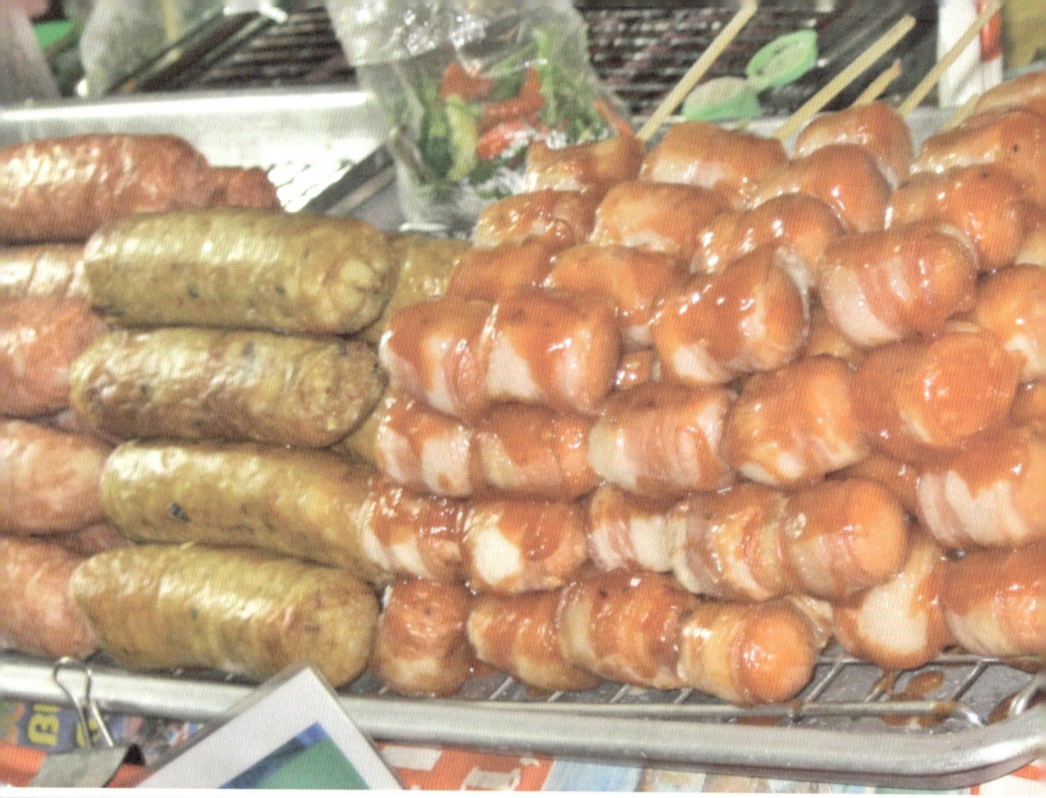
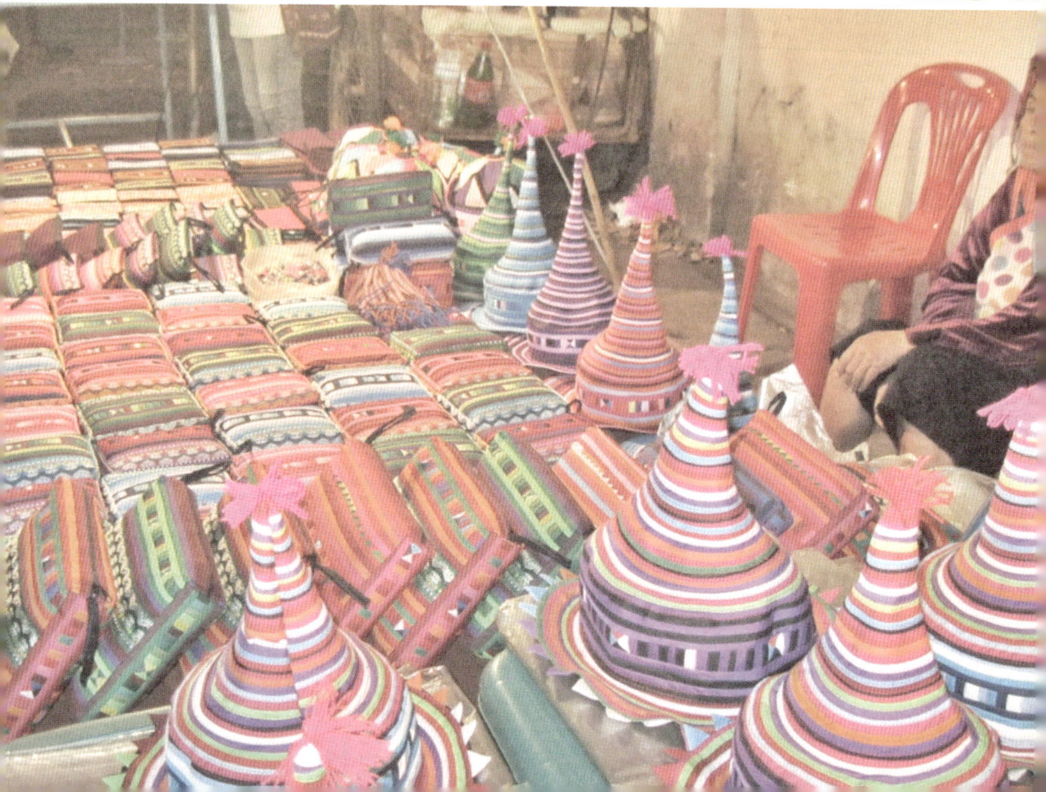

치앙마이 매홍손 주변 절경

아름다운 매홍선 풍경에 매료돼 망중한을 즐기는 여행자들

매홍선의 팡웅 호수 변 소나무 숲 안 캠핑장 풍경

대나무로 엮은 불상

진주와 상윤이와 함께 한 치앙마이 투어

오늘은 딸 진주와 여섯 살 손자 상윤이가 치앙마이로 온단다. 엄마 아빠 여행하는 것이 걱정스러웠나 보다.

내 식구가 바다를 건너 얼굴을 보러 온다니 정말 반갑다. 어린 손자를 좋은 곳에서 재우고 싶어서 잠깐 좋은 호텔을 구했다. 호텔로 짐을 옮기고 밀린 빨래를 빨래방에 맡긴 뒤 오랜만에 좋은 마사지도 받았다. 그런 다음 쏨펫 시장에서 망고랑 열대 과일을 잔뜩 사서 호텔 냉장고에 채워 넣고 저녁에 공항으로 딸 마중을 나갔다.

상윤이와 진주를 보니 힘이 났다. 우리 똥강아지 상윤이는 잠깐 못 본 새 훨씬 어른스러워졌다.

하지만 할머니 목을 끌어안고 소나기처럼 뽀뽀를 해 대는 것은 여전히 귀여웠다. 딸아이는 한국에서 살 구 효소와 약 등 이것저것 또 챙겨왔다. 과일을 맛나게 먹으면서 한 달 만에 집안 식구들 소식이랑 강아지 깜희 소식도 전해 들었다.

딸은 먼 길 오느라 허리가 아프대서 마사지를 받게 한 뒤 상윤이랑 동네 한 바퀴를 돌면서 거리 구경도 시켜 주었다. 저녁으로는 돼지고기 꼬치를 구워 와 잘 먹였다. 딸이랑 손주랑 놀다 보니 시간 가는 줄을 몰라서 그만 밤늦게야 잠이 들었다.

그다음 날에는 상윤이를 태워주려고 썽태우를 하루 빌려서 치앙마이의 대표 사원, 도이쑤템으로 향했다. 썽태우 차값으로 1,400바트나 주다니, 너무 비싸게 준 것 같았지만 옆자리에 앉아 몸을 부딪혀대며 깔깔거리는 아이를 보니 재미는 있다.

해발 1,610m나 되는 높은 곳에 자리한 사원에는 수많은 종이 늘어선 가운데 24m짜리 황금빛 쩨디가 눈에 들어왔다. 우산처럼 생긴 사원의 상단부에는 부처님의 유골이 모셔져 있어 1년 내내 참배객이 끊이지 않고 온다고 한다.

부처님 앞에 가서 "저기 귀한 분이 있다"고 하니 상윤이가 그 앞에서 열심히 절을 했다. 다같이 황금 탑돌이를 하고 종도 한 번씩 치고 나왔다.

다음으로는 메오족이 사는 고산족 마을, 도이뿌이에 들렀다가 꿀을 파는 청년을 만났다. 먼 산에서 따온 맛있는 꿀이라기에 몇 병 사왔다.

그 뒤로는 타패에 있는 왓프라씽 사원과 왓쩨디루왕 투어를 갔다가 늦은 점심을 먹고 마사지도 받고 깐똑 디너쇼를 보러 갔다. 깐똑의 깐은 그릇, 똑은 밥상이란 뜻으로 즉 밥상이 차려진 야외마당에서 하는 볼 거리 공연이라는 뜻이다.

전통적인 북부의 춤과 노래가 어우러지는데 상윤이가 매우 흥미롭게 보았다. 식사로는 태국 음식이 나왔는데 점심을 늦게 먹어 많이 먹지는 못했다. 그렇지만 전통 복장을 한 사람들이 칼춤도 추고 부채춤도 추고 연등도 날리면서 좋은 볼거리를 보여 주었다. 쇼가 끝나자 무희들이 객석으로 내려와 사진도 같이 찍어 주었다. 덕분에 상윤이도 신기하게 본 공연을 추억할 사진 한 장을 남겼다. 나중에 커서 봐도 즐거웠던 오늘이 기억날까.

둘째 날에는 미니밴을 타고 매땡 트레킹을 갔다. 그런데 이런, 분명 비용을 냈는데 상윤이 자리가 쏙 빠져 있다. 가이드는 나 몰라라 하면서 신청한 곳에 물어보라 하길래 강력히 항의했다.

무릎에 앉혀서 잠깐 가는 것도 아니고 종일 가야 하는데 이러면 곤란하다 싶었다. 아이래도 어른(1,100바트)과 비슷한 요금 900바트를 냈는데 말이 안 된다 싶었다. 해도 너무했다.

그래도 코끼리 쇼도 보고 대나무 뗏목 배도 타고 우마차도 타니 상윤이는 신났다. 우리는 엄마 코끼리를 탔는데, 아기코끼리가 그 옆을 졸졸 따라오는 것이 안쓰러워 바나나를 사서 코끼리들에게 모두 나눠 주었다.

한편으로는 이렇게 자식까지 따라나오는 데 등에 사람을 태워야 하는 코끼리에게 미안한 마음이 들었다. 동물학대인 것 같아서 다음부터는 타지 말아야 겠다 싶었다. 저녁에 돌아올 때는 차를 바꾸었는지 자리 하나가 더 있어 편히 왔다.

아무튼 객지에서도 부당한 일에는 큰소리를 쳐야 한다니까!

셋째 날, 진주와 상윤이는 오늘 저녁 비행기를 타고 한국으로 돌아가니 마지막 여행 날이다.

난민 해민을 구경했는데, 집들도 골목도 아기자기하고 조용한 동네였다. 어느 집이 유독 예뻐서 밖에서 구경했더니 안에서 할머니가 한 분 나오셨다.

그분은 일본 오사카에 사는데 이 집을 겨울에만 4개월씩 빌려서 추운 날을 이곳에서 보내다 일본이 따뜻해지면 돌아간다고 했다.

근처 마야 백화점이 신축해 열었다고 해서 구경갔다가 미소네에서 한식 뷔페를 맛나게 먹었다. 닭꼬치와 돼지고기 꼬치도 사 먹었다. 상윤이가 꼬치를 야무지게도 잘 먹었다.

딸 진주가 한국으로 돌아가는 길에 우리의 짐을 일부 가져가기로 했다. 내가 입고 온 겨울 옷에 그동안 이것저것 산 물건이 쌓이다 보니 수하물 무게가 39.9kg나 되었다.

보따리 잘 싸서 공항에서 부치고 딸아이와 손주를 배웅했다.

그런데 아뿔싸, 한국은 구정 전날이라 한겨울인데 따뜻한 치앙마이에서 지내느라 겨울 옷을 짐 안에 다 넣어버렸다.

결국에 상윤이는 반팔 반바지 차림으로 비행기를 탔다.

'한국 가서 얼마나 추울까~.'

그래도 다음 날 바로 한국에 잘 도착했다는 연락을 받았다. 우리 딸이 바쁜 와중에도 엄마 아빠 여행 잘하는가, 안전한가 보려고 바쁜데 아이까지 데리고 왔다.

역시 딸이 최고다. 이쁜 우리 딸 진주.

마야 백화점에서 포즈 취한 필자 가족

멋진 포즈를 취하는 필자의 딸 진주와 손주 상윤이

메오족이 사는 고산족 마을, 도이뿌이 풍경

황금빛 도이쑤텝 사원 외관과 내부

매땡 코끼리 트레킹을 즐기는 여행자들

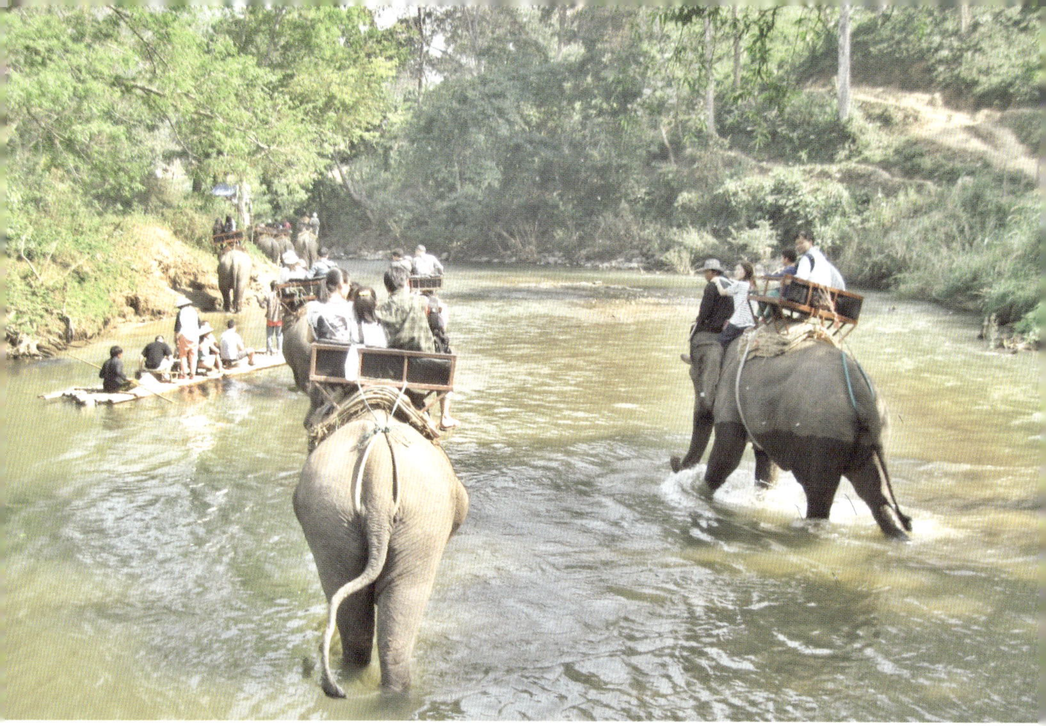

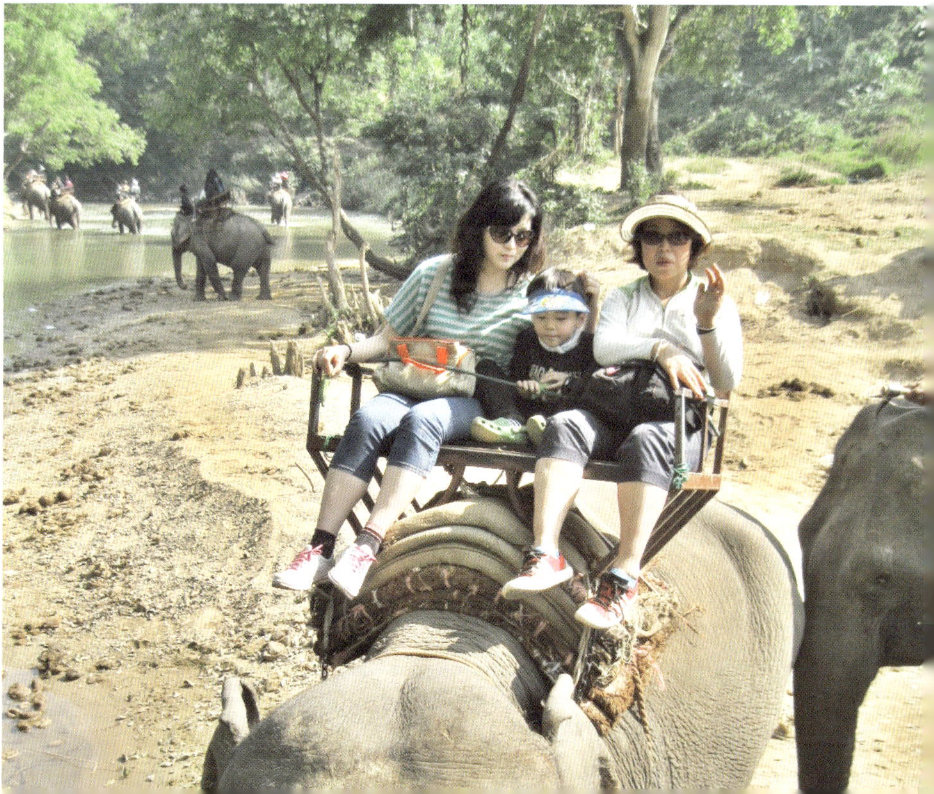

매땡 트레킹의 대나무 뗏목 배 래프팅 준비를 하는 여행자들

"춘자와 덕수는 셀카 삼매경"

길가에서 조우한 전통복장의 현지 아이들

필자 가족이 함께 탄 우마차

태국 치앙마이 일대에서 추억을 쌓고 있는 상윤이

진주와 상윤이

길가에서 본 목욕하는 개

타향만리 '쑤코타이'에서 보낸
고유명절 '설'

　진주와 상윤이에게 재밌는 구경을 시켜주느라 강행군을 해서 하룻동안 푹 쉬고, 아케이드 터미널에 가서 쑤코타이행 버스표를 예매했다. 좌석번호가 없길래 직원에게 서서 가는 거냐고 손짓 발짓 다 해서 물어보니 걱정하지 말라고 했다.
　참 태평하기도 하지.
　30일, 아침 일찍부터 빵에 땅콩 잼을 발라 먹고 버스를 찾아갔는데 아이고, 차가 완전 고물처럼 잔뜩 낡았다. 앉는 소파 쿠션도 작고 다 뜯어진 데다가 차 바닥에는 구멍이 나서 땅바닥이 다 보였다. 거기에 무슨 이유 때문인지 앞문 뒷문을 다 열어서 차체에 고정시킨 채 고속도로를 달리는 내내 열린 문으로 찬바람이 들어왔다. 손님 중에도 추운지 기침하는 사람이 많았다.
　그렇게 6시간을 달려 쑤코타이에 도착했다. 트럭 썽태우를 50바트에 타고 뉴시티에서 내려서 방부터 구하는 데 가는 곳마다 비쌌다. 하지만 원래 숙소는 이곳저곳을 다 다녀보고 고르는 것이 낫다. 여러 곳을 순회하다가 350바트짜리 숙소를 겨우 구했다.

쑤코타이는 욤 강을 사이에 두고 올드시티와 뉴시티로 나누어져 있다.

숙소 주변의 동네 한 바퀴를 돌아보니 모닝 마켓이 있길래 쌀국수를 한 그릇씩 사 먹고 계란을 사서 돌아왔다. 달걀 여덟 개를 바로 삶아서 간장에 찍어 먹었다. 그러고 보니 오늘이 벌써 섣달그믐이었다.

시댁에서는 만두 빚느라 형제들이 다 모였을 텐데 명절에 이렇게 단둘이 나라 밖 바다 건너에 있으니 죄송한 마음이 들었다.

또 우리 애들은 어떻게 지내고 있을지, 우리가 이렇게 여행하는 것이 잘하는 건지…

마음이 복잡다난해졌다. 그래도 신랑이 "잘한 거야. 참 잘한 거야. 지금 안 하면 언제 하겠어"라고 하면서 기분을 복돋아 줬다. 위안은 되었으나 아이들한테는 여전히 미안한 마음뿐이었다.

오늘이 설날인데 태국은 달리 명절을 기념하는 움직임 같은 것은 보이지 않았다. 우리끼리 올해 마지막 날을 기념할 겸 전기 포트로 아끼고 아끼던 라면을 끓여 먹었다. 비행기 타고 나온 지 보름쯤 되는데 그때까지 김치 생각은 안 났다. 이곳에도 김치와 비슷한 송땀도 있고, 갓을 절여 삭힌 음식도 있다. 시장에 가면 오이, 상추, 호박 같은 채소도 다 있고, 밥도 항상 가게에서 팔고 있으니 준비해 간 고추장 한 병, 된장 한 병이면 식사하는 데 의외로 불편함이 없었다.

신랑이 지난밤에 기침을 많이 했는데 라면 뜨거운 국물에 밥도 말아 먹고 나니 한결 덜 했다.

아침 일찍 모닝시장에 들렀는데 완전 원주민들의 큰 시장이었다.

외국인은 우리밖에 없었다. 그리고 태국 어느 시장보다 식재료들이 더 풍성했다. 과일도 야채도 싱싱한 것들을 싸게 팔고, 민물 물고기도 많이 보였다. 옥수수 삶은 것도 있고, 벌 애벌레에 알이 꽉 찬 벌집도 구워서 판다. 궁금해서 나뭇가지에 꿀이 가득 찬 벌집을 두 개 사 보았다. 벌집 육각형이 작은 것을 보니 아무래도 작은 벌들이 살던 집인 것 같았다. 한 입 베어 물어보니 입안 가득 꿀과 노란 화분이 밀려들어 왔다. 벌이 모아 둔 그대로의 꿀이어서 그런지 더욱 향기롭고 달달했다. 이런 꿀맛은 처음이었다.

점심으로 먹을 까우니어우와 망고, 오이를 사서는 트럭 썽태우를 타고 히스토리뮤지엄으로 갔다. 입장료는 100바트로 좀 비싸다.

쑤코타이 유적지는 1238년에 인뜨라딧 왕이 세운 쑤코타이의 수도였던 곳으로, 태국 전역을 통틀어 가장 많은 여행자가 찾는 야외 박물관이다. 말 그대로 야외라서 곳곳을 돌아다니며 쑤코타이 시대의 불상과 크메르 조각상, 수백여 개의 돌기둥과 사원의 탑들을 구경할 수 있었다. 지금 남아있는 유적들도 멋있어서 몇백 년 전 성도의 전체 모습은 어땠을까 하는 상상도 들게 했다.

특히 왓싸씨는 스리랑카 양식의 종탑인데 그 옆에 줄지어 서 있는 돌기둥들과 함께 호수에 비친 모습이 아름다웠다. 그림엽서에 가장 많이 등장할 정도다. 연못의 물 그림이 사진을 찍으면 죄다 그림이 될 정도로 예뻤다.

왓뜨라파웅언도 연못 안의 섬처럼 만들어져 있는데 규모는 작으나 연꽃 봉우리 모양의 쩨디가 예뻤다. 그리고 걸을 듯 말 듯 서 있는 워킹 부다가 인상적이었다. 아름드리나무와 수많은 연못, 수많은 체리 돌기둥이 서로 어우러져 분위기가 정말 독특했다. 사진을 찍느라 오후 4시까지 종일 있었는데 야외다 보니 그때그때 시간별로 햇빛이 다르게 비치는 모습이 좋았다.

그나저나 역시 박물관 규모가 너무 커서 내일 다시 또 와야겠다.

하루 종일 걷다 보니 돌아오는 길에는 다리가 너무 아파서 길바닥에 앉아 쉬었다. 그런데 저기 유치원 아이들을 태운 관광 전동차가 지나갔다. 다리가 아파서 태워달라 했더니 선생님으로 보이는 사람이 순순히 손짓해 오길래 얻어 탔다.

유적지를 마저 보는 중이었는지 전동차는 몇 군데 사원 사이를 지나갔다. 그러다 선생님이 도중에 우리에게 뭐라 뭐라 하는데 우리는 태국말을 모르니 멀뚱히 보고 앉아만 있었다. 그랬더니 웬걸, 멍하니 있다 주위를 둘러보니 전동차가 유치원 운동장에 들어와 있는 게 아닌가.

온 김에 유치원까지 구경했다. 운동장을 나서는 동안 태국 아이들이 빠이빠이라고 고사리손을 흔들어 주었다.

유적지 앞 큰 나무 밑에서 잠시 쉬면서 꿀 봉지를 꺼내 나뭇가지 꿀을 먹었다.

진짜 꿀인가 보다.

꿀을 먹으니 피곤하지도 않고 얼굴에 바르니 살결도 고와졌다. 그래도 종일 걸었더니 발바닥도 아프고 다리도 고단해서 마구 욱신거렸다. 자전거를 배워둘걸. 그럼 내 다리가 편했을 텐데. 저녁에는 쌀국수가 맛있다는 집을 찾다 못 찾고 아무 곳에나 들어가서 사 먹고 숙소로 돌아왔다.

밤에는 잠이 안 와서 밖으로 나오니 주인 없는 개들만 골목 가로등 불 밑을 서성거리고 있었다. 개들이 너무 순해서 지나가는 사람에게 아는 척을 했다. 사람 정이 그리운 모양이었다.

쑤코타이 모닝 시장

모닝마켓에서 장 봐온 식자재

유적지까지 데려다주는 파란 트럭 썽태우

쑤코타이 거대한 좌불상

왓싸씨 일대 전경

워킹 부다

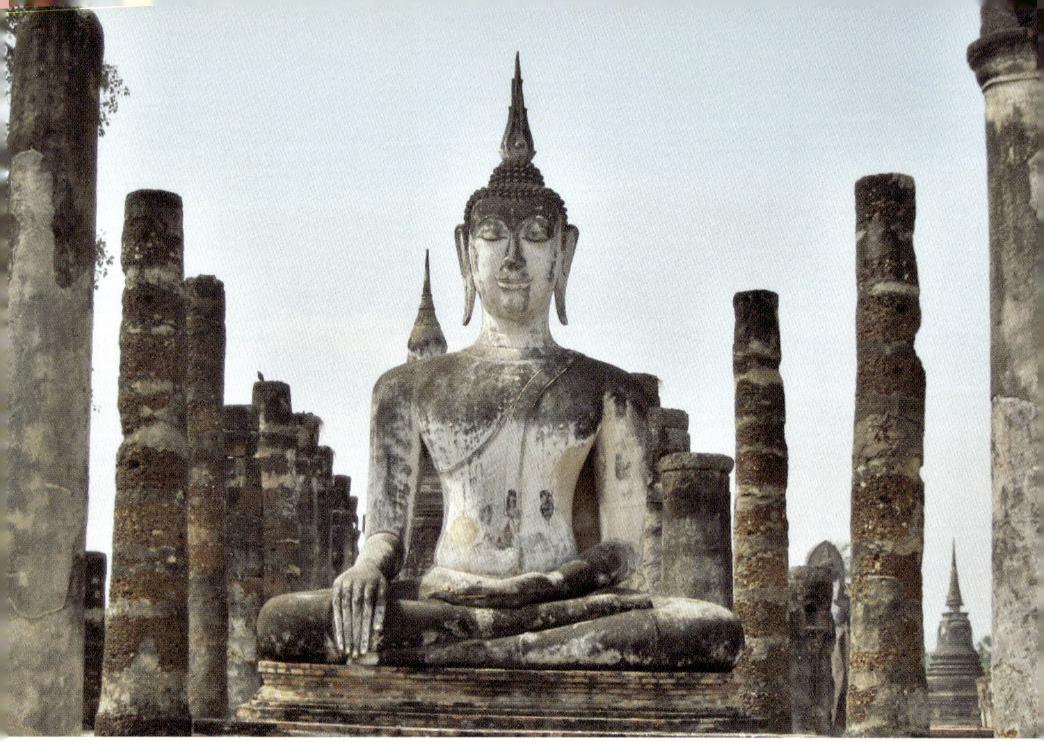

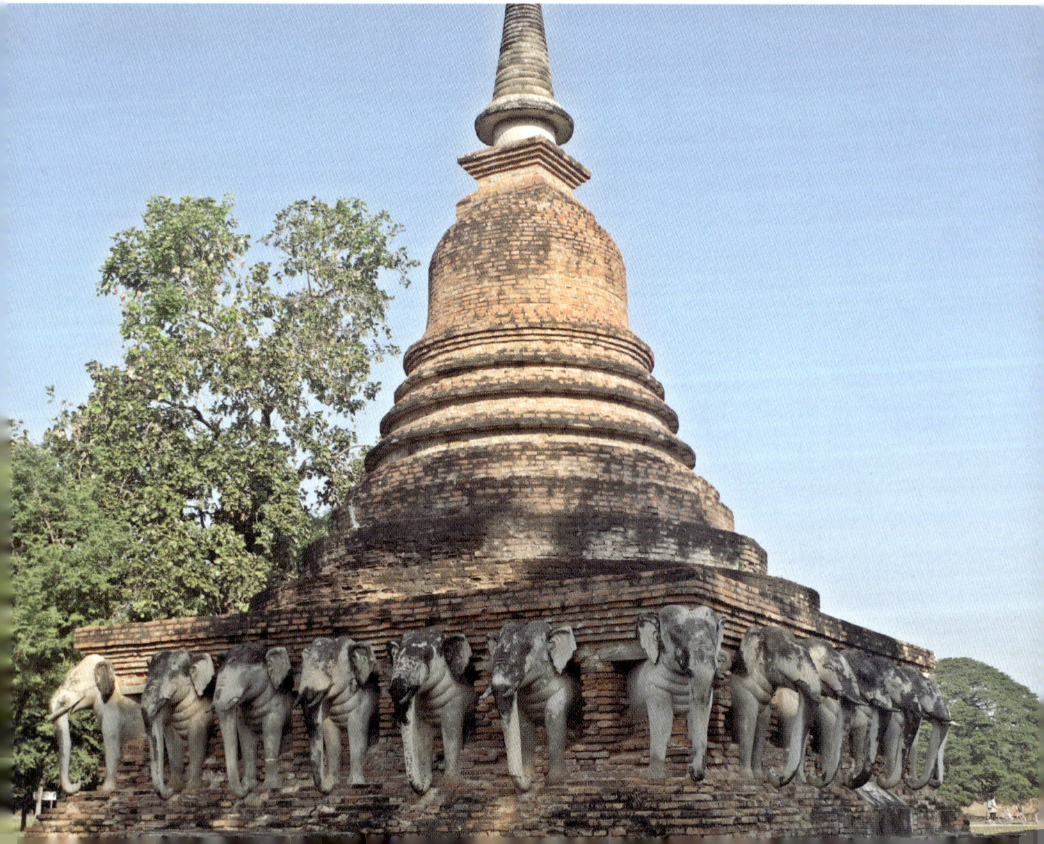

쑤코타이 역사공원을 둘러보는 필자 부부

유치원 아이들과 함께 움직인
쑤코타이 유적 유람

자전거를 타고 쑤코타이 역사공원 일대를 둘러보는 여행자들

쑤코타이 역사공원 호수 주변 풍경

배낭여행을 하다가 신이 나면 어디서든 개다리춤을 추는 필자 부부

'씨쌋차 랄라이'에서
아버지 생각이 사무치다

　이곳 숙소의 주인인 냉 아저씨가 북쪽에 씨쌋이란 곳이 좋다고 추천해서 한 번 가 보기로 했다.
　모닝시장에서 토마토와 오이, 대나무통밥을 사서 터미널로 갔다. 그런데 9시에 버스가 있다고 했는데 30분이 되어도 버스가 안 왔다. 버스 사무실을 들락거리며 물어보니 "와이노 씨쌋차 버스…"라고 하면서 뭐라 뭐라 하는데 태국 말이라 알아들을 길이 없었다. 그래도 기다리고 기다리니 한참 연착된 버스가 오긴 해서 1시간가량 타고 갔다.
　그런데 막상 씨쌋에 도착하니 거기서 3km를 더 가야 한다고 했다. 다른 사람들은 알고 있었는지 자연스럽게 자전거를 타고 '숩' 가는데 정말 막막한 기분이 들었다. 그래도 '한번 걸어보자'라고 하면서 푹푹 내리쬐는 길을 걸어가는데 동네 중학생쯤 되어 보이는 학생들이 다가오더니 오토바이를 태워다 주었다. 너무 고마워서 약간의 용돈을 건네줬다.

씨쌋차 날라이도 쑤코타이가 번성했던 13세기 중엽에 세워진 위성 도시다.

앞서 다녀온 쑤코타이 유적지처럼 유네스코 세계문화유산에 지정되어 있다. 쑤코타이보다는 규모가 작지만 왓창롬이나 왓카오파놈르럼의 쩨디(탑)이 볼 만 했다. 그리고 차리앙 왓프라씨라따나 마하탓은 13세기에 지어진 태국에서 가장 큰 쁘랑이라고 한다. 쁘랑 앞에는 커다란 좌불상이 있는데 그 보살의 손가락이 가늘고 길어서 참 예뻤다. 곱게 펼친 손바닥에는 누군가가 꽃 한 송이를 얹어 놓았다. 긴 손가락을 한번 살며시 잡으며 부처님에게 또 감사 인사를 드렸다.

"제가 무슨 인연으로 여기까지 와서 이리 좋은 걸 볼까요. 부처님 너무나 감사드립니다. 앞으로 남은 인생도 열심히 살겠습니다."

가다 보니 석고 조각과 돌기둥에 옆에 웬 남루한 노인이 기대어 앉아 그 뜨거운 땡볕 아래서 피리를 불고 있었다. 구걸하는 노인이었다.

하지만 피리 선율만큼은 정말 아름다웠다. 약간의 돈을 드리고 돌아서는데 거기서 어찌 된 일인지 친정아버지 생각이 왈칵 났다.

매우 엄하신 데다 자식 앞에서는 약한 모습을 보인 적이 없던 분인데 돌아가시기 이삼 년 전부터는 제대로 걷지도 못하셨다. 그래도 시골집에서 꿋꿋하게 지내셨다. 사시는 동안 평생 아궁이 불은 아버지가 지피시고, 솥에 물이 더워지면 어머니가 나오셔서 밥을 하시곤 하셨는데, 아버지는 돌아가시는 날까지도 몸소 기어 나오셔서 직접 불을 지피셨다.

간만에 아버지 생각이 간절하니 속절없이 눈물이 계속 흘러내렸다. 눈물을 감추려고 선글라스를 꼈는데도 결국 파란 하늘을 올려다

보며 한참을 울었다.

'아버지는 지금 어디쯤 계셔요?'

실제로 어디쯤 계실까. 윤회설로 다시 인간세계에 태어나셨나. 아니면 천상에 계신가.

그런 와중에도 눈치 없는 신랑은 벌써 저만치 앞서가서는 빨리 오라고 재촉하고 있었다.

야속하기도 하지.

그날 저녁은 숙소에 늦게 들어와 차가운 맥주와 함께 볶음밥을 먹고 잠자리에 들었다.

씨쌋차 날라이 유적지

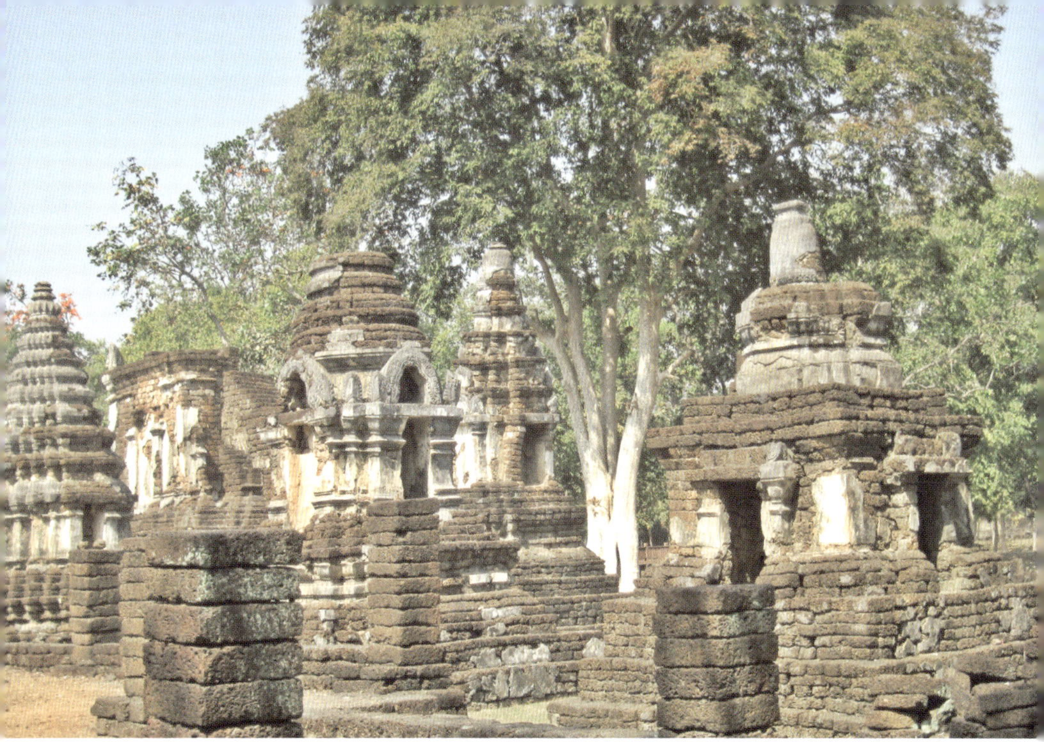

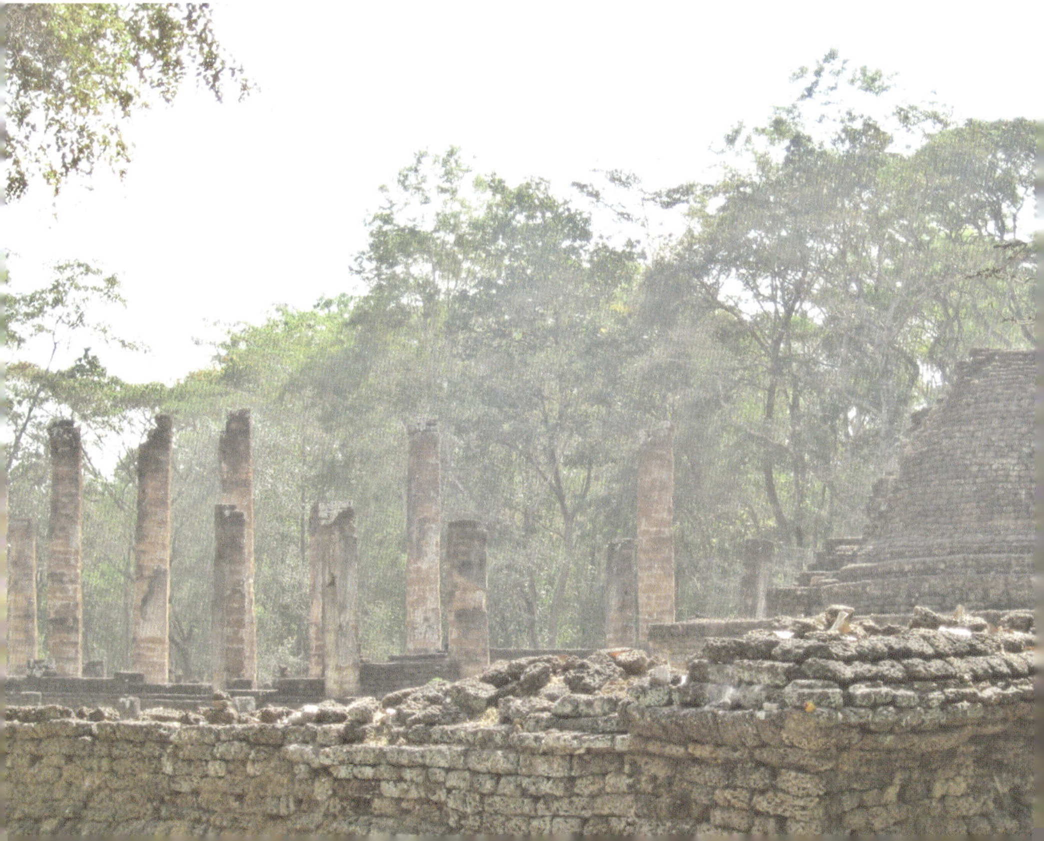

아버지 생각이 나게 한 차리앙 유적지 한 모퉁이에 앉아 있는 한 현지인 할아버지

오늘은 '딩굴딩굴'
자유인으로 여유 만끽하다

　아침부터 일찍 일어나 원주민 동네를 산책했다.
　욤 강 옆에는 민물고기를 잡아 와 손질해서 파는 집이 많았다. 어떤 집은 코코넛 열매로 불을 지펴서 그 연기와 불길로 민물고기를 굽기도 했다.
　할머니·할아버지·어머니·아버지·자식들 등 온 식구들이 모두 나서서 마당에 가득 코코넛 껍질을 쌓아 불을 은근히 지펴 놓고 그 위에서 고기를 쫙 널어서 구웠다. 갈색이 나도록 구운 고기는 큰 소쿠리에 가득 담아 놓았다. 튀긴 고기인 줄 알았더니 은근하게 오래 구운 고기였다.
　그 장면을 사진 찍고 구경했더니 한 마리 먹어보라며 간장까지 곁들여 주었다. 생선이 커서 동태만 했는데 고기는 바싹하고 고소했다. 몇 마리 사 와서 신랑과 아침을 먹고 모닝마켓으로 나갔다.
　갓 절임을 20바트 주고 사고, 토마토도 1kg에 15바트를 주고 샀다. 토마토는 한국처럼 속살이 부드럽지 않고, 작고 껍질도 두꺼운데 과

육도 질겼다. 속은 수박이나 자두처럼 빨간데 볶음 요리에 넣어도 뭉그러지지 않았다. 찰옥수수도 사고 풋고추도 사고, 파파야도 2개를 10바트에 샀다. 밥과 삶은 돼지고기도 150바트에 샀다. 다른 도시보다 물가가 쌌다.

강에서 막 잡아 온 듯한 민물고기도 많은데 보통 팔뚝보다 더 큰 고기들이 싱싱해서는 살아서 꿈틀거렸다. 또 가시 발라낸 생선 살도 바나나 잎에 싸서 팔았다. 여기서는 바나나 잎이 포장지 대용으로 많이 쓰인다. 오늘은 숙소에서 쉬면서 사 온 밥과 반찬으로 포식했다.

시원한 저녁 나절에 욤 강 다리를 건너 올드 시티로 나섰다.

작은 사원도 있고 상가들이 많고 재래시장도 있는데 내 눈에 보이는 건 온통 과일뿐이었다. 치앙마이에서는 50바트 하던 구아바 1kg이 여기서는 25바트, 치앙마이에서는 50바트 하던 망고 1kg가 여기서는 20바트 밖에 안 했다. 망고스틴도 치앙마이에서는 120바트나 하던 것을 여기서는 40바트에 3kg이나 샀다. 싸다고 과일에 어떤 흠이 있는 것도 아니고, 양은 많고 싱싱한 데다 달기까지 했다.

저녁 식사는 과일로 먹고 1층에서 맥주 한 잔하며 냉 아저씨와 수다를 떨다 올라왔다. 냉 아저씨는 부인과 사별하고 혼자 지내고 있었다. 그래서 그런지 게스트하우스에 전혀 여자 손길이 없었다. 집도 새 집이고 커튼이나 침대보도 깔끔하게 새것인데 예쁘게 꾸며놓은 맛이 없다고나 할까.

그런 말을 했더니 냉 아저씨가 껄껄 하고 소리 내서 웃었다. 태국 사람들은 참 순박하고 친절하다. 이 숙소가 좋아 숙박 일자를 연장해서 더 머물기로 했다.

다음날은 아침 일찍 모닝시장을 갔다. 오전 11시면 싹 없어지는 매우 큰 장이다. 두부 다섯 모가 50바트, 상추도 500g에 15바트, 돼지고기 수육은 90바트에 샀다. 고추장이 떨어져서 고춧가루도 사고 찰밥과 벤카마(얼핏 보기에 무 같은 데 배처럼 단 맛이 남)도 샀다. 고춧가루를 넣은 매운 젓갈도 샀는데, 칼칼한 것이 입맛에 맞아 고추장의 대용이 될 것 같았다. 이곳의 물가가 싸고 음식들이 풍성하니까 이것저것 먹을 것을 많이 사 가기도 했다. 이른바 영양 보충용이었다. 게다가 여긴 당뇨에 좋다는 여주가 매우 쌌다. 4kg를 35바트에 샀으니 한국 돈으로는 천 원 정도밖에 안 된다. 여주를 말려 가루를 내서 신랑 먹이려고 주인집에서 도마와 칼을 얻어 썰어 옥상에 널었다.

 그런 뒤 한가롭게 빨래도 하고, 방에 이리 뒹굴 저리 뒹굴 거리며 과일도 먹고, 얼굴에 꿀 마사지도 하고 남은 것은 달게 찍어 먹었다.

 '큰 대 자로 누워있자니 정말 편안한데 이리 편해도 되나 몰러… 아이구구~, 조오타.'

 내일은 람빵으로 이동할 계획이라 저녁에 주인 아저씨 냉과 맥주를 먹으며 작별했다. 냉은 신장이 안 좋은지 혈액 투석을 하러 새벽에 병원 간다고 했다. 우리보고 잘 가라고 작별인사를 했다.

시장에서 장을 봐온 오늘의 먹거리   바나나 잎에 싸서 파는 밥

모닝마켓의 이모저모

แตงโมปั่น
Fresh Water Melon

25

เผ็ดใต้พิเศษ
เผ็ดใต้
เขียวหวานพิเศษ
แกงอ่อม
แกงส้ม
เขียวหวาน
เผ็ดพิเศษ

'탑돌이 사원'으로 유명한 '왓프라탓 람빵 루앙'

버스를 타고 4시간을 달려 람빵에 도착했다.

태국 북부 도시 중 2번째 가는 도시답게 오토바이들이 정신없이 질주하고 있었다.

길바닥에는 수많은 누런 황구들도 여유를 만끽하고 있었다. 300바트에 트윈 룸을 얻은 이곳의 숙소는 오래된 티크 목재로 지은 건물인데 주인 아주머니가 매우 정성스럽게 하우스를 가꾸어 놓았다. 주인 후이엔 아주머니는 75세라고 하는데 그 나이에도 매우 멋쟁이셨다.

저녁에 시장을 물어 물어서 가는데 사람들이 친절하게 약도까지 그려가면서 길을 가르쳐 주었다. 시장은 사람도 많고 생기도 넘쳤다. 어느 도시를 가나 시장 구경은 눈과 입이 즐거웠다. 가는 곳마다 다른 느낌이 들었다. 람빵에는 왕 강이 있는데, 악취가 코를 찌르는데도 사람들이 강가에서 고기를 잡고 있었다. 다른 지역과 비교해 더러운 것 같았다.

그나저나 오늘은 몸살감기가 오는 건지 재채기에 콧물이 나고, 허리까지 아팠다. 새 도시로 이동하다 보니 신경이 날카로워져서 그런 모양이었다. 다른 도시로 이동할 때는 교통편도 신경 쓰이고, 숙박지도 결정해야 하고, 그 어떤 돌발 상황이 나타날 수 있으니 바짝 긴장하게 되어서 금세 녹초가 되었다. 그래서 어디 찜질방이나 온돌방 같은 곳에서 뜨뜻하게 몸을 지지고 싶은 생각이 굴뚝같이 들었다. 타지에서 우리 몸은 우리가 지켜야 하니 과일 망고스틴과 약을 챙겨 먹고 일찍 잠자리에 들었다.

람빵의 외곽 지역에 있는 왓프라탓 람빵 루앙에 다녀왔다.

1476년에 지어진 이 사원은 요새처럼 완고한 성벽 안에 쩨디와 불당이 세워져 있다. 섬세하게 조각된 황금 불상 짜오란통과 부처의 생애를 그린 벽화가 볼 만했다. 뒤쪽에는 45m짜리 란나 양식 쩨디가 있었는데 햇빛을 받아 반짝이는 모습이 매우 웅장하고 예뻤다.

현지인들은 거기서 두 손을 모으고 탑돌이를 한다. 우리도 그 뒤를 따라 한 바퀴 돌며 가족들의 평안을 기원했다. 쩨디 뒤에는 여자들의 출입을 금지하는 문이 있는데, 신랑이 들어가 보더니 컴컴한 작은 방에 왓프라닷 루앙의 전경이 벽 안의 사진처럼 비친다고 했다.

남문 밖에는 푸른 빛 도는 벽옥으로 만들어진 불상 프라깨우가 명상하는 자세로 앉아 있다. 사람들이 그 앞에서 참배하고 머리를 숙였다. 작은 박물관도 같이 보고 야시장에 들러 찰밥과 돼지고기 500g을 사 왔다.

마사지도 받았는데 실력이 영 별로였다. 마사지는 치앙마이가 최고였다.

저녁 식사로는 전기 포트에 돼지 샤브샤브를 만들어 먹었다. 저녁에 샤워하고 얼굴에 크림을 바르려고 하는데 어제 새로 연 크림이 웬일인지 바닥에 조금밖에 안 남았다. 종업원이 몰래 퍼간 거 같았다. 조심해야겠다는 생각이 들었다.

길에 가는 길에 발견한 헝겊 옷을 입은 차량

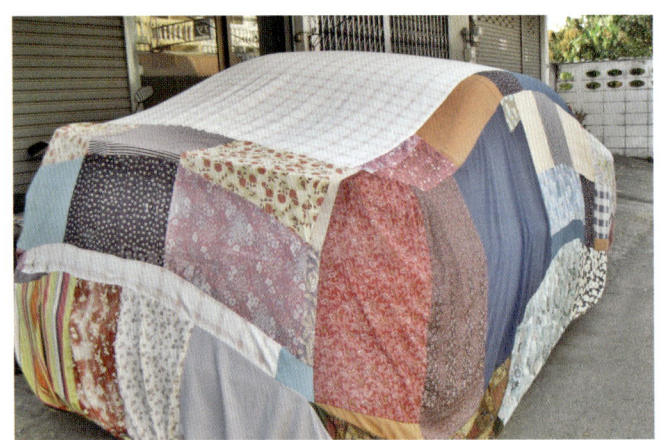

몸에 좋다는 노니 열매

람빵루앙 사원 쩨디와 사원 입구와 내부

오래된 티크 목재 가옥 즐비한 동네의 우아한 매력

람빵에는 오래된 티크 목재가옥이 많다.

우리가 잡은 숙소도 오래된 티크 목재로 지은 건물이다. 1층은 정원처럼 벽을 틔어서는 소파 근처에 간단한 커피나 차를 준비해 놓아 손님들이 휴식을 취하며 담소를 나눌 수 있는 공간으로 만들어 놓았다.

후이엔 아주머니의 친구 노인들이 자주 찾아와 웃고 떠들고, 한쪽에서는 싱가포르에서 왔다는 손님이 노트북을 열심히 두들겼다. 그 카페 같은 분위기가 잔잔해서 맘에 들었다.

주인장은 아침마다 호스로 정원에 물을 주어 나무와 꽃은 항상 싱싱하고 예뻤다. 2층은 숙박객들이 머무는 룸으로 구성돼 있는데, 나무 바닥이 가끔 삐거덕거리는 소리가 나지만 벽에 나 있는 많은 창문에 손수 수를 놓은 정갈한 아이보리 색 커튼을 달아 놓았다. 벽에는 주변 사원을 그린 그림도 걸려있다. 요즈음 바깥이 너무 더워져서 해가 중천에 뜬 오후에는 도저히 밖에 나갈 수가 없었다. 그래서 가능한

한 오후 1시부터 3시까지는 낮잠을 자면서 한숨 돌렸다.

아침에 주인 여자와 정원을 산책하다 내가 오매불망 그리워하던 노니나무를 보았다. 나무에는 노니 열매도 몇 개 열려있었다. 주인에게 노니는 어디 가면 살 수 있냐고 물으니까 역 앞의 로컬 마켓에 가면 살 수 있다고 했다.

그 말에 얼른 택시를 타고 마켓에 가서 노니 500g 정도를 20바트 주고 사 왔다. 한국에서는 비싼데 여기서는 20바트밖에 하지 않으니 정말 싸다는 생각이 들었다.

숙소 주인집 나무 열매도 따다가 썰어서 양지쪽에 널었다. 볕이 좋아 잘 말랐다. 시간만 있으면 노니 효소를 담으면 좋으련만 못내 아쉬웠다. 노니의 주요 효능으로는 온몸의 모든 염증을 없애고 몸의 종양을 없애 암에 좋다고 회자된다.

오후에 1895년에 만들어진 티크나무 하우스, 반싸오낙에 다녀왔다. '반싸오낙'은 '기둥이 많은 집'이라는 뜻인데 태국과 미얀마 건축 양식으로 지은 옛날 가옥을 박물관처럼 꾸며서 일반인에게 공개하고 있다.

도자기·은제품·골동품 등을 당시 집에서 꾸며놓는 모양으로 전시되어 있었다. 그곳에서 차와 과자도 나눠주어서 이를 즐기며 고택의 운치와 낭만을 온몸으로 만끽하고 숙소로 돌아왔다.

귀로에 시장에서 카우니어우와 돼지고기를 사 와서 숙소에서 샤브샤브를 해 먹었다. 여기는 돼지고기가 너무 맛있다. 돼지를 풀어서 길러서 그런지 고소함이 소고기보다 더 담백하게 맛있고 연하다.

이곳에 온 이후 너무 잘 먹어 요즘 몸무게가 2kg이나 늘었다. 저녁에는 오승근의 노래 '내 나이가 어때서'를 부르고 놀았다.

"야야야, 내 나이가 어때서, 사랑에 나이가 있나요. 마음은 하나요. 느낌도 하나요. 그대만이 정말 내 사랑인데, 눈물이 나네요. 내 나이가 어때서~"

우리는 이렇게 노래로 여흥도 즐기며 잘 돌아다녔다.

다음 날 오후 늦게 숙소 앞 골목에는 주말 야시장이 열리는 날이라 구경 나갔다.

치앙마이 타패시장보다 규모는 매우 작지만 볼거리도 많고, 살 거리도 많았다. 거기에서 색깔이 좋은 반바지 2개를 샀다. 시원한 바지여서 내일부터 입고 다니기로 했다.

저녁에 숙소가 소란스러워 나와 보니 중국인 일가족이 숙소 사람들에게 망고를 한 봉지씩 돌리고 있었다. 어른·아이·애기 등 일가족이 12명 정도 왔는데 아이들이 시끄럽게 할 것을 잘 알기에 부모로서 투숙객들에게 미리 입막음하는 것 같았다. 역시 밤새 어른·아이 할 것 없이 너무 시끄러웠다. 중국인들은 정말 시끄럽다. 그리고 가족들 친구들 떼를 지어다닌다.

그러나 망고를 공짜로 얻어먹은 값으로 여기고 그냥 참았다.

티크 목재로 지어진 숙소 주인과의 기념촬영

티크 목재로 만들어진 반싸오낙

숙소 손님들이 쉬면서 담소 나눌 수 있는 테라스 공간

예쁜 무늬로 조각한 장식

주변사원 동자 불상

반싸오낙 내부 인테리어 장식

숙소 앞
주말 시장 풍경

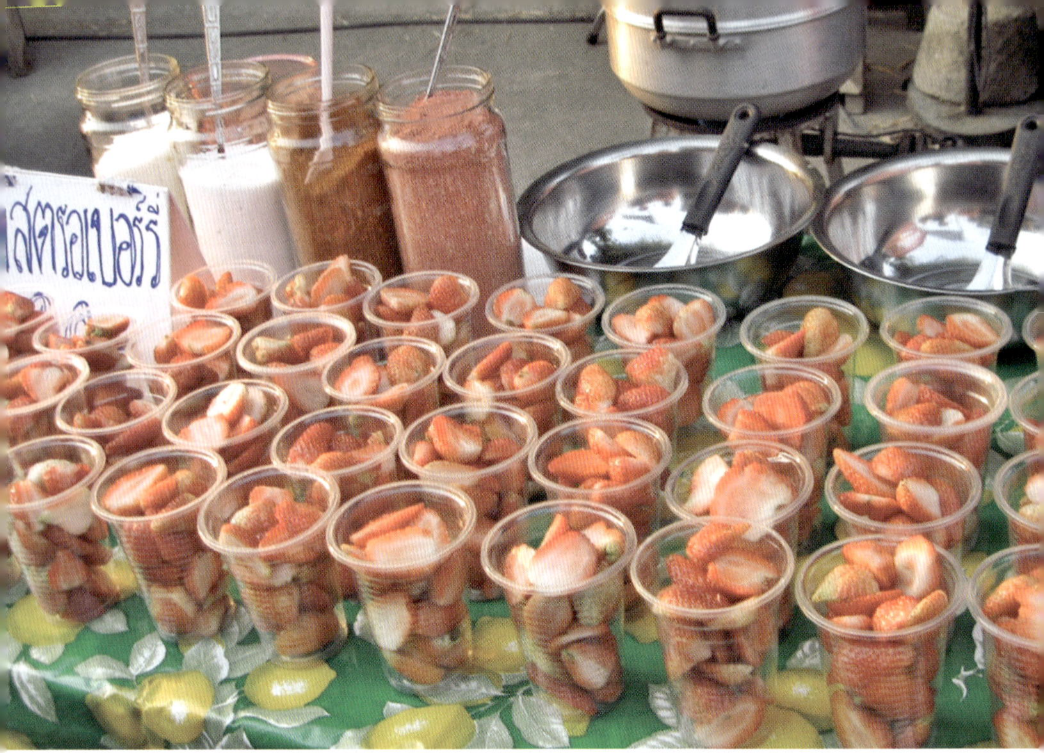

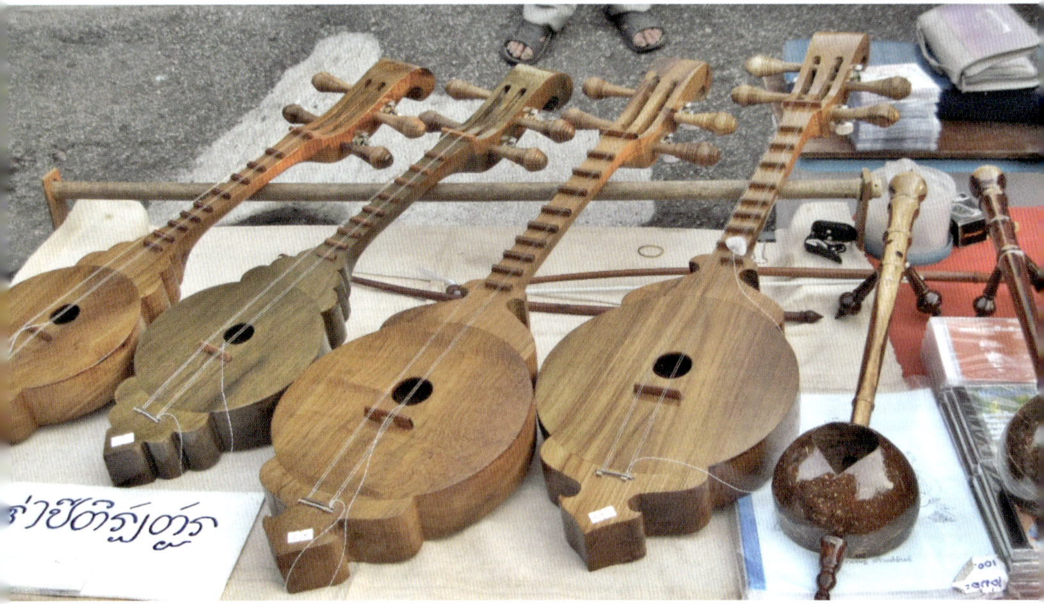

"어게인, 치앙마이!"

오늘은 치앙마이로 가는 날이다.

아침에 후이엔 아주머니의 배웅을 받으며 나왔다. 터미널에서 치앙마이 티켓을 50바트에 끊고 버스를 타려니 '과연 이 차가 치앙마이까지 갈 수 있을까?'라는 의문이 들었다. 그 정도로 낡은 고물 차였다.

예전에 쑤코타이행 버스도 이랬었는데 이 차도 바닥에 구멍이 난 데다 앞문·뒷문을 연 채로, 말하자면 개문발차인 상태로 고속도로를 달렸다.

2시간을 달려 오는데 창문 바람이 너무 추워서 혼났다. 치앙마이 터미널에 도착하여 몇 일 후 여행할 치앙라이 가는 버스티켓을 미리 끊어 처음에 묵었던 코리아 하우스로 왔다.

썽태우 기사에게 "타온 창모이 반 까올리"라고 태국 말로 말하면 코리아 하우스로 데려다 준다.

다시 코리아하우스를 거점으로 여행을 다니니 친정 집에 온 것 같았다. 밀린 빨래도 하고 오후에는 우리가 단골로 가는 솜펫시장 끝에 있는 마사지숍에 갔다. 몇 번 갔더니 직원이 우리 얼굴을 익혔는지 "안뇽하세요?"라며 한국말 인사를 해 와서 즐거웠다.

이 집은 마사지를 참 시원하게 잘해서 좋다. 몸도 풀고 뜨끈한 쌀국수도 곱빼기로 한 그릇씩 먹고 돌아오니 숙소 옆 방에 한국인 부부 세 쌍이 들어와 있었다. 덕분에 오랜만에 한국 사람들과 수다를 많이 떨어 마음이 후련했다.

그 다음 날은 숙소에 쿠킹 클래스 안내가 있길래 태국 음식을 배워 보려고 700바트(한화로 23,000원 정도)를 주고 신청했다. 요리 선생과 시장을 같이 가서 재료를 사고 요리를 만드는데 유럽인, 미국인, 중국인 등 각국 나라 사람들이 다 모였다. 수업은 영어로 진행하였다. 영어는 거의 다 못 알아들었지만 요리 살림이 몇십 년인데, 눈치코치로 다 알아들을 수 있었다. 그린 커리와 똠얌꿍·팟 타이를 완성해서 먹어보니 맛이 괜찮았다. 수업료가 작은 돈은 아니었지만 한나절 좋은 경험을 했다.

손주들에게 그림엽서를 부치려고 뜨거운 길바닥을 걸어 타패 끝에 있는 우체국까지 걸어갔는데 엽서를 숙소에 두고 왔다. 늙어서 그런가. 정신도 간간히 오락가락한다.

결국 또다시 뜨거운 길을 한 번 더 걸어서 우체국에 도착했다. 우리 손주들, 상윤이, 기민이가 즐거워할 얼굴을 생각하며 코끼리 그림과 수상시장 그림 엽서를 부쳤다.

그리고 썽태우를 타고 치앙마이 대학에 구경 갔다. 넓은 호수도 아름답고 멀리 보이는 높은 산도 매우 멋있다. 호수가에서 해질녘까지 쉬었다가 숙소로 돌아왔다.

모링가라는 나무 잎이 좋다고 해서 1,200바트를 주고 2kg을 샀다.

모링가는 비타민과 칼슘이 많이 들어 있어서 동남아 산모들이 아이를 낳고 국으로 끓여 먹는다고 한다. 잎은 아카시아 잎처럼 생겼다.

쿠킹클래스 참가자들이 장을 봐 온 식재료들

늘 우리를 만족시키는 치앙마이의 마사지숍 주인과 함께

쿠킹클래스를 수강생과 함께 시장에서 장을 보는 모습

쿠킹클래스에 참가해 완성한 요리들

치앙마이 대학 캠퍼스 안의 예쁜 호수 풍경

치앙라이 숙소서 장기투숙객
애영씨네 만나다

이른 아침 '코리아하우스' 사장의 배웅을 받으며 터미널로 향했다.
예매한 그린버스를 탔는데 이 버스는 너무 깨끗하고 에어컨도 빵빵한데다 뒤에는 화장실도 있었다. 과자와 물도 무료로 나눠줬다. 전에 탔던 버스와는 비교가 안 될 정도로 좋았다. 그 버스로 3시간을 달려 치앙라이에 도착했다.

치앙라이는 차앙마이 서북쪽으로 미얀마·중국·라오스·태국 등 3국과 국경이 접해있는 골든 트라이앵글 지역이다. 라오스를 가기 위해 우리는 이쪽으로 왔다.

게스트하우스 숙소를 알아보는데 소도시인데도 가격들이 상당히 비쌌다. '대븐 게스트하우스'에 들어갔는데 주인 총각은 참 순하고 착하나 요금만큼은 요지부동이었다. 결국에 하루 300바트에 5일을 예약했다.

이 숙소는 별채 식으로 나누어져 있는데 우리의 옆 채에는 한국인 중년 부부, 애영 씨네가 한 달째 머물고 있었다.

아저씨 건강도 안 좋고 해서 휴양차 여행을 오래 했다고 했다. 영어도 매우 유창하게 구사했다. 덕분에 여행 정보도 많이 얻고 저녁에는 돼지고기를 볶아서 같이 식사를 했다.

여기는 공동 부엌이 있고, 그릇과 양념이 완비되어 있어서 요리해 먹기에 좋을 것 같았다. 마당에서 별이 뜨기까지 오랫동안 이 얘기 저 얘기를 하다가 각자의 별채로 돌아갔다. 태국 시골집 같은 곳에서 오늘도 편히 잠들었다.

아침 일찍 미얀마 국경을 보기위해 버스터미널에서 39바트를 내고 매싸이 행 버스를 타고 출발, 버스 앞 뒷문을 열어 고정하고 1시간 30분을 달렸다. 찬바람이 겨울바람처럼 매서웠다.

매싸이 터미널에서 국경까지 썽태우를 20바트에 타고 미얀마 국경에 도착했다. 그곳에는 얼굴에 다나까를 바른 미얀마인들이 많았다, 국경시장도 규모가 무척 컸다. 중국에서 샀던 삼칠근을 사려고 보니 무척 비싸다는 생각이 들었다. 시장에서 처음 보는 건 모두 사서 먹어 보고, 점심은 물 국수를 사 먹었다. 풋대추와 찐마 과일들을 사고 버스로 40분 정도 타고 치앙쌘으로 갔다.

작은 시골 동네인데 허물어진 사원도 군데군데 많았다. 가장 오래된 불탑 왓쩨디루앙도 있고, 티크나무 숲속에는 차리란 왓빠싹 사원이 있다. 한적하고 조용한 동네다.

한가롭게 신랑과 돌아다니면서 구경하려다 돌아오는 버스를 타려는데 이런, 어딜 봐도 정류장이 안 보였다. 사람들에게 '버스 스테이션'을 연거푸 외치며 물어봐도 모른단다. 어떤 사람은 위쪽, 또 어떤 사람은 아래쪽을 가리켰다.

그런데 위에 가 봐도 없고 아래도 가 봐도 없었다. 한동안 오던 길을 뱅뱅 돌며 길바닥을 헤매는데 한참 후에야 어디선가 버스가 왔다. 무작정 달려가 손을 흔들었더니 섰다.

"치앙라이?"라고 소리치니 기사가 손짓하면서 타라고 했다.

'여긴 정류장이 따로 없고 아무 데서나 손을 들면 정차하나 보다.'

버스는 그 후로 길거리에 3분마다 한 번씩 섰다. 오늘 탄 버스는 완전 완행이었다. 저녁 늦게 치앙라이에 도착해서 숙소로 오는 길에 대통밥을 샀다. 대나무 속에 찹쌀과 코코넛 물을 넣고 불에 구운 밥인데 은은하게 달고 고소해서 맛났다.

오늘 하루는 참 많이도 돌아다녔다. 대중교통을 이용하니 너무 저렴하게 관광을 잘 하고 있다는 뿌듯함이 마음속으로 밀려왔다.

치앙라이 꽃 축제

왓프라씽 사원와 왓프랑깨우 사원 전경

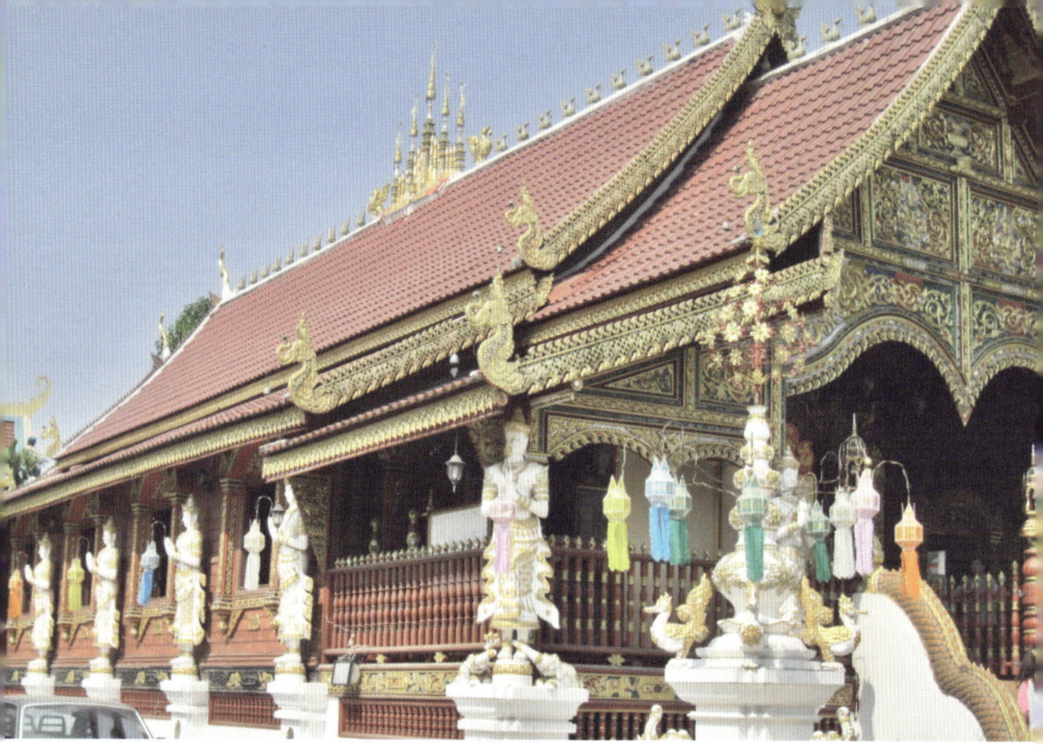

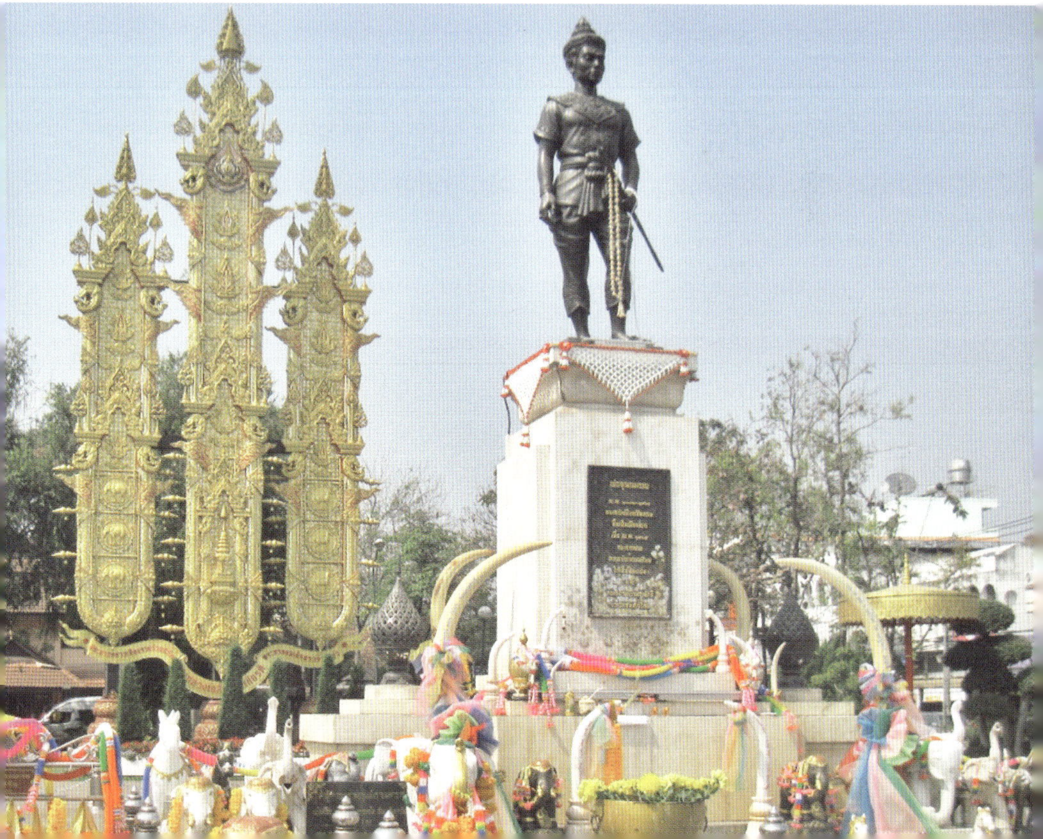

말 안 통해도 척척 '뽕빠 밭 온천', '나이트 바자' 망중한

겨울에 떠나왔더니 짐이 많아 오리털 점퍼와 두꺼운 옷을 한국으로 부치려고 우체국으로 갔다.

빈 박스를 사서 짐을 넣어서 갔더니 직원이 눈을 부리부리하게 뜨고는 박스에서 든 것을 하나하나 다시 꺼냈다. 뭘 부치는지 일일이 검사하려는 모양이었다. 우리야 상관없었지만 사서 고생하는 것 같아 안타까웠다.

그나저나 배편으로 가면 시간이 걸리니 비행기로 부치고 싶은데, 직원 앞에서 "에어(air), 에어!"라고 해도 못 알아듣는 눈치였다.

할 수 없어서 내가 빈 종이에 배 그림과 비행기 그림을 그려서 배는 가위표를 하고, 비행기에 동그라미표를 여러 번 그려 보더니 그게 우스운지 직원들이 웃어 죽겠다고 난리였다.

'이놈들아, 나도 우습다.'

3,800g에 1,120바트를 내고 부치니 짐이 확 줄었고 그만큼 마음도

홀가분해졌다.

온천을 가기 위해 버스터미널에서 매싸이행 버스를 타고 '반두 딸랏'에서 내렸다.

옆에 큰 시장이 있어서 점심으로 대통밥과 파인애플을 샀다. 썽태우를 타고 온천을 가야 하는데 이곳은 썽태우가 없었다.

현지인에게 "핫수프링!"이라고 연거푸 외쳐도 못 알아듣고 "뽕빠밭", "온센", "난논"이라고 해도 못 알아들으니 속이 타들어 갔다,

순간 '내 영어 발음이 안 좋나?'라는 생각도 들었다.

"핫 수프링"이라고 해도 고개만 갸우뚱하기에 급기야 몸에 때를 밀고 샤워하는 흉내를 한참 내고 나니 주변 사람들이 손뼉을 치고 웃으며 모터싸이클 타고 가라고 했다.

하지만 우리는 오토바이 운전을 못 해서 썽태우 택시를 타고 가야 했다. 사람들은 고개만 절레절레 흔드는데 아무리 둘러봐도 썽태우 택시가 안 보였다.

큰길을 왔다 갔다 하는데 오토바이 2대가 서 있고, 주황색 조끼를 입은 운전기사 두 명이 보였다.

그들에게 다가가 "핫 스프링!"이라고 하니까 바로 익숙하게 1명에 20바트씩 내라고 했다. '이걸 타란 소리였구나.'

우린 멍청이였다. 생전 처음으로 젊은 시절에도 안 타 봤던 오토바이를 타 봤다. 좌불안석이었지만 시원하게 달려 온천에 도착했다. 노천탕에 20바트 주고 탕에 들어가니 현지인들이 많이 왔다. 태국 젊은 이들도 친구들과 많이 오는 지, 옹기종기 앉아서 재미나게 얘기하고 간식도 먹어가며 온천을 즐기고 있었다. 120바트 주고 마사지도 받았는데 마사지는 치앙마이만 못 했다.

오후에 숙소로 오는 길은 수월했고 저녁을 먹고 나이트 바자에 갔다. 주말에만 크게 선다. 황금색 시계탑이 사거리 중앙에 세워져 있는데 저녁 7시부터 매번 정시가 되면 시계가 음악 소리와 함께 형형색색으로 빛을 발한다. 세계 각국의 관광객들이 함께 서서 그걸 기다리다가 시계가 아름답게 반짝거리면 환호성을 질러댔다. 멋졌다.

한쪽에선 밴드공연을 하고, 앞에는 시민과 관광객이 어우러져 허슬 춤 같은 걸 흥겹게 추고 있었다. 우리나라도 저런 문화가 있으면 좋겠다는 생각이 들었다. 우리도 흥겨워 따라 추었다.

야시장이 매우 크게 열렸다. 각종 장신구며, 의류, 길거리 음식들이 거리에 즐비했다. 사람들도 너무 많아 정신이 없는지 남편이 어서 숙소로 가지고 난리였다. 서둘러 파인애플과 바나나 구이를 사서 숙소로 돌아왔다. 오늘 하루도 일정을 무사히 끝났다. 더운 나라인데도 태국인들도 온천을 즐기고 있었다는 사실이 내내 신기하게 느껴졌다.

그다음 날은 '도이뚱'으로 가기로 했다.

터미널에서 25바트에 매싸이 가는 버스를 타고 가다가 훼이끄라이에 내려서 썽태우를 왕복 600바트에 대절하여 1시간 동안 산속을 올라갔다. 매홍손보다 더 높은 것 같았다.

밀림이 우거진 산의 경치는 언제 봐도 너무 아름답다. 먼 산 언덕에는 소수 민족 마을의 작은 지붕들이 반짝였다. 구불구불 좁은 산길을 올라 정상에 도달하니 산 아래 시내처럼 건물도 많고 장사꾼들도 많았다.

입장료 200바트에 현 국왕 어머니가 기거하던 궁전과 매파루앙 정원과 전시관을 관람했다. 이곳은 아편 재배지였으나 현 국왕의 농촌계몽으로 커피 농사를 하다 보니 매우 잘 사는 농촌이 되었다고 한다.

국왕이 헌신적으로 국민에게 좋은 정치를 하는 것 같았다. 태국은 국왕에 대한 존경과 충성심이 대단한 나라다. 그래서 사람들은 도박도 안 한다. 태국 돈에 국왕 사진이 있어 국왕 있는 돈으로 도박을 하면 안 되기 때문이다.

배가 출출해 대통밥과 망고와 파인애플을 나무 그늘에서 먹었다. 이런 곳을 여행사에 투어를 신청해서 오면 꽤 많은 돈을 내야 하지만, 우리처럼 시내버스를 타고 오면 훨씬 저렴한 데다가 더 여유롭게 구경할 수 있다. 식사도 매번 사 먹으면 된다.

다행히 태국은 밥을 집에서 안 해 먹고 사 먹는 곳이라 카우니여우 찐 찰밥이 1인분에 20바트(650원) 정도면 살 수 있고 된장·고추장은 한국에서 들고 왔으니 채소나 고기만 사면 우리 입맛에 맞는 한식을 먹을 수 있다.

'한국인은 역시 밥심'이라고 우리 음식이 항상 여행의 힘이 된다.

저녁에 애영 씨 신랑 머리에 침을 놔주었다. 전에 뇌경색이 살짝 왔었는데 머리가 무겁다고 했다. 비상용으로 내가 가지고 다니는 침을 놓아 줬다.

과거에 우리 신랑에게 뇌경색이 여러 번 왔었다. 그래서 나는 비상용으로 항상 침을 가지고 다닌다. 피곤하여 일찍 잠자리에 들었다.

치앙라이 가는 이정표 앞에서

태국 전 국왕이 모친을 위해 조성한 매파루앙 정원 이모저모

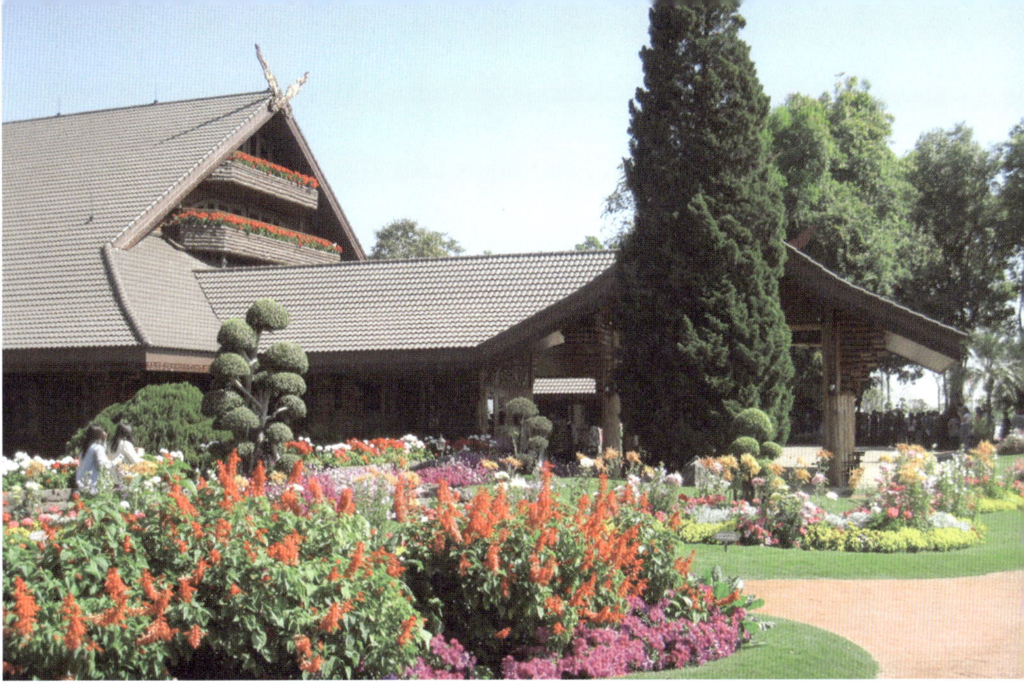

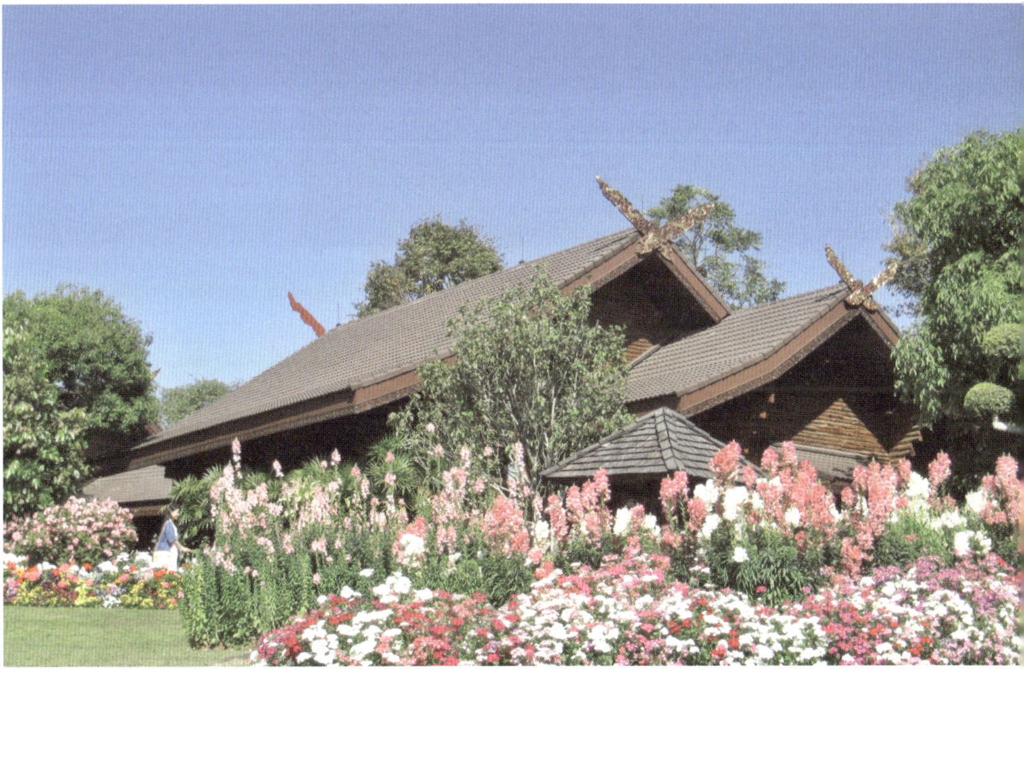

태국에서 흔히 볼 수 있는 오토바이 부대

굽이굽이 산속에서 찾은 평화 '매쌀롱'

짐을 애영 씨네 방에 맡겨두고 룸 체크아웃을 했다.

원래는 꼭강에서 배를 타고 매쌀롱으로 가려 했으나 며칠 후에 라오스를 1박 2일로 배로 타고 갈 계획이라 그냥 버스를 타고 가기로 했다.

치앙라이 터미널에서 요금 30바트 내고 매싸이 버스를 타고 가다 반파상에서 내렸다. 그 다음에 썽태우를 1인당 80바트에 타고 매우 높은 해발 1,300m의 길 20km를 40분 정도 달려 매쌀롱에 도착했다.

매쌀롱은 ''평화의 언덕'이라는 뜻이라는데 그 이름에 걸맞게 평온한 고산 마을이다.

높은 산 구릉지를 개간해 녹차 밭을 만들어 놓았는데 계단처럼 칸칸이 푸르게 만들어 놓은 밭이 너무 예뻤다.

신생 게스트하우스 방을 얻고 마을 산책에 나섰다.

태국 북부의 미얀마와 인접한 매쌀롱은 중국의 장계석이 이끌던 국민당의 일부 군인이 정착해 살던 게 그 발단으로 2세대쯤 흘렀다고 한다. 다들 중국어를 유창하게 구사하고 길거리 간판에도 중국어가 많이 눈에 띈다.

짙은 파란 하늘에는 흰 뭉게구름이 떠 있고, 길은 빨간 황톳길, 눈앞에 보이는 건 드넓은 녹차 밭이라 보고 있으면 마음이 부드러워진다. 또 녹차 밭이 곳곳에서 다른 모양을 그려내고 있어서 구불구불 작은 길을 따라 산모퉁이를 하나씩 돌 때마다 다른 풍경이 펼쳐진다.

"와~, 와!" 하고 감탄사가 절로 나온다.

다음 모퉁이를 돌면 어떤 풍경일까 궁금해서 굽이굽이 계속 걷다 보니 나도 모르게 3시간이나 걸었다. 더 걷고 싶었지만 돌아오는 시간 생각해 이쯤 보고 되돌아오기로 했다. 마침 지나가는 매우 작은 트럭을 얻어 타고 숙소까지 쉽게 왔다.

늦은 점심을 먹고 허름한 목조건물 집에서 달콤한 낮잠을 청했다.

저녁나절 마을 길로 산책을 나섰다. 일을 나갔던 주민들이 돌아오는지 고기 봉지, 야채 봉지, 자그마한 봉지를 하나씩 손에 들고 집으로 가고 있었다. 골목에서는 아이들이 뛰어나와 엄마를 찾고 아빠를 반기고, 개들은 꽁지를 흔들며 주인을 반겼다. 길가 나무 밑에 앉아 산 아래 이런 고즈넉한 풍경을 바라보고 있으니, 이 평화로움이 너무 좋아 눈물이 날 것 같았다.

이렇게 마음이 편안할 수가 없다. 진짜 여기 앉아 한 달을 빈둥빈둥 유유자적하며 멍때리고 있어도 싫지가 않겠다.

'참으로 감사한지고….'

어느덧 뉘엿뉘엿 해가 지고, 전깃불이 하나둘 밝혀질 때쯤 자리를 털고 일어섰다. 좁은 골목길을 따라 돌아오는데 동네 컴컴한 초가 오두막집에서는 토닥토닥 도마 소리가 들리고 아이들 웃는 소리도 들리고, 아기 울음소리도 들리고, 엄마 목소리, 아빠 목소리도 들려왔다, 가가호호 밥 짓느라 매캐한 연기가 온 골목을 감싸고 올라오는데 꼭 영화의 한 장면 같았다.

이 순간순간들을 오래 기억하고 싶을 정도로, 너무나도 정겹고 포근한 동네다.

숙소가 시장 바로 옆이라 시장에 가 보니 파파야가 참 많다. 시장마다 지역별로 많이 파는 과일이 다 다른데 이곳은 파파야가 많이 나오나 보다.

밤에는 자려고 누웠는데 개구리울음 같은 것이 시끄러워서 잠이 오지 않았다. 한국에서 듣던 개구리보다 더 큰 소리였다.

"개구리가 아니고 두꺼비인가?"

그 소리에 참다못해 신랑이 "어이구, 시끄러워~"라고 하면서 밖으로 나가더니 한참 만에야 돌아왔다. 뭘 했는지 개구리울음이 뚝 그쳤는데 신랑 왈 "내가 수조에서 다 건져서 멀리 버리고 왔다"라고 말했다.

하지만 한 시간 정도 있으니 그 우렁찬 소리가 다시 들려왔다. 고것들이 기어서 숙소 수조로 다시 돌아온 모양이었다.

'고집도 세지, 역시 개구리가 아니고 두꺼비인가?'

무슨 개구리 소리가 바리톤으로 '꾸억~꾸억' 울어댄다.

'에고, 에고, 이것들아, 목쉬겠다. 너희도 그만 잠 좀 자라.'

밤새 오토바이 소리, 시장 물건 내리는 소리, 개구리 소리에 잠을 설쳐서 다음 날 다른 방으로 옮겨달라고 해 봤으나 방이 없다고 했다.

어쩔 도리가 없어서 돈을 환불받아 다시 숙소 방을 구하러 다니는데 마땅한 곳이 없어 길 건너 호텔에 가 봤다. 75세 된 주인 할머니가 차 도매상도 같이 운영하는데, 방 한 칸을 싸게 얻어 나흘 치를 미리 냈다. 호텔이라 그런지 침대도 이불도 깨끗했다.

오늘은 점심을 싸서 안 가 본 길 걷기로 했다. 원주민 시장도 있고 은행도 있고 학교도 있었다. 산길에 펼쳐진 녹차 밭 두둑은 오늘도 아름다웠다.

온종일 땡볕을 걸어도 지루하지도 않고 다리도 안 아팠다. '이 모퉁이만 더 보고 되돌아가야지'라고 결심하기를 몇 번, 다음 그림이 보고 싶어 자꾸자꾸 걸어갔다. 여우에 홀린 것처럼….

산길에 자주색 바나나 꽃이 그리 예쁜 건 처음 봤다. 바나나 꽃은 꼭 연꽃 봉오리 같은데 한 겹씩 잎이 피면서 바나나가 한 송이씩 달려 있다.

나무 그늘에서 점심을 먹는데 마른 들개 한 마리가 배고픈 듯이 쳐다봤다. 마른 젖이 늘어진 게 꼭 새끼를 낳은 어미 개 같았다. 밥을 주었더니 맛나게 먹었다. 개는 결국 바나나까지 두 개 먹고 갔다.

나무 옆 녹차 밭에서는 일꾼들이 일하고 5살 정도 먹은 여자아이가 엄마를 따라 왔는지 밭둑 땡볕에 혼자 놀고 있었다. 우리 손자들, 기민이 상윤이가 생각나서 그늘로 데리고 와서 머리도 묶어주면서 같이 놀다가 또 길을 나섰다.

여기는 산비탈 밭에다 쌀 농사를 짓는다. 돌아오는 길에는 트럭을 얻어 타고 학교까지 왔다. 산속 마을에서 아이들을 데리러 왔나 보다. 차에 아이들을 가득 태우고 돌아갔다.

매쌀롱에서 제일 높은 뒷산에는 718개의 계단이 놓여있고, 정상에는 왓쩨다라는 사원이 있다. 몇 번을 쉬면서 헉헉대며 올라갔는데 꼭대기에 올라서니 매쌀롱이 한눈에 먼 곳까지 보인다. 위에서 온 전경을 내려다보니 마음과 정신도 오감이 편안해 온다. 그래서 사람들은 등산하고 높은 곳을 좋아하나 보다. 경치를 둘러보고 동서남북으로 합장을 했다.

"감사합니다. 제가 전생에 무슨 복을 지어 무슨 인연으로 여기까지 제 발길이 닿았습니다. 이렇게 좋은 걸 보게 해 주셔서 감사합니다."

여행하면서 수시로 이런 감사 인사가 절로 나온다. 신랑은 나한테 "춘자 씨, 감사합니다" 하고 인사를 한다. 경이로운 자연 앞에서 나를 자꾸자꾸 내려놓는다.

사원 안에는 둥근 상 위에 주민들이 동전을 세운다. 우리도 동전 2개를 어렵게 세우고 왔다. 올라온 길과 다른 반대쪽 길은 승용차가 올라올 수 있게 도로가 나 있었다.

우리는 구불구불한 길을 다시 걸어서 내려오는데 먼 앞산 구릉마다 마을 집이 보였다. 새파란 하늘에는 뭉게구름이 하얀 모란꽃처럼 높이 피어있다. 인적이 없는 산골짜기라 '목이 터져라' 하고 노래를 불러도 뭐라 할 사람이 없었다.

나는 "여기야 디어차"라고 하면서 경기 민요를 부르고, 신랑은 "죽장에 삿갓 쓰고~"라는 가사의 대중가요를 불러제꼈다. 흥에 겨워 서로 바라보며 개다리춤도 추고 고래고래 소리를 지르면서 내려오는데 굽이를 돌 때마다 상쾌한 바람이 시원했다.

'너무 조오타~ 내 인생에 이런 날도 있구나~. 이리 좋아도 되나?'

너무 행복한 나머지 문득 그런 생각이 자꾸 들었다. 목마르면 파파야를 까먹으면서 신선놀음이 따로 없었다. 그렇게 세월아 네월아 내려왔다.

만약 혼자였다면 무서워서 이 길을 못 걸어왔을 것 같다. 갑자기 신랑이 고마워진다.

"신랑아, 당신이 있어 이 여행이 더 즐겁고 참으로 행복하네. 진짜로 춘자 마음이 그렇다니깐."

매쌀롱 마을의 중국인 원주민 학교 입구와 내부

매쌀롱 마을에서 밥을 건네준 마른 들개

높은 뒷산의 왓쩨다 사원

매쌀롱 마을 풍경

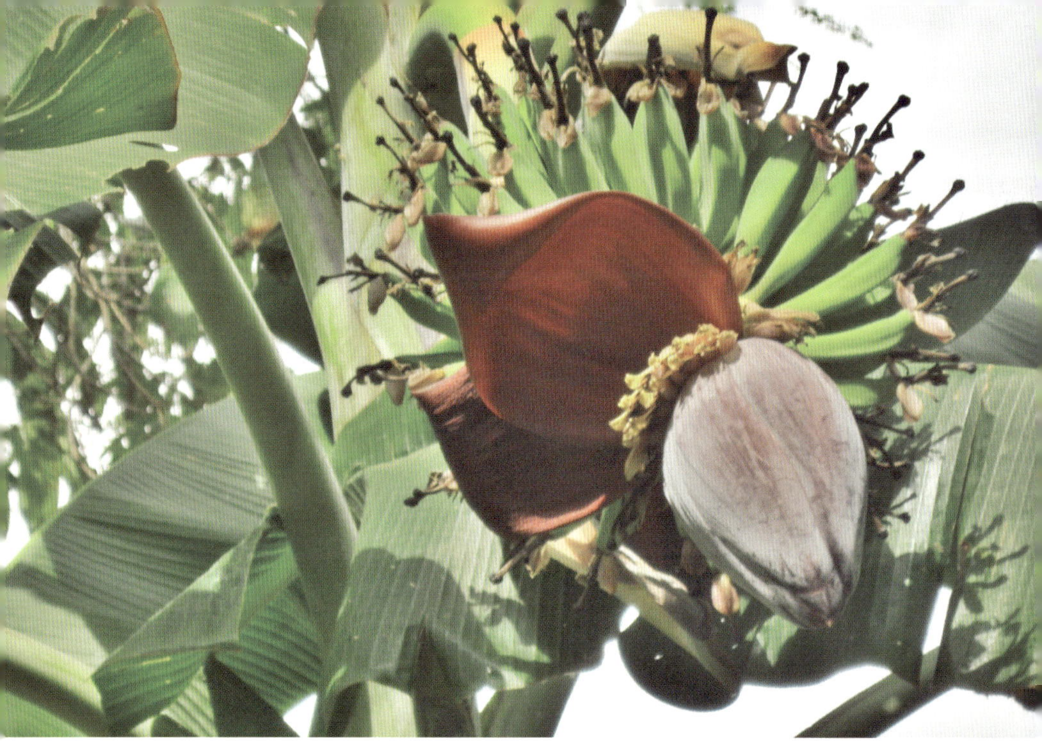

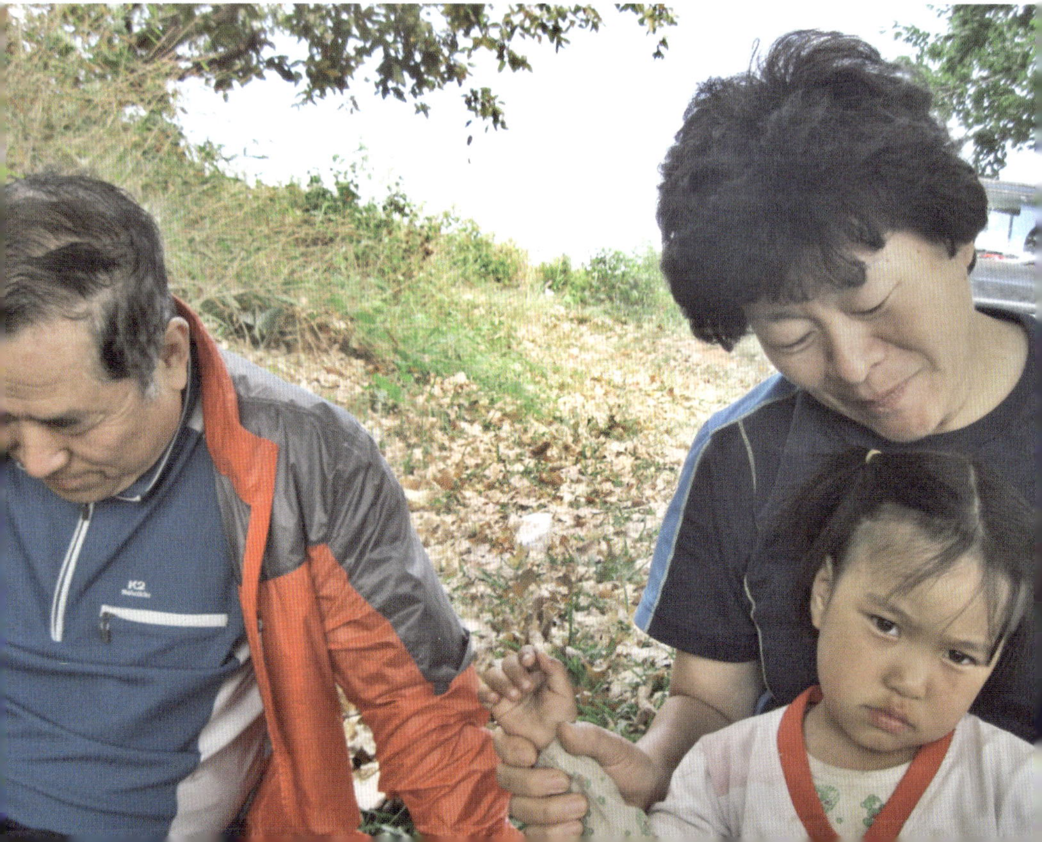

매쌀롱 마을 풍경

고구마 아줌아 동남아 피한·배낭여행　139

머나먼 이국에서 만난 한글, 아카족과 커피 농장

오늘은 산 정상 쩨디 쪽 아랫길로 몇 시간 걸었더니 소수 민족 마을이 보였다.

내려오다 옥수수를 까고 있는 아카족을 만났다. 옥수수 까는 걸 도와주었더니 삔랑이라는, 입이 빨개지는 껌 같은 걸 건네줬다. 나도 한 번 씹어봤다. 나뭇잎에 하얀 가루와 돌맹이 같은 걸 싸서 씹었는데, 쓰고 맛이 고약했다. "윽~! 퉤퉤!" 하면서 금방 뱉어 버리니 아카 족들이 우스워 죽겠는지 깔깔거렸다. 내 입안도 검붉은 색으로 변했다.

그네들에게 아리랑 노래도 가르쳐 주고 1시간을 놀다 건너 동네에 교회 건물이 있어 가 보았다. 교회는 잠겨 있고, 젊은이들이 나무 묘목을 기르고 있었다. 포도나무와 복숭아나무를 접붙이는데 애쓰는 모양새가 꼭 '새마을 운동'을 하는 것 같았다. 젊은이들이 꽈리나무 열매를 따 주는데 새콤달콤한 게 맛있었다.

매쌀롱 산에는 차나무와 벼도 산에다 콩 심듯이 몇 알씩 심어 가꾸고, 옥수수는 집집마다 많이 심어 매달고, 커피콩도 많이 거둔다. 집집마다 자가용이 있고 마을이 매우 깨끗했다. 고산 지역인데 수도관과 물탱크가 있어서 물도 풍족하게 쓰는 것 같았다.

경사가 90도나 되는 산에는 조롱조롱 열매가 열린 커피나무가 많이 심겨져 있다. 아카족 아주머니(이름은 '얼레리'라고 했다)가 커피콩을 씻고 있었다. 같이 얘기하다가 커피콩 피를 분리하는 걸 2시간 동안 도와주었다. 커피콩을 기계에 넣어 껍질에 상처를 내어 물에 담가 문질러 벗겨 내는 일이었다.

일을 도와주는데 어라, "너 그러지 마"와 비슷한 말이 들려서 잘못 들었나 하고 있었는데 얼레리가 손을 저으면서 나를 말렸다. 들은 그대로 그만하라는 소리였다. 그뿐만 아니라 이들이 쓰는 말 중에 우리 한국말과 비슷한 발음에 뜻도 같은 말이 많았다.

"너, 나, 어머니, 아가"

이런 말들을 우리 한국인과 똑같이 쓰고 있었다. 예상치 못했던 곳에서 우리말을 들으니 괜히 가슴도 두근두근하고 멀리서 같은 민족의 피를 만난 것 같아 눈물이 핑 돌았다.

어떤 연유로 우리말과 같은 말을 쓰는지 몰라도 괜히 감격스러웠다. 여기서 커피콩 1.5kg을 200바트에 사서 다시 길을 떠났다. 여기 커피콩은 다른 지역보다 알이 더 컸다. 여긴 해발 1,600m가 넘는 곳이라서 그런지 오늘은 날씨가 제법 쌀쌀했다. 집집마다 닭이 병아리를 몰고 다녔다. 커피 농사를 지어서 그런지 다른 동네보다 풍족해 보였.

어느 날은 아침부터 음악 소리가 요란하고 전통복장을 한 사람들이 마을 공터 쪽으로 줄줄이 올라갔다. '마을 행사가 있나 보다.'

우리도 서둘러 따라갔다. 공터 한쪽에는 무대도 있고 주변에는 먹거리랑 차 가게, 농산물 장터가 열렸다. 애 어른들이 점점 모여들고 화려한 전통 복장을 한 여자들이 연장 여인의 구성진 노래에 맞추어 춤을 추었다. 볼 만 했다. 다른 팀은 노래도 하고 각 마을 대표가 나와서 장기를 보여주는 것 같았다.

먹거리도 사 먹고 매쌀롱 커피도 조금 사고 안 가 본 길을 잡아 걸었다. 이쪽 동네는 집집마다 돼지고기 삼겹살을 팔뚝만 하게 썰어서 말렸다. 고기를 소금에 보름 동안 절여 마당에 줄줄이 널어 햇볕과 바람에 말리고 있었다. 이곳 특산품인가 보다. 어떻게 요리해 먹는지, 맛이 어떤지 궁금하다. 아마 베이컨 맛일까.

숙소까지는 트럭을 얻어 타고 돌아왔다. 여기서는 이곳저곳 구경하며 마음껏 걷다 귀가하는 트럭을 얻어 타고 오면 된다.

메쌀롱 마을 축제 이모저모

내일은 이곳을 떠나 새로운 곳으로 가는 날이다. 다시 눈을 들어 매쌀롱을 둘러봤다.

'내가 언제 또 이 아름다운 곳에 다시 오겠는가.'

공기도 좋고 경치도 좋고 사람도 좋은 곳이다. 나중에 푹 쉬고 싶을 때 휴양지로 오면 좋을 것 같았다. 또 보자는 마음을 담아 인사했다.

"잘 있어, 매쌀롱!"

아카족 마을 이모저모

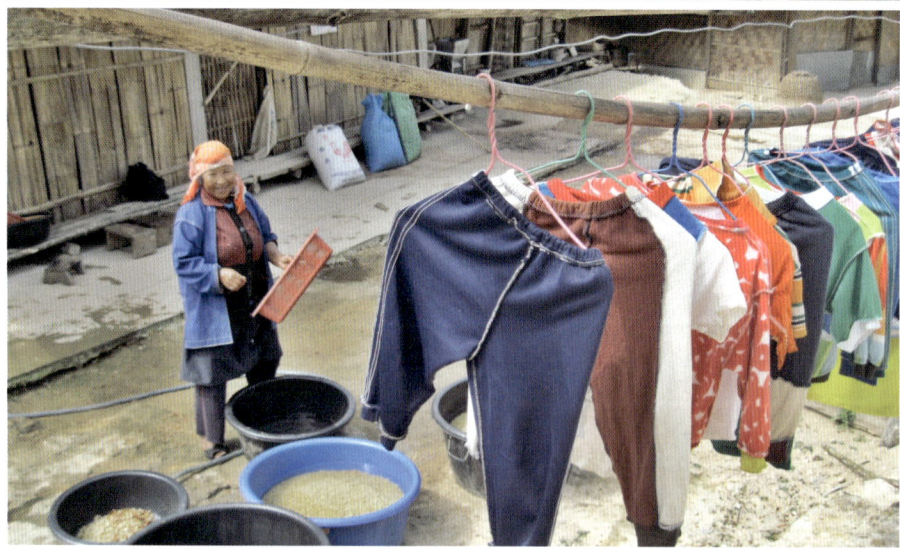

매쌍롱 마을에서 돼지고기를 보름간 소금에 절여서 말리는 광경

고구마 아줌아 동남아 피한·배낭여행   145

'타톤' 거쳐서 '치앙라이' 향해 고고!

　노란색 썽태우를 타고 1시간 20분 동안 산길을 돌고 돌아 타톤에 도착했다.
　'남노 게스트하우스'에 짐을 풀고 산 정상에 있는 왓 쩨디에 올라갔다. 이곳 쩨디는 도자기로 구워서 만들었는데 크기도 엄청 커서 몇 십 리 밖에서도 보인다고 했다. 내부는 박물관처럼 옛 도자기와 부처상들을 전시해 놓았는데 이제껏 많은 쩨디들을 보았으나 이곳의 부처님들은 또 전에 보던 얼굴들과 달리 처음 보는 모양이 많았다. 얼굴도 다르고, 모양도 여태껏 보던 것들과 달랐다.
　숙소에 들어왔다가 옆방 사람을 만나서 함께 담소를 나눴다. 나 홀로 자유여행을 온 오스트리아 할머니인데 치앙마이에서부터 매홍손을 거쳐 여기 타톤까지 왔다고 했다. 나이가 78세라는데 오토바이로 이동하고 있다고 했다. 얼굴도 늙어서 자글자글한데 대단했다.
　'그 나이에 오토바이 여행이라니?'
　서양 사람들은 우리보다 훨씬 늙어 보이는 것 같았다.

'서양 화장품 기술이 우리보다 좋을 텐데 왜 더 늙는 걸까?'

그러고 보니 태국 사람들도 대체로 나이가 더 들어 보였다. 자외선도 많이 쬐고 날이 건조해서 그런 것 같았다. 아기를 안고 있기에 할머니인가 하면 엄마라 하고, 65세쯤 되나 싶으면 53세라고 했다. 우리의 나이를 얘기하면 그 나이에 어쩜 그렇게 젊냐고 놀랬다.

밤에는 숙소 주인인 검 아저씨가 여행을 잘 다녀왔냐며 인사하러 왔다. 망고 농장도 4개나 소유하는 걸 보면 유복한가 본데 우리 신발 떨어진 것도 손수 본드로 붙여줄 정도로 친절했다. 참 재미있고 좋은 분이었다.

다음날 날이 밝아 치앙라이에 가고자 했다. 썽태우를 타고 다리를 건너서 첵포인트까지 가는 데 30바트, 차를 갈아타서 매찬까지 가는 데 30바트, 그리고 버스로 치앙라이까지 가는 데 20바트가 들었다.

치앙라이 대분 게스트하우스에 도착했다가 애영 씨네와 반갑게 해후했다. 아저씨는 그동안 건강이 많이 좋아졌다 했다. 다행이었다.

게스트하우스에서 저녁을 맛있게 차려주어서 먹고 애영이 신랑에게 침도 한 번 더 놓아주었다. 노니랑 커피 콩 산 것을 한국에 있는 막내 한희에게 부치고 오는 길에 샌들도 400바트 주고 샀다. 신발이 참 마음에 들었다. 내일은 치앙콩에 갈 예정이기에 짐을 쌌다. 모레 라오스 넘어가려 했는데 며칠 쉬다 라오스에 가기로 작정했다.

타톤의 쩨디 전경

내 딸 같은 꺼이 부부와 함께 지낸 '푸치파'

아침에 치앙콩에 가기 위해 집을 나서는데 애영 씨네랑 헤어지기 너무 아쉬웠다. 아쉬운 작별을 하고 버스로 치앙콩까지 와서 반파 게스트하우스에 짐을 풀고 있는데, 오후쯤에 애영 씨네가 오토바이 타고 이곳 게스트하우스에 나타났다.

고작 아침에 헤어졌는데도 오랫동안 타지에 있다 보니 아는 얼굴을 보는 게 눈물나게 반갑다. 자기네도 오고 싶어 왔단다. 천천히 숙소 근처 시장도 둘러보고 메콩 강가 구경도 하면서 쉬었다.

'반파 게스트하우스'는 참 깨끗하고 주인도 친절하고 괜찮았다. 애영 씨네가 우리 방 값을 내 주었다.

치앙콩은 메콩강 건너 라오스 넘어가기 위해 거치는 도시다. 크게 볼 거리는 없다. 애영 씨가 그러길 "푸치파라는 국립공원이 있는데 가이드 책에는 안 나왔지만 참 좋은 곳"이라고 했다. 온 김에 내일 가기로 했다. 장에 들러 과일과 찰밥을 사서 저녁을 먹고 메콩 강가에 나가 시원한 바람도 쐬고 잠자리에 들었다.

푸치파에 다녀올 동안 캐리어와 짐을 반파 게스트하우스에 맡기고 작은 배낭을 메고 숙소를 나섰다. 버스를 타고 가려 했는데 분명 정류장에 7, 8, 9라고 숫자가 적혀있었건만 7시 30분, 8시가 되도록 차가 오지 않았다. 한참 뒤에야 온 버스는 또 푸치파는 안 가고 바탕까지만 간다고 했다. 결국 1,000바트를 내고 썽태우를 대절해 가기로 했다.

라오스 국경 지역을 달려서 산 속 험한 길을 달리고 달리는데 산중에 검문소가 있었다. 총을 든 군인들이 초소를 지키고 있는데 타고 있는 사람들 다 내리라고 했다. 여권을 보여 달래는데 총이 무서운 나머지 헐레벌떡 비행기 e티켓까지 보여줬다. 마음이 무섭고 급하니까 안 나오던 영어도 갑자기 술술 나왔다. 다행히 무사히 통과했다.

차가 흙길을 가느라 앞에 차가 가면 그 흙먼지를 전부 우리가 뒤집어 썼다. 산 꼭대기를 향해 세 시간 정도 달리는 동안 갈수록 나무도 별로 없고 땅도 메말라 보였다. 주변에는 양배추밭이 많았다.

푸치파는 해발 628m에 있는 태국의 국립공원으로 '푸'는 '산', '치'는 '뾰족한', '파'는 '하늘'이란 뜻이라고 한다. 여기가 태국에서 해가 제일 먼저 뜨는 곳이란다. 그래서 사람들이 매년 새해맞이를 하러 올라와서 소원을 빌곤 한다고 했다.

썽태우 기사가 숙소를 추천해 주어서 산 밑에 방갈로 식으로 통나무와 대나무로 지어진 숙소에 짐을 풀었다. 숙박비는 하루에 300바트씩이다. 저녁에는 애영 씨네가 오토바이를 타고 꿀과 수박을 사서 또 왔다.

밤에 정원에서 저녁을 먹고 애영 씨네와 담소를 나누는데, 동네 원주민 아이들이 전통 복장을 하고 찾아왔다. 노래를 부르고 춤도 추고 우리를 즐겁게 해 주어서 약간의 돈을 주었다. 애영 씨네는 옆 별채에서 묵기로 했다. 이곳은 비수기라 가게들이 문을 닫아 먹을 것을 살 곳이 없었다. 밥도 멀리 있는 식당에 한참 걸어가서 사 왔다. 과일 하나 파는 시장도 없고 가게도 없으니 고역이었다. 아침 사 와서 먹으면 좀 이따 또 점심을 사러가고, 또 얼마 있지 않아 저녁을 사러 가야 하고, 하루종일 끼니만 때우다 시간이 다 가게 생겼다.

다음 날은 "꼬끼요~!" 하고 닭 우는 소리에 잠을 깨었다.

아침에 푸치파 정상으로 올라가려다 정상까지는 2.5km라 너무 멀어서 포기했다. 돌아오는 길에 길 중간을 가로지르는 지름길이 보여 그쪽으로 내려오려 했다.

대나무처럼 큰 갈대 순을 잡고 마지막 낭떠러지를 내려가다 그만 착지를 잘못해 발을 크게 삐었다. 시간이 지날수록 발이 점점 붓고 아파 땅을 내디딜 수가 없다. 주인 댁에서 차를 태워 줘서 16km 산길을 내려와 보건소에 갔다. 다행히 부러진 건 아니라서 약을 챙겨 먹고 얼음찜질을 하면 된다고 했다. 보건소에서 주는 대로 먹는 약과 바르는 약도 받아왔다.

올라오는 길에는 양배추밭에서 같이 온 주인아줌마에게 20바트를 주고 양배추를 사 달라고 했더니 양배추 4통이나 가져왔다. 덕분에 김치도 담고 쪄 먹고 볶아 먹고 양배추 파티를 했다.

게스트하우스 주인 식구들하고도 인사를 했는데 주인 남자는 투완, 그 부인은 마흔 살 꺼이, 아들은 보우라고 했다.

'참 좋은 가족이다.'

밤에는 꺼이가 발에 냉찜질하라고 아이스통에 얼음을 한 통 가져다주었다. 참 고마웠다.

하루가 지나자 발이 많이 나아서 살짝 디디며 걸어 다닐 수 있었다.

아침에 애영 씨 남편이 오토바이를 타고 13km나 나가서 닭이랑 야채를 사서 왔다. 그걸로 식사한 뒤 다들 푸치파 정상을 올라가 보는데 나는 다리가 아파서 혼자 남았다.

여긴 공기가 맑고 사람도 좋고 다 좋은데, 도대체 먹을 것을 얻을 가게가 없다. 닭들은 집집마다 많은데 달걀 하나를 못 샀다. 보통 웬만한 곳에서는 바디랭귀지로 말이 통했는데 여기서만큼은 도저히 말이 통하지 않았다. 손짓발짓을 다 하고 닭 항문에서 알 나오는 시늉을 해도 원주민들이 못 알아들었다.

'눈치도 없지. 계란 프라이가 너무 먹고 싶은데 계란이 없으니…'

그래도 내일부터는 숙소 주인집에서 밥을 해 준다고 했다. 늘 땡볕에 밥 사러 멀리 다녔는데 안 가도 되니 다행이었다. 이곳은 산자락이라 일교차가 심해서 아침저녁은 춥고, 해 뜨고 오후 4시까지 불볕이었다.

어느 날 밤 잠시 화장실을 가려고 일어났는데 방에 반딧불이 날아다니고 있었다. 그 불빛이 좋아서 잠시 마음이 설레인다.

지금 여기는 봄인가. 산 속 큰 나무에 분홍색 꽃이 많이 피어있었다. 온통 분홍색 나리 같은 꽃이 만발한 데 사람들이 따다가 장에 내다 파는 모양이었다. 식용할 수 있나 보다.

아침에는 꺼이가 보온 통에 밥을 한 통 해 왔다. 여기 보온밥통 성능이 매우 좋아서 밥이 뜨끈뜨끈해서는 김이 펄펄 났다.

한편 꺼이네 신랑이 어디가 아픈 거 같았다. 위궤양이라고 했다. 양배추즙을 먹으면 좋은데 믹서기가 없어서 갈아줄 수가 없어 안타까웠다.

그래도 그동안 내 발이 많이 나았다. 2~3일 있으면 나을 것 같았다. 오늘 애영 씨네가 오토바이를 타고 치앙라이로 돌아갔다. 우리는 주인아저씨의 오토바이를 타고 내려가서 가게에서 도넛과 돼지고기 1kg을 샀다. 가는 길이 예뻤다. 이 동네는 고산 지역에 구불구불한 산길투성이라 농사짓기는 어려운 것 같았다. 그래도 국립공원답게 캠핑장은 잘 되어 있다. 꺼이가 파파야를 따 왔는데 덜 익었다. 깎아서 처마에 걸쳐 널었더니 옛날 시골집 풍경 같았다. 꺼이에게는 아픈 곳이 없냐니까 어깨가 아프다고 해서 어깨에 침을 놓아 주었다.

신랑은 먼 곳까지 산책가고 나는 발이 아파 지팡이를 짚고 동네로 산책갔다.

낮에는 길이 너무 뜨거웠으나 오전 중에는 선선해서 걸어 다닐 만했다. 치앙콩은 너무 더워서 에어컨 없이는 못 버텼고 모기도 너무 많았는데 그래도 여기 푸치파는 살기 참 좋았다.

동네를 돌아보니 집집마다 닭과 병아리를 많이 키우고 있었다. 멋있고 날씬한 수탉들이 지붕 위에 올라가 "꼬끼요~" 하고 시도 때도 없이 울어 젖혔다. 투계 닭도 많았다. 여기는 투계 닭을 매우 큰 대소쿠리 집에 한 마리씩 넣고 기르는데 밤에는 춥다고 이불도 덮어준다. 집집마다 3~4마리씩 있는 것 같았다.

발이 아파서 며칠 동안 높은 방갈로에서 아랫마을을 내려다보니 동네 개들과 고양이들이 다 한눈에 보였다. 좁은 동네인데도 개들이 영역 싸움을 하느라 분주했다.

게스트하우스 주인집에는 암놈 2마리, 수놈 1마리가 있었다. 그런데 이 수놈의 포스가 대단했다. 의젓하게 생겨서는 종일 마당에 누워 잠만 자고 고기만 먹었다. 암놈이 꽁지를 흔들며 몸을 꼬며 수놈의 주변을 한 바퀴 돌며 애교를 부렸다.

그런데도 눈길 한번 안 주는 무심한 수놈, 그래도 저녁 무렵이 되면 암놈 두 마리를 다 이끌고 우리 집으로 왔다. 밥을 주면 수놈이 먼저 고기와 맛있는 걸 건져 먹는데 암놈은 기다리고 섰다가 수놈이 물러서면 그제야 먹었다. 그럼 수놈은 또 옆에서 암놈들이 먹는 걸 기다렸다가 둘을 모두 거느리고 자기 집으로 갔다. 움직이는 것이 꼭 사람 한 식구 같아서 신기하고 우스웠다. 개들이 가고 나면 고양이가 와서 자기 몫도 달라고 우리 다리에 몸을 비벼댔다. "야옹~" 하고 울었다.

"알았당게, 밥 줄 테니까 조금만 기둘려~"

행길 건너 군인들의 숙소에서 개를 4마리 키우는데, 우리 집 개 수놈과 옆집 개 수놈이 영역을 넓혀보고 싶었는지 초소 개들하고 싸우러 갔다. 얼마 안 있어서 쪽수에 밀리고 말았는지 되려 쫓겨 돌아왔다. 내가 발만 안 아프면 편들어 줄 텐데 보고만 있을 수밖에 없었다. 우리 집 개는 쫓겨온 분이 한참 안 풀리는지 길 건너를 보고 한참을 짖어댔다.

꺼이는 침을 맞았더니 어깨가 매우 시원해졌다고 했다. 그리고 투완도 위궤양이 좀 나아서 좋아졌다고 했다. 꺼이에게 입소문을 들었는지 동네 아주머니 5명이 와서 나한테 침을 놓아 달라고 했다. 하지만 나도 힘드니 2명만 놓아 주었다. 여긴 여자들이 주로 밭에서 일하니 화병이 생긴 것 같았다.

오늘은 꺼이와 투완이 우리 푸치파 구경을 시켜준다고 했다. 함께 차를 타고 푸치파 정상에 올라갔다. 거대한 돌산이 완전 기억 자로 깎여있는 게 신기하고 멋있었다. 산자락 먼 곳에서 불어오는 바람이 시원했다. 이 푸치파 산은 딱 국경의 절반에 걸쳐져 있어서 정상의 반은 태국이고 반은 라오스다. 발이 아픈데 꺼이가 이곳저곳 안내하면서 끌고 다녔다. 이것저것 많이 보여 주고 싶어 그런가보다 싶었다.

꺼이가 디지털카메라를 가지고 셀카를 찍으려 했다. 우리가 선글라스를 끼워주고 이리저리 찍어 주니 매우 좋아했다.

얼마를 걸어서 돌아오니 투완이 차를 대기하고 있어서 또 20km를 달린 뒤 바탕 산 정상을 걸어 다녔다. 발은 아파 죽겠는데 꺼이네 부부가 하도 정성스러워서 아프다는 소리도 하지 못하고 따라다녔다. 국수 한 그릇씩 먹고 굽이굽이 산 정상을 돌아 숙소에 오니 애영 씨네로부터 문자가 몇 개나 와 있었다. 내일은 치앙콩으로 가야 한다.

꺼이 네가 고마워서 꺼이와 투완에게 한 번 더 침을 놔 주었다. 옆집 '아주머니'도 가슴 병이 있다고 해서 침을 놓아줬더니 답례로 사욧대를 꺾어왔다. 사욧대는 호박잎 같은 채소다. 많이 피곤해서 일찍 잠들었다.

다음 날 아침 일찍 일어나 찬밥을 챙겨 먹는데 꺼이네에서 밥을 해왔다. 점심 때 먹으려고 배낭에 넣고 나니 대절한 1,000바트짜리 반트럭 차가 왔다. 꺼이네 부부도 배웅하고 싶은지 같이 3시간 동안 차를 타고 치앙콩의 '반파 게스트하우스'까지 왔다.

꺼이네 부부가 마지막 선물로 타마린 열매를 주었다. 타마린 열매는 과육보다 씨가 더 많은 콩 같은 열매인데 맛은 말린 곶감 맛이 난다. 그걸 씨앗을 다 발라내서 살만 고른 것을 1kg 정도 모아서 우리에게 줬다.

손이 많이 갔을 텐데, 정성 어린 선물이 너무 고마웠다. 꺼이와 투완은 우리 방까지 둘러본 뒤 작별인사를 했다. 지금까지 수많은 숙소를 머물렀으나 유난히 정이 가는 부부다. 기념사진도 찍고, 꺼이를 꼭

안으며 정말 행복하게 잘 살았으면 좋겠다고 생각했다.

"꺼이 건강하고 행복해야 해."

언제 또 만날 수 있을까. 말은 한마디도 안 통해도 우리는 마음으로 눈빛으로 수많은 대화를 나누었다.

'투완이 양배추 갈아먹게 믹서기 한 대 사 주면 좋았을 텐데….' 꺼이와 투완을 태운 차가 안 보일 때까지 손을 흔들고 돌아서는데 꼭 딸내미를 떠나보내는 마음이었다.

푸치파 풍경

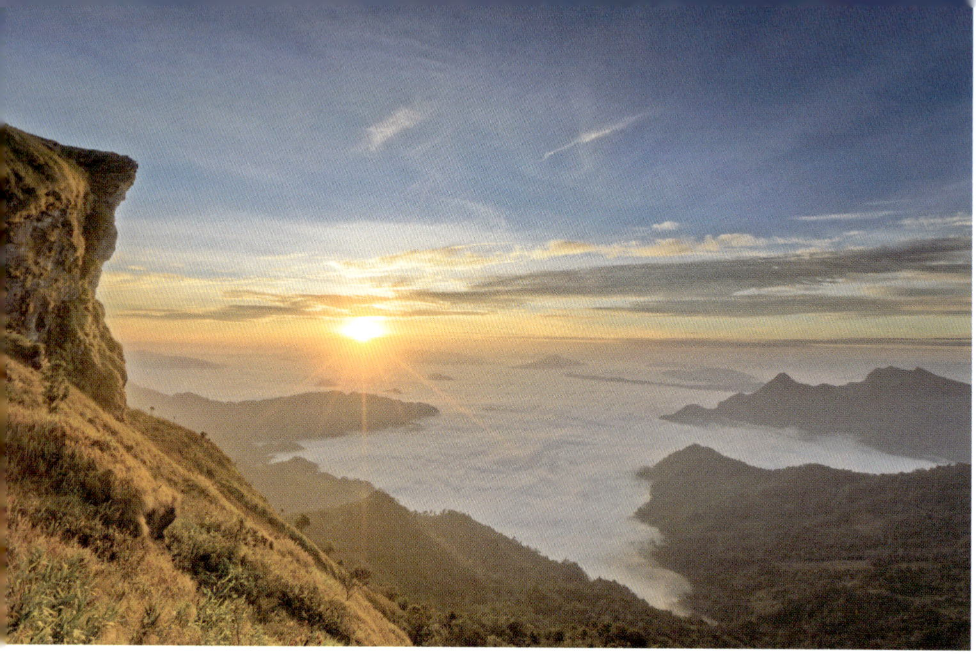

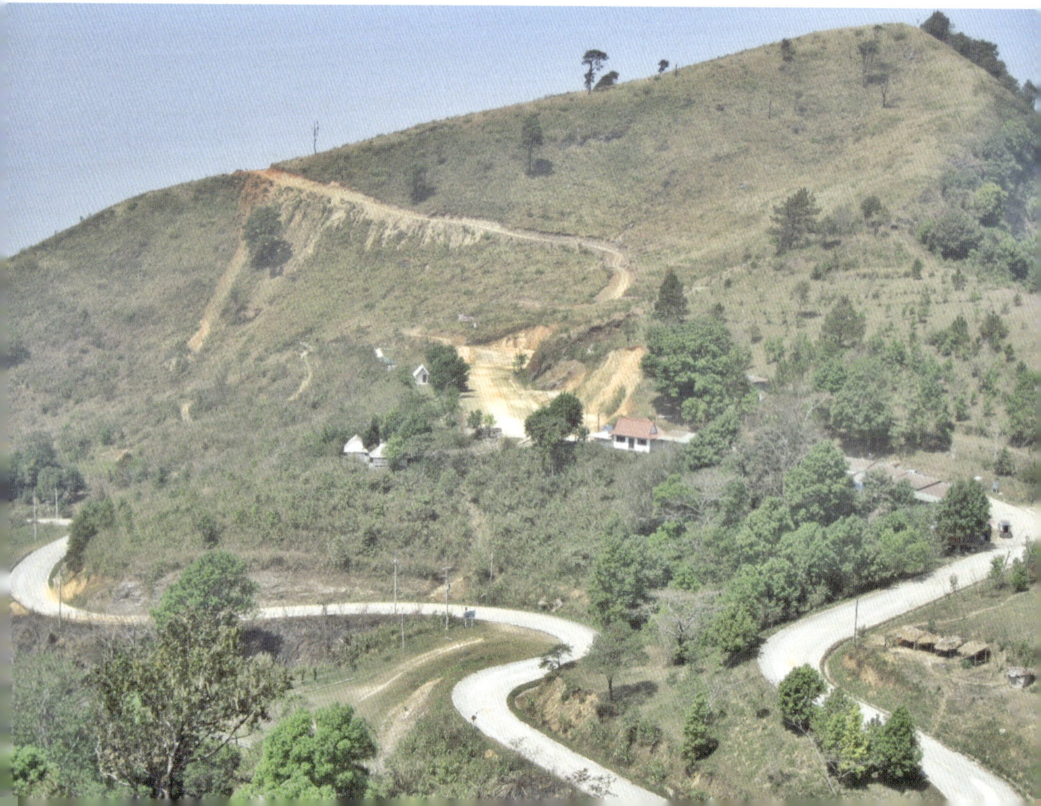

닭이 돌아다니는 숙소 마당

푸치파 숙소 전경

푸치파 언덕 정상에서 꺼이와 필자 부부

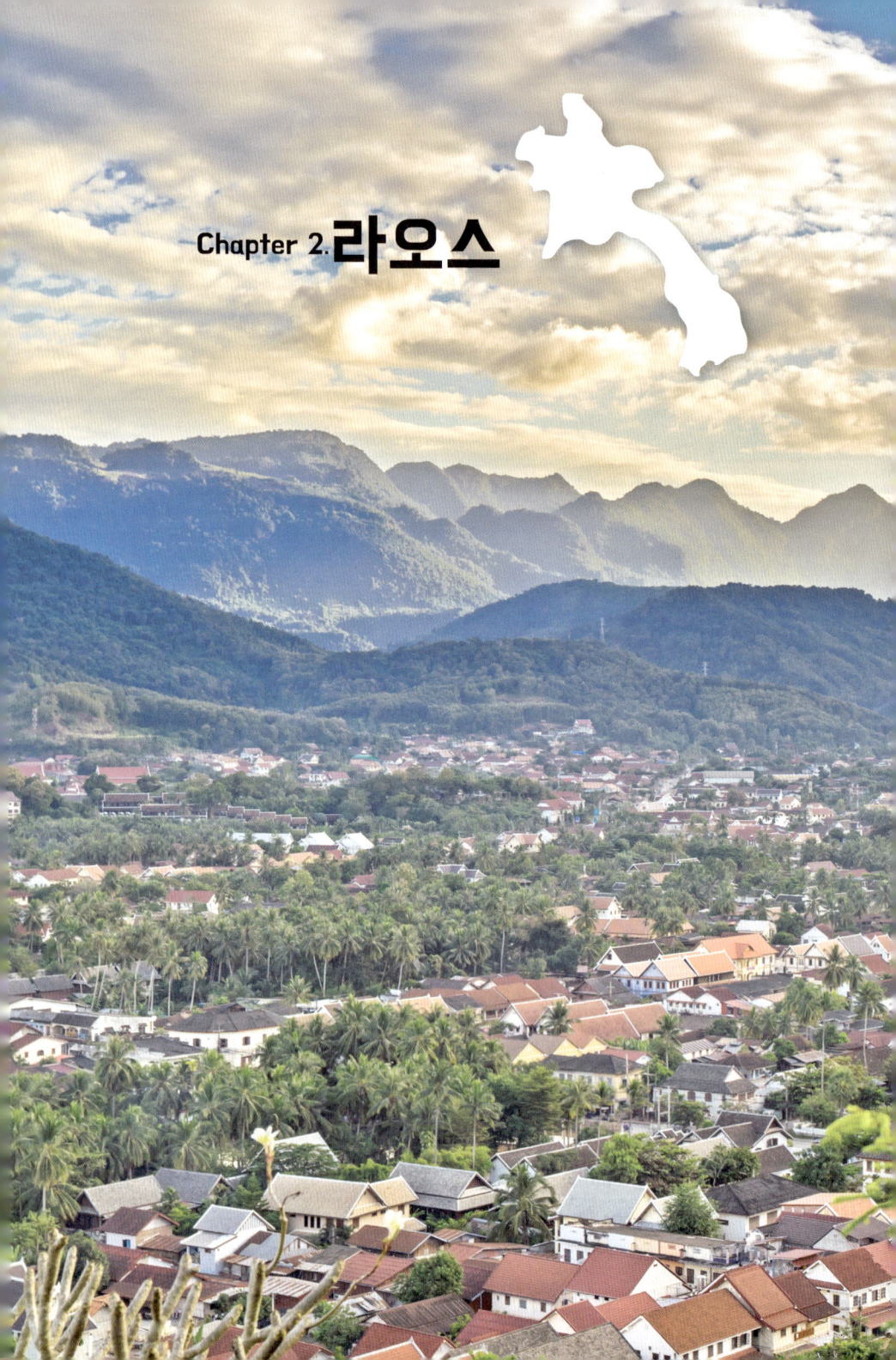

Chapter 2. 라오스

라오스 루앙프라방 시가지 풍광

물 위에서 이틀,
슬로 보트를 타고 라오스로

아침 식사를 서둘러 했다. 7시에 주인이 100바트를 받고 국경까지 데려다주었다.

사람들이 많이 줄 서 있었다. 한시라도 서둘러 태국 출국 심사, 라오스 입국 심사를 받고 훼싸이 슬로 보트를 타려고 하는데 아뿔싸, 작은 손가방을 주인 차에 두고 내렸다. 도대체 정신머리가 없다. 결국 태국 국경을 다시 넘어서 택시를 타고 숙소로 돌아갔다.

'안 써도 될 돈을 낭비했네!'

라오스부터는 친정 쪽 식구인 미행 씨가 같이 여행해 보고 싶다고 해서 우리 여행에 합류했다. 이제 세 명이서 돌아다니게 되었다.

슬로보트는 사람이 참 많았다. 2~300명 정도가 탄 배가 1박 2일에 걸쳐 물길을 가는데 자리가 없어서 통로에 앉아 가는 사람도 있었다. 우린 다행히 자리를 잡아서 느긋하게 앉아 유유히 흐르는 매콩강과 주변 풍경을 넋을 잃고 보았다. 대부분 서양 젊은이들이 많고 동양인은 우리 세 명밖에 없었다. 사람이 너무 많아서 혹시 가라앉지 않을까 걱정했는데 오후 6시, 빡빙에 무사히 도착했다.

빡빙에서 400바트 주고 삐끼 따라 게스트하우스에 갔다. 그런대로 하루 밤 묵을거니 그냥 패스, 생수 두 병이 10,000K, 바게트 토스트 빵이 15,000K. 10,000K는 한국 돈으로 1,500원 정도 하는데 액수가 커서인지 괜히 비싸게 느껴졌다.

첫날에는 배 한 대만으로 왔는데, 둘째 날은 배 2대로 승객을 나누어 출발해 한결 편안했다. 지금이 건기라 강물이 많이 줄어 있었다. 한낮에 햇볕은 뜨겁고 눈을 뜰 수 없이 눈부셨다. 얼마나 더운지 강가에 소 떼들이 머리만 내놓고 물에 들어가 있었다. 그 옆에는 돼지들도 머리만 내놓고 물에 들어가 있었다. 발가벗은 아이들은 또 그 옆에서 물에 다이빙하고 놀았다. 사람이나 짐승이나 더운 건 마찬가지인가 보다. 이쪽은 기후 탓인가. 소와 돼지들의 털이 뻣뻣해서는 듬성듬성 나 있었다.

오늘은 정말로 유람선 탄 것 같아서 한가롭게 흘러가는 경치를 보면서 다시 감사함을 느꼈다. 이번 여행은 참 잘한 것 같았다.

그동안 신랑과 나는 참으로 열심히 삼남매 키우며 살았다. 신랑은 직업 군인이라서 반평생 이사를 30번이나 하면서 지냈다. 아이들 메이커 운동화는 척척 사줘도 정작 내 신은 2만원 넘어가는 신을 한 번도 신어보지 못했다. 돈이 없어서 그런 것은 아니고, 나한테 쓰는 돈은 사치인 것 같고, 자꾸 돈이 아깝고 그랬다.

그러다 어느 날 우리 나이가 60세를 넘었다.

'앞으로 10년? 아니면 5년 후에는 내 발로 다닐 수 있을까?'

이대로 살다 세상 하직하기에는 억울할 것 같아서, 이맘때 안 다니면 안 될 것 같아서 과감하게 용기를 낸 여행인데 지금 생각하면 내 인생 중에 제일 잘한 1순위에 들 것 같다. 아이들 반대도 있었고 언어도 안 됐는데도 이렇게 용기를 낸 덕에 좋은 구경도 하고 행복한 경험도 많이 했다.

"류덕수, 김춘자 차암 잘했어요!"

나와 덕수에게 박수를 보낸다.

도시락으로 준비한 바게트 샌드위치로 점심을 먹고 있는데 앞에 앉은 서양 '가시나'는 짧은 핫 팬티를 입고 무릎을 세우고 앉아 사타구니가 다 보였다. 눈을 어디에 둘지 모르겠다. 그런데 온몸에 문신을 한 서양 '머슴아'들은 별 관심 없는 듯 보였다.

'서양에서는 저렇게 다니는 것이 흔한 일일까?'

어제와 오늘 이틀동안 배를 타고 오며 세계 각국 인간들을 구경하는 것도 재미있었다.

5시가 다 되어 루앙프라방 선착장에 도착했다.

길도 없는 모래 언덕(강둑 계단)을 걸어 올라가야 하는데 캐리어 2개가 문제였다. 짐꾼에게 "텟밧"이라고 하니 얼른 가져갔다. 그런데 20바트를 주니 20달러를 달라고 했다. 박빙에선 10바트씩 주었는데 막무가내여서 그냥 50바트를 주고 대꾸를 안 했다. 한참 떠들더니 그냥 갔다. 첫인상이 안 좋았다. 바가지였다.

썽태우를 타고 한인이 운영한다는 '분짤른 게스트하우스'에 갔다. 하루에 120,000K이다. 한국 사장은 출장 갔다는데 주인이 라오스 사람이었다. 방 침대가 너무 더럽고 곰팡이 냄새가 나는 통에 신경이 날카로워져서 신랑과 서로 싫은 소리도 했다. 둘 다 밤에 잠을 설쳤다. "이건 아니다. 이건 아니다"라고 하면서 날 밝기만 기다렸다. 결국 아침 일찍 방을 구하러 다녔는데 같은 값을 주고 옆집 게스트하우스의 에어컨 방으로 옮겼더니 훨씬 깨끗하고 좋았다.

물에 들어가 있는 소 떼들

게스트하우스 외관

슬로 보트를 같이 타고 간 서양인들

슬로 보트 선착장

'황금 도시' 루앙프라방의 전통 결혼식과 꽝시 폭포

'루앙프라방'은 '황금 도시'라는 뜻이다.

라오스에서 가장 아름다운 사원이라고 하는데 황금색이 햇빛에 비치니 눈부시게 빛나서 아름다웠다. 루앙프라방 타논 싹까린 메인도로에 황금색 사원에는 길이가 12m나 되는 거대한 마차가 있는데 홍 껩미엔이라는 이름의 왕실 영구차 보관소라고 한다. 길이가 12m나 되는 거대한 마차인데 지붕에는 머리가 7개나 달린 뱀을 장식해 놓았다. 황금색 건물의 지붕이 매우 멋있고 외벽에는 금빛 모자이크도 햇빛에 반짝이고 있었다. '한 씸'이란 우리나라의 대웅전이다.

모자이크 중에 큰 나무 밑에 앉은 호랑이 한 마리와 황소 2마리가 보였다. 무슨 사연인가 해서 해설을 보니 호랑이와 어미 황소, 그리고 아기송아지의 이야기였다. 호랑이가 황소를 잡아먹으려니 황소가 집에 있는 아기에게 젖을 먹이고 올 테니 그 후에 잡아먹으라고 사정을 했다고 했다.

그런데 어미가 집에 가서 송아지에게 젖을 먹이며 그 얘기를 하니 송아지가 어미 소를 따라 나섰다. 호랑이 앞에서 송아지가 어미 소는 늙었으니 어린 나를 잡아 먹으라 하고, 어미 소는 어린 것은 내버려두고 다 큰 나를 먹으라 하고 했다. 그랬더니 호랑이는 내가 안 먹으면 된다고 둘 다 안 잡아먹었다는 얘기였다.

왓마이 왕궁 박물관 바로 옆 사원은 18세기 후기부터 19세기까지 70년에 거쳐 지었는데, 라오스의 최고 승려가 산다고 했다. 왓마이 왕궁에서 가장 눈에 띄는 것은 황금 본당의 기둥과 희랍 조각인데 과연 관광객이 다들 여기서 사진을 많이들 찍고 있었다.

아침 일찍 다라 마켓 주변 산책 나갔다가 웬 결혼식 행렬 같은 것이 보여서 얼른 따라갔다. 전통 예복을 차려입은 잘생긴 신랑이 꽃을 들고 앞장서고 친구들이 뒤따라 신부의 집을 가고 있다. 신부의 집 현관 앞에서는 신부 친구들이 신랑 측 일행을 못 들어오게 하려고 막아선다. 여섯 명이 긴 줄을 세 겹으로 들어서는 단단히 문 앞을 수비하며 서 있고, 신랑 측은 들어가려고 실갱이를 했다.

우리나라에서 "함 사시오, 함 사시오!"라고 하는 함진아비와 비슷한 절차인 것 같은데 생판 외국에서 비슷한 풍습을 보니 재밌었다. 신랑 측이 양주를 신부 친구들에게 권하자 사람들은 점차 노래도 부르고 춤도 추고 시끌벅적해지는 데 그 사이 신랑 측이 대문을 밀고 들어갔다.

대문을 열자마자 신부 측 집안의 거실이 훤하니 다 보였다. 꽃 장식을 한 큰 상을 차려놓고 신부 측 어른들과 친지들이 한가득 앉아 있었다. 그 앞에 신랑이 나서서 머리를 조아리고 절을 했다. 우리는 그러는 동안 고개를 내밀고 결혼식 과정을 사진 찍으려고 지켜보고 있었는데, 신부 측 사람들이 우리도 들어 오라고 손짓을 했다. 일정만 한가했다면 들어가서 라오스의 결혼식을 구경했을 텐데. 오전 중에 꽝시 폭포 투어를 가기로 한 것이 있어 아쉽게 작별을 고하고 발길을 돌렸다.

꽝시 폭포로 향하는 길은 시골 산길로 접어들어서 예뻤다. 흙먼지가 앞이 안 보일 정도로 뽀얗게 일었다. 도착해서 산속 밀림을 걷다 보니 수목원에 온 것 같았다. 나무 우림 사이에 있는 꽝시 폭포는 여러 층으로 되어 있었는데 낮고 넓은 폭포가 석회암층으로 계단을 이루며 떨어졌다. 계곡물 색이 우유처럼 뽀얗기도 하고 푸르게 빛나기도 하는 것이, 꼭 보석처럼 아름다운 색이었다. 바닥은 진흙처럼 미끌미끌한데 젊은이들이 거침없이 몸을 던져 다이빙하고 물놀이를 했다. 햇볕 쨍한 곳에 물방울이 한가득 튀기면 일순간 하늘과 물, 나무들이 다함께 반짝였다.

옛날 타잔 영화를 떠올리고 있다가 그만 발을 헛디뎌서 물에 빠졌다. 뒤로 넘어졌는데 바위라도 있었으면 큰일 날뻔 했다. 아차 싶었던 마음을 아는지 모르는지, 주변에서 쉬던 서양인들이 손뼉을 쳐 주었다. 풍덩 빠진 김에 시원하기도 해서 물놀이도 하고 점심은 바게트 샌드위치와 과일로 먹었다.

옛날 뉴질랜드 남섬 갔을 때 호수 색깔이 저랬는데, 내가 언제 또 이런 곳에 다시 올까 싶었다. 눈으로 사진이라도 찍는 것처럼 온 주변을 다시 찬찬히 훑어보고 하산했다.

한국말을 잘하는 게스트하우스 직원에게 노니를 부탁했더니 저녁 나절 5kg이나 따 와서 50,000K를 주었다. 내일 바로 방비엥으로 갈 텐데 짐이 늘었다.

저녁에는 야시장 골목에서 한 접시에 10,000K씩 주고 채식 뷔페를 먹었는데 싸고 맛있었다. 음식은 한 접시만 가능해 담을 때 잘 담아야 한다. 루앙푸라방의 야시장은 화려하고 멋졌다. 형형색색 수공예품 지갑·가방·스카프·옷가지들에 은 세공품도 있었다. 구경하다 보면 사고 싶은 것이 점점 느는데 짐이 많으니 은 목걸이 하나만 겨우 샀다.

모닝마켓

루앙프라방 시내 한 사원 외관 및 내부

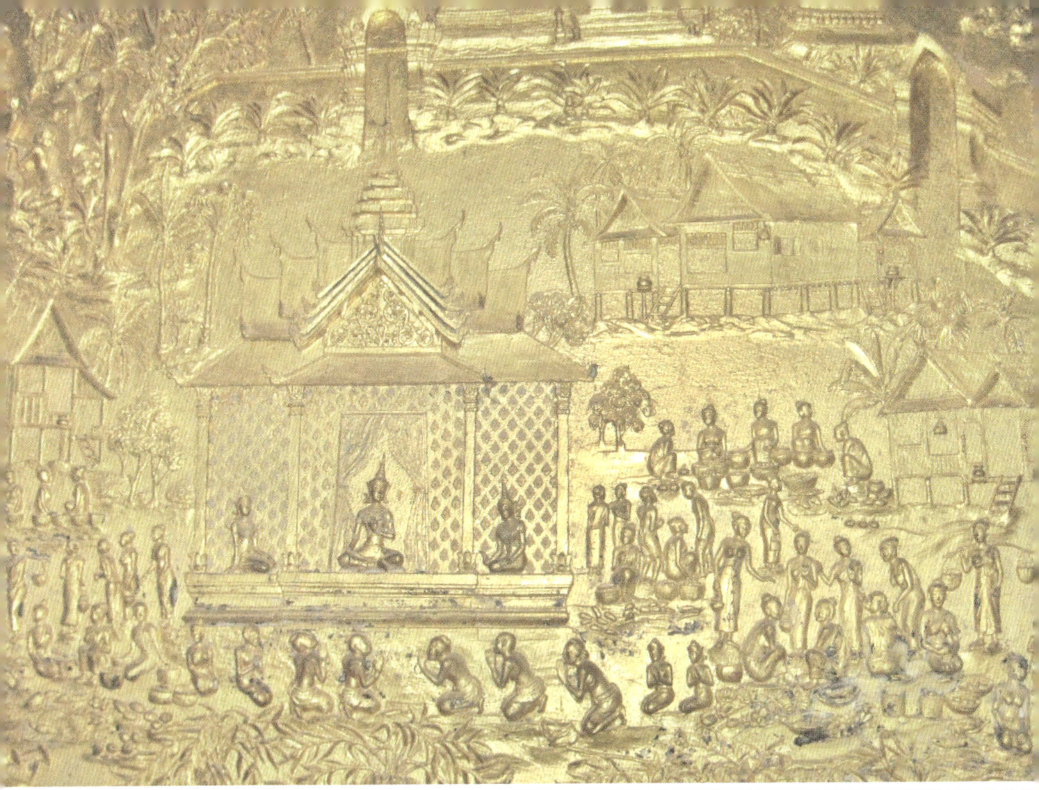

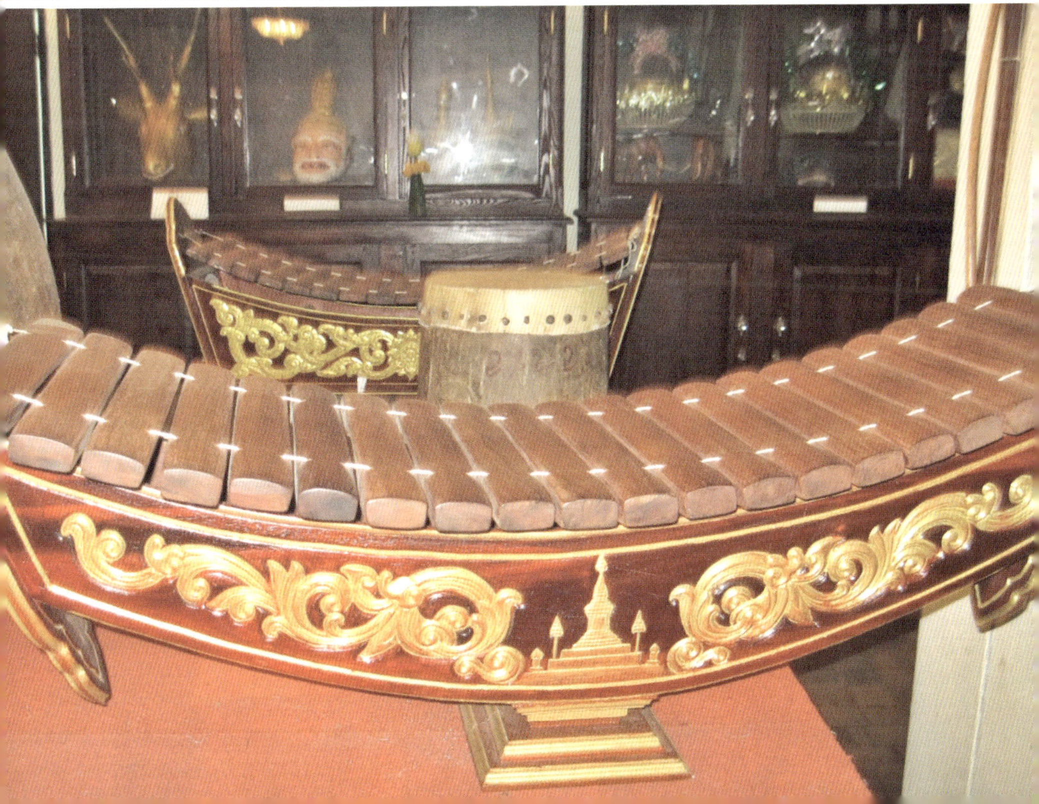

라오스 전통 결혼식 이모저모

꽝시 폭포 풍광

경건한 스님들의 탁발 인상적 '왓탓루와 사원'

게스트하우스 옆에는 왓탓루와 사원이 있다. 이곳은 왕실의 사원으로 왕의 유해를 안치한 곳이라고 한다.

새벽에 스님들이 외는 불경소리가 크게 들리는데 두 편으로 나누어서 한 편에서 뭐라 뭐라 하면 다른 쪽에서 뭐라 뭐라 대꾸를 했다. 그런데 재밌는 것은 그 직후에 닭이 무어라 무어라 똑같이 우는 소리를 내는 것이었다. 우연이려나 싶어서 귀 기울여 들어봤더니 그게 한 번도 아니고, 몇 번이나 반복해서 닭이 염불을 같이 외듯이 울었.

'서당 개 3년이면 풍월을 읊는다더니 절 닭 3년이면 불경을 읊는구나!'

놀랍고도 신기했다.

새벽 5시에 스님들 탁발을 보려고 왓쎈 근처로 나갔다. 해가 안 떠서 길이 어둑어둑한데 그 시간에 많은 사람이 공양물을 앞에 놓고 스님들을 기다리고 있었다. 공양물은 과일과 밥, 사탕 등 주로 먹거리인데 종류도 다양했다. 서양인들도 과자와 사탕 같은 것을 준비해 경건하게 쌓아 놓고는 앉아 있었다. 우리는 카메라만 들고 나왔는데, '아, 나는 왜 이리 생각이 모자랄까?'라고 누가 시킨 것도 아니지만 괜히 부끄러운 마음이 들었다.

날씨는 쌀쌀한데 스님들은 안 오시는 사이 사람들이 점점 더 모이고, 어린아이들이 커다란 빈 바구니를 들고 나와서 사람들 끝에 앉았다. 6시가 다 되서야 저 멀리서 스님들 열다섯 명 정도가 맨발로 걸어오셨다. 사람들이 스님이 멘 '발우(공양할 때 쓰는 그릇)'에 시주물을 넣어주자 발우가 금방 한가득 찼다.

그런데 스님들은 길을 가다 아이들의 빈 바구니가 보이면 시주물건을 그 안에 도로 부어주었다. 이번에는 아이들의 바구니가 한가득 찼다. 내가 보기에는 스님들이 이런 탁발을 도는 이유가, 어려운 사람들에게는 먹을 것을 나누어 주고, 시주하는 중생들에게는 복을 주려는 심모원려인 것 같았다. 곱씹어 보니 참 좋은 마음이다.

빈 바구니가 보일 때마다 시주물건을 부어주어서 정작 스님들의 발우에는 시주물건이 조금밖에 없었다. 스님들은 그걸 들고 주홍색 옷을 펄럭거리며 다음 거리로 줄을 서서 걸어가는데, 맨발뿐인 차림인데도 큰 산처럼 단단하다는 느낌이 들었다.

옆 골목에는 모닝마켓이 열렸다. 꿀과 화분이 많이 있었다. 화분 덩어리를 1kg, 오늘 이동할 때 먹을 과일과 바게트빵을 사서 서둘러 숙소로 돌아왔다. 10시에 오기로 했던 미니밴이 10시 30분에야 왔다. 미니밴 차를 타고 높은 산을 넘어 산길을 6시간 달려 방비엥에 도착했다. '쑥쑴분 게스트하우스'에 짐을 풀었다. 루앙프라방에서 가져온 노니를 썰어 넣었다.

왓탓루와 사원 외관 및 내부

스님들의 탁발을 기다리는 사람들과 스님들의 탁발 광경

채소뷔페와 야시장

그대,
쏭 강가 방비엥 일몰을 보았는가

지난밤에는 잠을 한숨도 못 잤다. 숙소를 잡을 적에는 몰랐는데 알고 보니 창문 바로 밑이 술집이었다. 밤새 음악 소리, 밴드 소리, 취객의 고함지르는 소리 때문에 무척 시끄러웠다. 새벽 3시까지 그런 난리통이 없었다.

퀭한 눈으로 길 앞에 앉아 있으니 게스트하우스 앞 골목길에 모닝마켓이 열리고 있었다. 과일과 주전부리를 산 뒤 원주민에게 우리 노니를 보여주고 10kg을 부탁했더니 오후에는 8kg 정도를 따왔다. 노니가 매우 단단해서 썰기가 매우 고역이었다. 손에 물집이 잡혔다가 그만 터지고 손도 베었다. 다 썰어 널고 일단 방을 옮겼다.

'블루 게스트하우스' 옆 중국인이 하는 곳으로 갔는데 방값은 2배(120,000K)지만 전망이 끝내줬다. 방도 넓고 테라스에서 내다보는 경치는 멋진 산수화를 대하는 것 같았다.

쏭강으로 나가 물에 들어가니 산에서 내려오는 물이라 시원하고 맑았다. 동남아 여행 중 이렇게 맑고 시원한 물은 처음이었다. 옷 입은 채로 물에 들어가 한참을 놀았다.

카약 타는 한국 사람들은 용케 우리를 알아보고 "안녕하세요!"라고 하면서 손 흔들고 지나갔다. 단 몇 초에 지나지 않더라도 외국에서 만나는 동포는 항상 반갑다.

카약이 몇 척 지나가기에 우리도 보트를 타자고 하니, 신랑이 위험하다고 안 탄다고 했다. 방비엥 길거리에서 서양 여자들은 비키니 차림으로 다니고 남자들은 웃통을 벗고 다녔다. 저들도 더워서 저러겠거니 싶으면서도 '물가도 아닌데 굳이 저러고 싶을까?' 하는 생각이 들었다. 라오스 주민에게 내가 괜히 미안했다.

마을 건너 서쪽 산 동네를 가 보고 싶어서 점심을 꾸려 길을 나섰다. 쏭강 얕은 쪽을 가로질러 건너는데 옷이 젖었다. 젖은 김에 시원한 물에서 놀다가 젖은 옷 그대로 논둑 길을 따라 산 밑 동네까지 걸어갔다. 거기부터는 완전 밀림지대와도 같아서 처음 보는 나무도 많고 열매도 많았다. 자전거로 여행자들이 가끔 가는 것을 보니 볼 것이 그런대로 있나 싶었다. 골짜기로 계속 걷다 보니 들소 무리도 보고 나물 뜯는 시골 아낙네들도 보고 밀림에서 밭을 일구는 모녀도 보였다. 여자들이 나무를 뽑아내고 밭을 만들고 있었다.

'체구도 작은 모녀가 그런 일을 하다니, 남자들이 좀 하지…'

그러고 보니 라오스 남자들이 일하는 것을 못 봤다. 여긴 '모계 중심 사회'라 여자가 가장 역할을 해서 남자가 지참금을 가지고 처가에 들어와 산다고 했다. 지참금에 따라 처가살이를 길게 또는 짧게 하는데 여자가 재봉질하는 동안 남자가 부채질을 해 주며 놀고먹었다. 라오스 남자들은 참 편안해 보였다. 이 광경을 지켜보는 우리 신랑이 그네들이 부럽다고 했다.

방비엥서 6km 정도 걸어서 정상에 다다르니 급경사인 미끄러운 바위산을 올라가니 동굴이 있다. 탐푸캄 안에는 불상이 모셔 있는데 동굴은 그저 그렇다.

하지만 여기까지 오는 과정이 너무 아름답고 예뻤다. 주변이 너무 아름다워 힘든 줄도 모르고 걸어왔다.

가져간 바게트 샌드위치로 점심을 먹고 부지런히 걸어 내려오며 신랑이 "산골짜기 다람쥐 아기 다람쥐~동구 밖 과수원길 아카시아 활짝~" 등등의 노래를 부르며 흥겹게 내려왔다. 지금은 걱정도 아무 부러움도 아무 욕심도 없다.

"마냥 조~오~타~. 오늘도 정말 감사합니다."

미행이도 좋다고 생난리 블루스다.

더운 날씨에 땀도 많이 흘린 김에 쏭강에 옷 입은 그대로 물에 풍덩풍덩 뛰어들었다.

아, 시원하다.

라오스 개구쟁이들과 풍덩풍덩 물놀이를 하고 사진도 찍어 주었다. 개구쟁이들이 왕보리수 열매 가지를 꺾어다 주는데 새콤달콤한 게 맛있었다. 강가에서는 아낙네들이 초록색 물이끼를 소쿠리 가득 뜯어와서는 이끼를 널찍한 돌 위에 놓고 방망이질도 하다가 물에 헹구어 가면서 방망이질을 다시 했다.

아마 저게 이 동네에서 식용인가 보다. 그리고 보니 음식점에서 저런 걸 말려서 양념해 만든 반찬을 먹어본 것 같다. 김 같은 느낌이었다.

숙소에 걸어오는 사이 옷이 금방 다 말랐다. 여긴 햇볕이 강해서 오후 4~5시도 햇살이 무척 뜨거웠다.

　숙소에 와서 테라스에 앉아 서산으로 지는 일몰을 보니 너무 아름다웠다. 전망 좋은 창밖을 보니 산수화 같은 풍경에 빨간 태양이 떨어진다. 우리 부부는 넋을 놓은 채 하염없이 세상만사 잊은 채 일몰을 봤다.

쏭강 풍경

숙소 테라스에서 보는 산수화에 가까운 멋진 경관

바위산으로 이동하는 중 마주한 고즈넉한 풍경들과 바게트 빵으로 간단한 요기를 하는 필자 부부

쏭강 일대에서 만난 아낙네들과 아이들

정말 경이롭고 찬란한 아침이었다

　오늘은 '몬도가네 시장'이란 곳을 가 보려고 갔는데 길에서 만난 한국 학생이 네이버에서 검색해 보더니 '딸랏사오' 시장이라고 알려 주었다.
　썽태우를 5만 낍이나 주고 타고 갔는데 알고 보니 우리가 자주 가는 매우 가까운 시장이었다. 안 내리고 도로 돌아와서 블루 게스트하우스의 한국인 사장에게 중재를 부탁했다. 3만 낍을 더 주고 블루 하우스 투어 팀과 블루라군에 가기로 했다. 네이버에 잘못 올린 글 때문에 우리만 사서 고생했다.
　반 트럭 차는 트럭 짐칸에 양쪽 의자를 길게 쭉 달아서 앉게 만든 차다. 그걸 타고 블루라군에 가는 길은 흙먼지가 장난이 아니었다. 길이 안 보일 정도로 먼지가 뽀얗다. 그렇게 도착한 블루라군은 매일 그림에서 보던 대로 예쁜데 규모가 너무 작았다. 나무 위에서 다이빙하는 사람들도 많았는데 우린 수영을 못해 물가에서 놀았다.
　그나저나 이 나라는 요즘 앰프가 유행인가.

술집에서 밤새도록 앰프를 틀어놓았다. 쏭강 가에 물놀이를 온 가족도 앰프를 크게 틀어놓고 놀았다. 재밌는 것은 동네 사원에서도 앰프로 불경과 노래를 크게 틀던 거였는데, 그랬더니 옆 사원도 질세라 더 크게 불경과 노래를 틀어댔다. 매우 귀가 따가웠다. 그렇다고 소음 공해라고 경찰서에 신고하면 그 동네에 못 산다고 했다.

게스트하우스에서 새벽 벌룬과 카약 타는 걸 투어 신청을 했다. 벌룬이 70달러, 다른 나라는 몇백 달러씩 하는데 싸다 싶어 둘 요금으로 140달러를 냈는데 비싸긴 비쌌다. 그래도 '우리가 언제 이런 걸 타보겠노?'라고 호사를 부려보기로 했다. 안 탄다는 신랑을 끌고 아침 6시 30분에 세수도 안 하고 서둘러 벌룬 풍선을 타러 넓은 들판 논으로 갔다. 풍선은 오색 찬란하고 커다란데 장정 10여 명이 논바닥에서 가스 불을 피워 풍선을 띄웠다. 풍선 밑에 달린 큰 소쿠리에 여행객이 열 명씩 탑승하면 풍선의 천장 쪽을 향해 놓은 가스통에 불을 붙이고, 풍선은 점점 높이 올라갔다. 100m의 고도까지 올라 방비엥을 비행했다. 두둥실 떠오른 풍선에 타니 전에 올라간 바위산도 지척에 보이고, 발밑에는 새벽 구름 안개가 떠오르고, 그 사이로 쏭강과 방갈로의 시골 풍경이 지나갔다. 새벽에 잠긴 마을을 위에서 보니 이렇게 아름답고 평화로울 수가 없었다.

때가 되자 아침 해가 붉게 떠오르는데 이걸 하늘에서 보니 세상에, 정말 경이롭고 찬란한 아침이었다. 다른 여행자들도 공중에서 일출을 보는 것이 감격스러운지 "와~와~"라고 하면서 모두 감탄사를 연발했다. 큰돈을 내니 역시 그만한 좋은 구경을 다 했다. 신랑도 대만족이다.

벌룬에서 내린 뒤에는 숙소서 식사하고 동굴 탐험과 카약을 타기 위해 여행사로 갔는데 거기서 한국 스님을 한 분 만났다.

원래 스님은 다른 스님과 두 분이 왔는데 여행하는 내내 의견이 안 맞아 헤어졌다 했다. 여행 준비는 친구분이 다 준비하다 보니 이 스님은 아는 게 거의 없어서 지금 당장 어디로 가야 할지도 모르겠다고 했다. 우리 여행 자료를 좀 드리고 동굴 탐험과 카약을 같이 타러 가자 권했더니 스님이 흔쾌히 따라왔다.

동굴 탐험은 강의 깜깜한 동굴 속에서 몸은 튜브를 타고 손으로는 줄을 잡아서 1km 정도 들어갔다 나오는 거였다. 동굴 안에서 불어오는 바람이 시원했고 머리에 붙은 랜턴 불빛에만 의존해 다니는 것이 진짜 모험을 하는 것 같아서 재밌었다. 어린아이의 동심으로 돌아간 것처럼 괜히 즐거웠다.

점심을 먹고는 카약을 탔다. 직접 노를 젓는 보트는 생전 처음 타보는 것인데 우리 부부는 수영도 못하는 사람들이라 배가 엎어질까 한참 겁을 냈다. 스님은 미행이와 한 조로 카약을 탔다.

신랑하고 둘이 호흡을 맞추어 노를 저으면서 쏭강을 내려오는데 다른 팀들은 배가 뒤집히기도 하고, 배가 모래톱에 걸리기도 했다. 고래고래 노래를 부르는 팀도 있길래 우리도 노래를 부르면서 물에 빠져버린 팀의 신발이 둥둥 떠내려오는 것을 건져 주기도 했다.

강을 한 시간 내려오다가 휴게실에 들러 맥주도 한 캔 마시고 쉬다가 다시 카약을 탔다. 우리는 웬일인지 물에도 한 번 안 빠지고 카약이 순항해서 여유롭게 강가 아이들에게 손도 흔들어주고 물소가 목욕하는 장면도 보았다.

그렇게 4시간 남짓 동안 노만 저었는데도 힘도 안 들고 매우 재미있었다. 스님이 같이 있어서 더 재미있었던 것 같았다. 스님이 노래를 잘 불렀다.

이 스님은 우리랑 내내 같이 돌아다니다가 저녁에는 우리 게스트하우스로 이사까지 왔다. 처음에는 스님인 줄 모르고 그냥 38살 정도 되는 젊은 청년인 줄 알고 반말로 하대했는데 나중에야 스님인 줄 알고 반말도 못 했다. 스님도 기운을 차려 미얀마로 떠나시고 우리는 비엔티안으로 가는 버스를 60,000K에 예약했다.

　한 스님의 경우를 봐서도 그렇지만 여행은 누구와 가느냐가 상당히 중요하다 싶었다. 몇십 년 친구 간에도 자칫 사소한 일로 크게 다투고 의가 상해 여로에서 안 좋게 헤어지기도 하고 부부지간이라도 중간에 다투어서 따로 귀국하는 사례도 많이 보았다. 특히 해외 장기 배낭여행에 나서서는 서로가 신경이 예민해져 사소한 일로 갈라서기 쉬운 것 같다.

　오늘은 방비엥의 마지막 날이다. 이 게스트하우스 테라스에서 보는 산수화 같은 풍경도 오늘이 마지막이다.

　매일 보았는데도 앞산으로 져 가는 일몰은 오늘도 참 아름답다.

　'햇님아~! 빠이 빠이~!'라고 인사하면서 오래오래 눈에 담아 두었다.

벌룬에서 본 멋진 풍경

벌룬을 타기 전 필자 부부

카약 즐기기

고구마 아줌아 동남아 피한·배낭여행

이른 아침 블루라군에서 망중한을 즐기는 여행자들

말도 많고 탈도 많은 게스트하우스

오후 2시에 라오스의 수도, 비엔티안에 도착했다.

여긴 수도라 그런지 도대체 빈방이 없는 데다가 가격도 매우 비쌌다. 인터넷을 못 해서 방을 예약하지 않았더니 난감한 상황에 부닥쳤다.

신랑이 짐을 지키는 동안 나와 미행이는 방을 얻으러 다니는데 해는 무덥게도 내리쬐었다. 낯선 땅에서 머물 곳을 못 구하다 보니 한국에 있는 우리 집이 너무 그리웠다.

'집 떠나온 지 두 달이 다 되어가니 한국은 이제 이른 봄이려나. 거긴 이렇게 덥지도 않고 시원할 텐데….'

거리 어디에 숙소가 박혀 있나 둘러보는 와중에도 그런 생각이 머리를 스치고 지나갔다.

한참을 헤맨 끝에 '믹싸이 게스트하우스'의 팬 룸을 얻었다.

가이드북에는 분명 이곳 주인이 한국인이라 했는데 막상 와 보니 그렇지 않고, 현지인이 주인이었다. 내일은 에어컨 딸린 3인 객실이

빈다고 해서 그 방으로 옮기기로 하고 가서 신랑과 짐을 가져오니 어라, 창문도 없는 컴컴한 방을 주는 게 아닌가.

처음에 얘기하던 방이 그새 나가버렸단다. 따지고 싶었으나 내일은 에어컨 방으로 옮기는 데다가 지치고 힘도 들어서 그냥 그 방에 들었다. 세 사람이 자니 밤에는 엑스트라 베드를 주기로 했는데, 저녁이 되니 또 언제 그랬냐는 식으로 매트리스가 없다고 했다. '여기 이렇게 해서야 장사를 하겠나?'

직원들 말이 수시로 바뀌었다. 라오스 사람들은 순수하다고 했는데 여기 사람들은 매우 영악했다. 그래, 오늘만 참자 싶어서 더블베드에 세 명이 가로로 누워서 새우잠을 잤다. 에어컨도 잘 안 나와서 더운 밤에 자다 깨다 하면서 잠도 설쳤다. 오늘은 다들 너무 고생했다.

웃긴 것은 다음 날 옮긴 3인 객실은 에어컨 객실이라더니 정작 에어컨이 없었다. 팬 룸이었다.

어제부터 참아오던 것이 폭발한 나머지 너무 화가 나서 돌아가던 직원을 붙잡고 항의했다. "에어컨 룸이라면서 왜 말이 틀리냐? 애초에 에어컨이 없으면 다른 집을 얻었을 텐데 너희가 거짓말을 해서 어젯밤에 좁고 더운 방에서 고생하지 않느냐?"

그랬더니 직원이 또 다른 소리를 했다. 에어컨이 있는 방은 4인 룸인데 병자 노인이 간호하는 딸과 함께 침대 한 칸을 차지하고 있으니 거기 나머지 침대 3개를 우리가 쓰라고 했다. '왜 말이 자꾸자꾸 바뀌는 거지?'

거기서 더 화딱지가 나서 이것들이 사람을 뭘로 보고 장난질이냐고 한국말로 고래고래 소리를 질렀다. 그러자 직원은 대꾸도 못 하고 고개를 푹 숙이고 있는데 책임자라는 여자가 나와서 뭐라고 땍땍댔다.

뭐라 하는지 알아듣지는 못했으나 얼굴을 보니 적어도 미안하다고 사과하는 말은 아닌 것 같았다.

너무 화가 나서 나는 홧김에 "조선 팔도에 이런 법은 없다!" 하고 쏘아붙였는데 말해 놓고도 우스웠다.

'여긴 조선 팔도가 아니고 라오스지.'

'내가 화를 내야지, 왜 자기가 떽떽거려?'라고 하고 싶은데 '영어로는 뭐라 해야 하나?'라고 생각하다가 "아이 앵그리, 와이 유 앵그리?"라고 큰소리로 외쳤다.

한참 분을 터뜨리고는 더러워서 여기서 안 묵는다 하면서 짐을 싸서 바로 나와 버렸다.

'이래 장사해서 쓰겠어? 에이~ 나쁜 년, 놈들~ 이 말은 영어로 뭐라 하나? 다음에는 상중이한테 영어 욕도 물어봐야겠다.'

비엔티엔 사원에서의 철야 이색 잔치

뚝뚝이를 불러 타고 한국인이 운영하는 게스트하우스 '철수네'로 갔다.

여기는 더 가관이었다. 목제 건물 방은 묵은 냄새가 나고 바로 앞 사원에는 무슨 행사를 한다고 음악이 꽝꽝거리는데 방값은 30달러나 받다. 그 돈이면 시내 작은 호텔에서 묵을 수 있는데 싫었으나 주인 아저씨가 반겨주는 통에 나오지도 못하고 그냥 묵기로 했다.

숙소 때문에 한나절이나 시간을 허비한 것이 아까워서 오후에는 10만 낍을 주고 뚝뚝이를 대절해 근처 사원들을 보러 갔다.

바엔티엔에는 왓씨싸켓, 왓씨무앙, 그리고 왓파깨오 사원 등이 있다.

그중 왓씨싸켓은 비엔티엔에서 가장 오래된 사원으로 라오스가 태국에 점령당했을 때도 유일하게 훼손되지 않고 그대로 보전된 곳이라 한다. 온갖 유물들이 모여 있어서 사원 벽 안에는 수천 개나 되는 작은 물상들이 있고 곳곳에는 불상이 200개나 진열되어 있어서 꼭 박물관 같았다.

라오스의 옛 역사가 그대로 담겨 있다고 생각하니 더 훌륭하고 마음에 남는 사원이다. 거대한 황금 탑 탓루앙도 보았다. 탑 안에 석가모니의 가슴뼈가 담겨 있어서 성스러운 탑이란다. 이곳의 불탑은 대부분 황금색이어서 뜨거운 햇볕에 반짝거렸다. 왓파깨오 사원 정면에는 입구에 선 부처 두 분이 양손을 들어 손바닥이 보이게 내밀고 있었다. 중생의 두려움을 없애고 안심하라는 뜻이라고 하는데 신기했다. 건물 뒤편에는 비를 기원하는 불상도 있고, 청동 불상들도 많이 있었다.

돌아가는 길에 딸랏사오 시장에 들렀다. 아침 시장이라는데 오후 시간에도 사람이 너무 많았다.

라오스는 내륙 지방이라 바다도 없는데 웬 커다란 고기들을 파는 곳이 많았다. 바닷고기가 아니고 민물고기였을까.

시장 규모가 어마어마하다 보니 육류, 채소, 곡류, 과일에 신발이나 의류들도 팔았다. 가게도 많고 좌판도 너무 많아서 길이 복잡해 눈이 빙빙 돌았다. 서둘러 라오스 특산물인 검은 생강과 토마토, 오이, 배추와 과일, 그리고 바게트빵을 사서 숙소로 돌아왔다. 속이 검은 생강을 썰어서 널었다.

아침 일찍 메콩강변을 산책했는데 바람이 매우 시원했다. 노인들이 강가 길을 빗자루로 쓸고 있어 도와드렸다. 철수네서 아침을 차려주어서 미역 된장국과 김치에 밥을 먹었다. 오랜만에 먹는 한식이 맛있었다. 안사람도 없는데 사장님이 직접 밥을 해서 손님들을 먹였다. 보통 정성이 아니었다. 오랜만에 먹는 한식에 감동했다.

'고마운지고…. 30$ 안 비싸네….'

딸랏싸오에서 5,000K를 주고 14번 버스를 타서 부다파크에 갔다. 부다파크는 1950년대에 루와분르아 쑤리랏이란 조각가가 힌두교와 불교의 세계를 시멘트로 만들어 놓은 곳이다. 천당과 지옥, 그리고 지상을 형상화한 조각이라는데 우스꽝스럽게 보이면서도 저런 것을 어떻게 일일이 다 만들었나, 더운 나라에서 만드느라 고생 꽤 했겠다는 생각을 다 했다.

라오스의 길 주변에는 소 떼들이 많이 다녔다. 날이 더워서 땀을 뻘뻘 흘렸는데 소들도 매우 덥지 않을까 싶었다.

한편 숙소 바로 앞에 있는 사원에서는 오늘 본격적으로 무슨 행사를 하는 모양이었다. 오후에 마사지 다녀오니 절 마당에 음식 잔치를 벌여 놓았다. 국수·죽·음료·다과를 잔뜩 차려놓았는데 모든 게 공짜였다. 절에서도 마련한 음식을 주고 인근 주민이 직접 만든 음식을 가져와서 보시한 것도 모아서 함께 먹는 것 같았다. 삶은 옥수수도 나누어 주고, 빵도 나누어 주길래 우리도 이름도 모르는 라오스 음식을 골라가며 배불리 먹었다.

밤새도록 스님 한 분이 마이크를 잡고 설법을 하고, 수백 명이 그 말씀을 듣는지 마당에 한가득 모여 앉았다. 특이한 풍경은 앉은 사람들에게 기다란 실을 들려주어서 모두가 함께 실 한 가닥을 잡는 것이었다. 듣자 하니 이 절에서 1년에 한 번 하는 행사라고 했다. 부처님을 모시는 행사는 좋은 것이긴 한데 밤새 마이크 소리에 앰프 소리가 들려서 밤에 잠을 제대로 못 잤다.

딸랏사오 시장 풍경

대통령궁

왓 파깨우

왓 씨싸껫 사원

사원에서의 철야 설법 향연 주요 장면

파파야 깍두기를 담가주고
'철수네'와도 안녕!

오늘은 바람이 불고 좀 시원했다. 아침에는 우리가 가져간 김으로 김국을 끓여서 철수네 식구들과 맛있게 먹었다.

철수네 투숙 아가씨 2명과 같이 미니 밴을 불러서 70달러에 소금 마을과 탕원 유원지 투어에 나섰다. 몬도가네 시장에 들러서 꿀 한 병도 하고 바나나랑 잭 푸릇도 샀다.

몬도가네 시장에는 짐승 죽은 것들이나 온갖 벌레 볶은 것들을 팔았는데 사진도 못 찍게 했다.

소금 마을은 유달리 빨간 흙이 가득한 마을이었다. 이 마을에서는 땅에서 소금기 있는 물을 퍼 올려서 불에 끓이거나 햇볕에 널어 말려서 소금을 만드는데 관광객의 눈으로 봐도 노동 환경이 너무 열악해 보였다. 소금밭에서 놀고 있는 아이들도 안쓰러웠다. 과자라도 좀 사 왔으면 나누어 주었을 텐데…

탕원 유원지는 강 같은 곳이라서 지붕이 있는 유람선 같은 배를 탔다. 투어는 배 위에서 점심 식사를 한 뒤 후 지붕 있는 유람선 타고 강 상류에서 하류까지 내려오는 일정이었다. 다만 우리는 라오스에 올 때 1박 2일 유람선을 신물나게 타서 그냥 배 위에 편안하게 누워서 낮잠을 늘어지게 잤다. 날씨도 좋고 강바람도 시원해서 정말 꿀잠을 잤다.

오후에 숙소에 돌아와 철수네 숙소에 파파야 깍두기를 담가 주고 레시피도 알려 주었다. 그린 파파야는 무와 비슷한 식감이면서 단 맛이 나서 고춧가루 양념에 버무리면 한국의 깍두기처럼 아삭아삭해서 반찬으로 매우 그만이었다. 숙소 사람들이 기웃거리며 구경하길래 한 입씩 먹여주니 맛있다고 놀라워 했다. 우리도 비닐 팩에 좀 담아왔다. 나중에 들었는데 이 파파야 깍두기는 그 후로 철수네의 명물이 되었다고 한다.

여행을 나온 지도 석달째라 머리가 너무 길어서 산발이 다 되었다. 아침에 라오스 미장원에서 30,000K를 주고 머리를 깎았다. 값도 비쌌는데 잘라놓은 모양새도 너무 짧고 못 깎았다. 못생긴 얼굴에 머리도 짧으니 완전 남자 같았다. 그래도 다행히 이곳은 아는 사람이 없고… 머리도 한결 시원해서 좋았다.

짐을 챙기며 안 쓸 물건들은 철수네에 내려주다 보니 짐이 확 줄었다.

1시 50분경에 철수네 사장님이 머큐 호텔까지 배웅해 주었고, 여행사의 미니 밴이 와서 우리를 타늘린 역까지 데려다 주었다. 기차는 사흘 전에 1층 침대 칸을 타는 것으로 예약했는데 여행사 직원은 왜인지 2층 표를 주고는 100바트씩 거슬러주고 가 버렸다.

'이렇게 설명도 없이 자기들 사정대로 훅훅 바꿔버려서야.'

라오스 사람들은 정말 끝까지 실망시켰다. 입국할 때부터 출국할 때까지 우리를 너무 힘들게 하고 고생시켰다.

라오스의 타늘린 역은 매우 작은 간이역처럼 생겼다. 여기서 라오스 출국 신고를 하고 농카이 역으로 넘어가면 거기서 태국 입국 심사를 한다. 출국 신고를 마치고는 역의 노점 같은 가게에서 그 유명하다는 침향을 몇 병 사서 기차에 올랐다.

농카이 역에 도착해서는 간식 거리를 사고는 입국 심사를 마치고 다시 우리 자리로 돌아왔다. 침대에 누우니 아, 일단 한결 한숨을 돌리게 되었다.

라오스 여정은 여러모로 고생스럽기만 했는데, 방콕 가는 길은 친정집 가는 길처럼 설레이고 좋았다.

'라오스여, 다음에는 좋은 모습으로 만나자, 안녕~!'

타늘린 역

태국 수도 방콕 짜오프라야 강변 왓아룬 일대 야경

Chapter 3. 태국 방콕

가슴 아픈 사연 지닌 깐짜나부리
'죽음의 철도'

    기차는 정시 새벽 6시에 방콕의 후알람퐁 역에 도착했다.
    역에서 뚝뚝이를 타고 까오산에 와서 방을 얻으려는데 날이 장난 아니게 뜨겁고 더웠다. 600바트를 주고 '반사바나 게스트하우스'의 에어컨 방에 여장을 풀었다.
    일단 태엣 시장에 가서 과일과 고기를 잔뜩 사 와서 먹었다. 라오스에서 너무 고생하고 못 먹었던 탓에 못 했던 영양 보충을 다 하기로 했다.
    오후에는 파아팃 선착장에서 유람선을 타고 짜오프라야 강을 거슬러 내려가 탁신까지 가서 아시아틱 야시장도 구경 하고 유람선을 타고 돌아왔다.
    짜오프라야 강의 해 지는 장면은 참 멋있다. 역시 방콕에 오니 몸도 마음도 편하고 너무 좋았다. 밤에 으슬으슬 한기가 들고 몸살 기운이 있어서 약을 먹고 잠자리에 들었다. 내일 일정을 위해서 말이다.

오늘은 왕궁 관람에 나섰다. 예전에 패키지로 몇 번 다녀왔는데 그래도 숙소에서 가까우니 걸어가기로 했다. 신랑은 더위를 먹었는지 안 가고 쉰다길래 미행이와 둘이 갔다. 인파도 많고 입장료도 1인 500바트씩이나 한다. 태국에서 500바트는 큰돈이다.

날이 너무 더워 땀은 줄줄 옷이 다 젖었다. 왓프라깨우도 멋있고 황금탑 프라시라따나쩨디왓포 왕궁은 참 화려하고 예쁘다. 왕궁 안 전봇대도 도자기로 만들어져 있다. 쩨디들도 어찌그리 조각을 화려하고 섬세하게 만들어 놓았는지 감탄사가 절로 나왔다. 관광객이 많아 발 디딜 틈이 없었다.

왕궁 주변 도로는 비누를 풀어서 물 청소해서 깨끗했다. 올 때는 배를 타고 돌아왔다. 방콕에서는 버스보다 배가 빠르다. 막히지 않으니까 말이다.

숙소에서 한국인 7명, 외국인 2명을 모아서 미니 밴을 타고 깐짜나부리 '죽음의 철도'를 가 보았다.

깐짜나부리 죽음의 철도는 1941년 2차 세계대전 때 일본군이 미얀마까지 서부 아시아 지역을 점령하기 위해 보급로로 만든 철도다. 험준한 산악지대에 태국 깐짜나부리에서 미얀마 탄뷰자얏까지 잇는 415km 상당의 철도를 만들었다. 당시 철도 완성까지는 5년을 예상했는데, 16개월 만에 완성해서 세계 각국이 놀랐다고 한다.

'그만하면 얼마나 많은 전쟁 포로와 아시아의 노동자들을 부려먹은 걸까? 집을 떠나 끌려와서 잠도 못 자고 밤낮으로 얼마나 노동 착취를 당했을까.'

삽과 곡괭이만으로 높은 산을 일곱 개나 깎아 내느라 아시아의 노동자 20만 명, 포로 6만 명 해서 26만 중에 11만 6천여 명이 사망했다고 한다.

철도 자체는 아름다워 보였는데 그런 역사 이야기를 듣고 나니 어디 한 맺힌 영혼이라도 떠돌고 있을 것 같아 무서워 보였다. 헬파이어 기념박물관도 보고 에라완 폭포도 보고, 코끼리랑 뱀부 보트도 탄 뒤 저녁 늦게 숙소에 돌아왔다.

저녁에 아끼고 아끼던, 한국에서 사 간 냉면을 커피포트로 익혀서 오이를 썰어 넣고 만들어 먹었다. 매우 맛나게 우리 냉면을 먹었다. 얼마나 맛있었는지 동네방네에 아이들처럼 자랑하고 싶었다.

"신랑, 난 지금 냉면 먹어서 너무 행복해, 자기는?"

"나도 행복해~"

어설픈 냉면 한 그릇에 이렇게 행복할 수 있을까? 그럴 가능성이 충분하다는 걸 그날 나는 절실히 깨달았다.

방콕 시가지 전경

카오산 여행자의 거리

방콕 왕궁 그랜드 팰리스 일대 야경

카오산 로드와 주변 시장 풍경

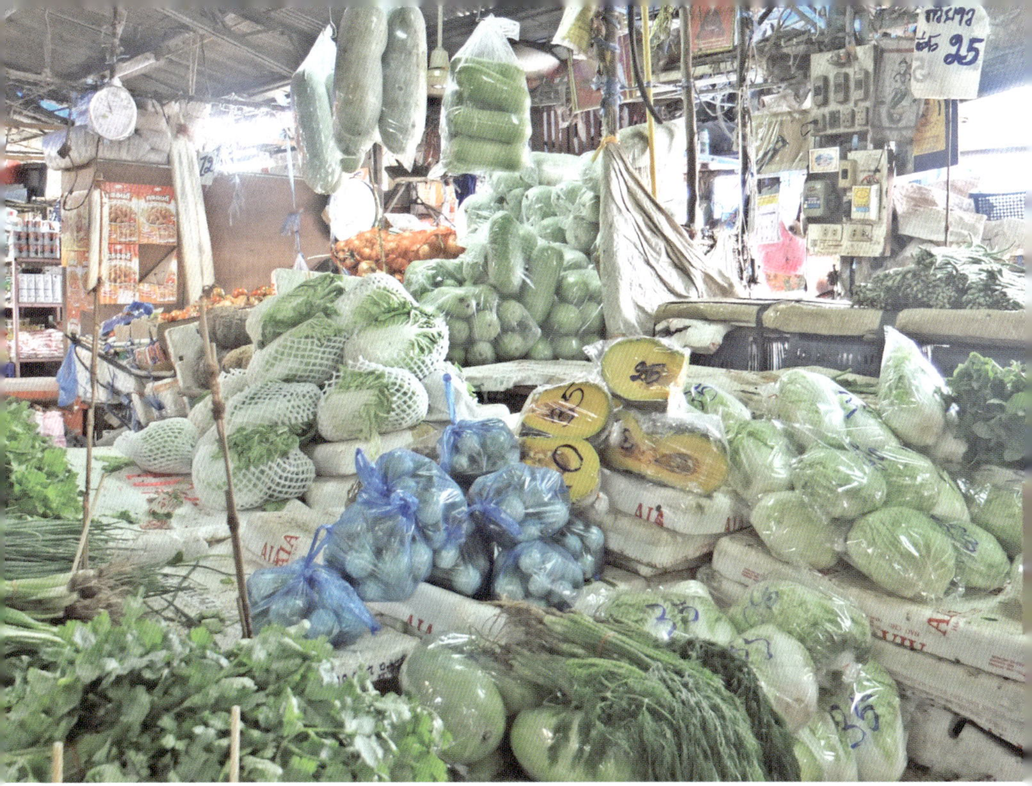

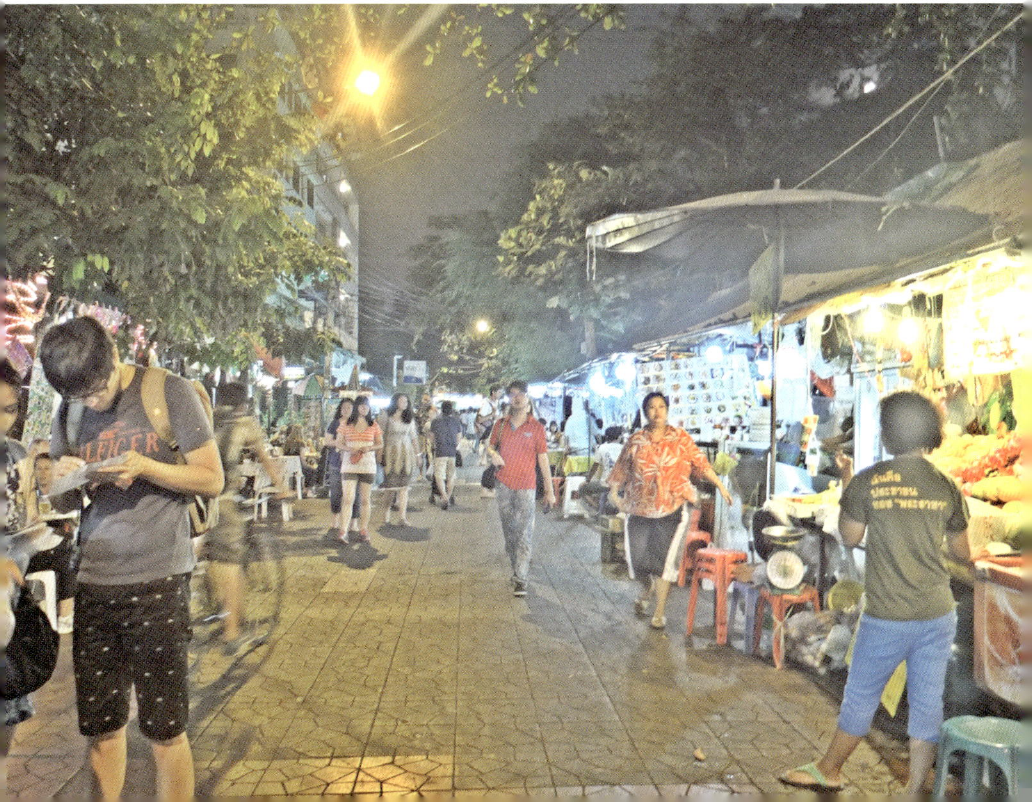

깐짜나부리 '죽음의 철도' 꽈이강의 다리 주변 야경

꽈이강의 철교 위를 거니는 여행자들

옛 도시 아유타야에서 사기당할 뻔하다

오늘은 방콕 북부에 있는 아유타야로 가기 위해 게스트하우스서 체크아웃했다.

트렁크는 창고에 보관한 뒤 작은 배낭만 메고 방콕 북부 터미널까지 택시를 탔더니 요금이 120바트 나왔다.

미니 밴이 빠를 줄 알고 탔더니 3시간이나 달리더니 내려 주는 것도 버스터미널이 아닌 다른 곳에 멈추었다. 땡볕에 터미널까지 찾아가느라 완전히 개고생했다. 땀을 뻘뻘 흘리면서 길을 가는데 웬 자가용을 몰고 가는 남자가 있어서 시내 시장까지 태워달라고 했더니 태워다 준다고 했다. 남자가 자가용 타고 가면서 태국 쏨땀을 좋아하냐고 물었다. 쏨땀은 매콤한 샐러드라서 우리가 김치 대용으로 즐겨 먹는 음식이다.

"아암, 좋다마다요" 하고 대답하니까 남자가 "베리, 베리 굿"이라며 자기가 쏨땀 잘하는 곳을 안다면서 가자고 했다. 차도 얻어 탔으니 그러자고 했다.

식당을 가 봤자 요리 하나에 얼마나 하겠는가. 남자가 차로 태워주는 곳으로 가서 어느 식당에 들어가는데, 들어서자마자 종업원이 다짜고짜 우리 앞 테이블에 접시를 엄청나게 늘어놓았다. 아직 메뉴판은커녕 입도 안 뗐는데 무언가 가득가득 쓰인 주문서 같은 종이를 우리 테이블에 내려놓고는 갑자기 음식을 막 내놓기 시작했다.

아, 이건 정말 아니다 싶어 누가 잡을세라 얼른 밖으로 나왔다. 차를 태워 준 남자는 다행히 우리를 쫓아오지 않았다. 하마터면 바가지를 쓸 뻔했다.

'아이고, 여행하다 보니 이렇게 사람에게 사기를 치나, 세상 별놈 다 있네~.'

숙소는 인근 시장 근처에서 500바트를 주고 구했다. 시간이 너무 늦어 시장은 다들 문을 닫아서 찬거리도 못 샀다. 근처 식당에서 돼지고기 덮밥을 사 먹었는데 맛은 그저 그랬다. 저녁에 마사지도 받아 봤으나 실력이 치앙마이만 영 못하다. 역시 마사지는 치앙마이 그 집이 최고라는 생각이 뇌리에서 떠나지 않았다.

썽태우를 600바트에 빌려서 12시까지 전세를 냈다. 유적지 곳곳을 차로 다니면서 효율적으로 많은 걸 보고 싶어서 생각해낸 방법이었다.

과연, 차를 타고 다니니 걸어 다니던 것과 비교해 한결 편했다.

아유타야는 태국의 두 번째 수도인데, 우턴 왕이 아유타야 왕조를 세운 후 수도로서 417년간 번성했으나, 버마의 공격으로 그만 파괴되었다. 오늘날은 허물어진 사원 잔재만 남아있다. 1991년에 유네스코 세계문화유산으로 등록되어서 한쪽에서 다시 보수 공사를 하고 있기는 했으나 여전히 황성옛터와 같이 허망하고 초라하기 그지없었다.

왓마하탓에는 나무뿌리에 감겨 있는 머리 잘린 불상이 있었다. 이 잘린 불상의 머리는 전쟁통에 잘려나간 후 굴러다니다가 나무뿌리가 이를 긍휼히 여겨 품지 않았을까 싶었다.

왓프라씨싼펫 사원 안에는 세 개의 대형 탑 프라씨싼펫이 있다. 탑 표면에는 금이 덧씌워져 있었다고 하는데 역시 침략해 온 버마 사람들이 다 긁어 갔다고 했다. 그래도 원형 탑의 모습은 아름다웠다.

왓프라람의 쁘랑은 왕을 화장할 때 사용하는 사원이었다는데 일부 복원되어서 아름다웠다. 왓 로까이 쑤타람의 거대한 와불상이나 왓 차이왓타나람의 쁘람과 탑도 모습이 보전되어 있어 구경하기 좋았다. 무너진 잔재들이 원래의 모습으로 남아있었다면 얼마나 번듯한 옛 수도의 모습이었을까 싶었다. 멀리서 온 나그네로서 내 마음이 다 안타까웠다. 유적지가 쓰코타이 유적지와 비슷하다.

사원 주변에는 주인 없는 개들도 많았다. 정이 그리운지 사람에게 자꾸 달라붙는데 눈만 마주치면 꽁지를 흔들었다. 머리를 쓰다듬어 주었더니 다음 유적지까지 썽태우를 따라 달려왔다.

야경이 멋있다 해서 야간 투어도 200바트를 주고 돌았는데 깜깜한 밤에 폐허가 된 사원들을 보자니 괜히 으슥하고 괴기스럽기만 했다. 별로였다.

내일 일정을 위해 뚝뚝이 기사에게 아침 일찍 숙소로 오라고 일렀다. 기차 타고 톰부리로 갈 예정이었다.

숙소에서 김국을 끓여 먹었다. 김, 양파, 액젓, 그리고 매운 고추를 라면 포트에 넣고 끓였다. 밥은 카우니여우 찰밥을 사서 먹었다.

"형님아, 참 맛있다~"라고 하는 미행이 애교에 아침부터 웃음이 났다. 어제 예약한 썽태우를 타고 역으로 가서 롭부리 행 기차에 올라탔다. 1시간 30분 만에 도착해서 역 앞 넷호텔에 450바트를 주고 에어컨 룸을 구했다. 좀 낡았지만 넓고 깨끗했다.

롭부리는 작은 도시다. 몇 개의 사원과 프라쁘랑쌈옷이라는 원숭이 사원이 있었다. 사원 전체에 원숭이가 쩨디보다도 더 많은데 주변에 오가는 시민들이 원숭이에게 먹이를 많이 갖다 준다.

원숭이들이 전깃줄이고 건물을 자유자재로 돌아다녔다. 건물의 창문은 창살로 다 막혀 있고 온 도시가 원숭이 지린내가 났다. 도시가 원숭이 때문에 폐허가 될 것 같았다.

오늘은 여행 온 지 두 달 만에 처음으로 장대비가 쏟아지는 걸 봤는데 비가 와서 그런지 원숭이 지린내가 더욱 심하게 났다.

'내일은 방콕으로 간다. 치앙마이로 애영 씨네가 온다 했는데 예정대로 오는 지 모르겠다.'

왓마하탓의 나무뿌리에 감겨 있는 머리 잘린 불상 옆의 필자 부부

사원 주변의 주인 없는 개들

고대도시 아유타야 유적지 일대 사원 이모저모

왓 차이 왓타나람 사원

고구마 아줌아 동남아 피한·배낭여행   227

롭부리 외곽의 해바라기 농장의 멋진 풍광

'원숭이 천국' 롭부리 한 사원을 점령한 원숭이들

"다섯이면 더 즐거워"
애영 씨네와의 멋진 재회

간밤에 비가 많이 왔는데 아침이 되자 언제 그랬냐는 듯 햇볕이 쨍쨍 내리쬐었다.

옆 새벽시장에서 대통밥과 망고를 사서 아침 식사를 한 후 방콕행 8시 30분 기차에 올랐다. 스쳐 지나가는 시골 풍경을 바라보며 어렸을 적 고향 동네 생각도 나고, 돌아가신 어머니 아버지 생각도 나고, 접어두었던 집 생각, 우리 아이들 생각이 한꺼번에 주마등처럼 몰려왔다.

큰딸 진주는 경찰 신랑을 만나서 여섯 살배기 아들 상윤이를 낳았다. 시어머니와 같이 살아 큰 걱정은 되지 않았다.

큰아들 범기는 설계 일을 하는데 은행 다니는 선희와의 사이에 역시 여섯 살배기 아들 기민이를 두었고, 처가 옆에 살아 큰 걱정 없었다.

문제는 아직 혼자 사는 막내아들 한희다. 입도 까탈스러운데 밥이

나 제대로 먹고 다니는지 걱정이었다. 집에서 기르던 우리 집 강아지 깜이는 우리가 여행을 간 동안 큰 딸네에 가 있는데 최근에는 글쎄 시어머니를 물었단다.

'고것이 미쳤나, 어른을 물긴 왜 물어?'

이 생각 저 생각을 하는 사이 방콕 후알람퐁역에 도착했다.

카오산 '반싸이 게스트하우스'에 도착해서 짐을 풀고 한숨 쉬려니 애영 씨네가 로비에 와 있다고 했다. 한 달여만의 재회였다. 너무 반가워서 얼른 우리 방에 데려가려고 하는데 아뿔싸 숙소 종업원이 외부인은 들어오면 안 된다고 했다. "우리 손님인데 왜 못 오게 하냐?"라고 화가 나서 막 뭐라고 항의했다.

"내 여즉 여행해도 이런 곳은 처음이다"라며 "애영 씨네 말고 올 손님도 없는데 잠깐 들어와 얘기하는 걸 못하게 하냐?"라고 하면서.

그런데 종업원도 고집이 센지 땍땍거리며 물러서질 않았다.

그래서 "당장 체크아웃한다. 돈 환불 하라!"고 큰 소리까지 냈는데도 막무가내였다.

돈을 안 줬으면 바로 몸만 빼서 나오면 되었을 텐데, 난 항상 숙소 머무는 돈을 미리 다 줘서 탈이었다. 끝내 그 게스트하우스는 체크아웃하고 50바트 더 비싼 650바트를 주고 '메리 게스트하우스'로 옮겨 갔다.

돈을 더 주어서 그런지 깨끗하고 에어컨도 빵빵했다. 거기서 오랜만에 애영 씨네와 그간의 회포를 풀었다. 아저씨는 마지막으로 내게 침을 맞은 뒤로 몸이 너무너무 좋아졌다 했다. 애영 씨네는 작은 밥솥이 있고 우리는 찌개를 끓일 수 있는 라면 포트가 있어서 밥도 더 알차게 차려 먹었다. 찹쌀 사서 밥을 하고 찌개를 끓여서 밥을 해 먹으니 타지에서도 남 부럽지 않은 풍족한 밥상이었다. 애영 씨네는 길에서 만난 인연이지만 참 좋은 만남이었다. 서로 도움도 주고 여행 정보도 많이 받은 데다가 만나면 항상 마음이 즐거웠다.

애영 씨 신랑과 우리 신랑은 컴퓨터로 야구 경기를 보고 애영 씨와 미행이, 그리고 나는 방콕 시내 백화점에 가 보기로 했다.

여자들끼리 쇼핑을 나오니 역시 신랑과 다닐 때와 또 다르게 마음이 들뜨고 즐거웠다. '나라야'에서 가방과 모자도 사고 센트럴 백화점도 구경했다. 백화점 6층 입구에 있던 신선로 그림이 있는 태국 식당에서 점심으로 뿌팟퐁카리를 사 먹었는데 게 요리가 너무 맛있었다.

그리고는 배를 타고 아시아틱의 쇼핑센터로 갔다. 아이스크림도 하나씩 사서 손에 쥔 채 돌아다니다 블라우스도 하나씩 사고, 관람 차도 탔다. 관람 차 높은 꼭대기에 올라가서 내려다보니 짜오프라야 강과 저 멀리 있는 방콕의 사원들이 아름답게 보였다.

저녁에는 후알람퐁역으로 가서 27일 날 오후, 말레이시아 버터웍스까지 가는 기차표를 예매했다. 애영씨네도 같이 가기로 했다. 원래는 베트남을 여행하기로 계획했었는데, 치안이 안 좋다고 해서 애영 씨네도 같이 가는 말레이시아로 계획을 바꿨다.

말레이시아는 사전 조사도 안 한 곳이라 홍익여행사에서 말레이시아 가이드북을 빌렸다. 이번 여로에서 카오산에 있는 홍익여행사의 도움을 많이 받았다. 젊은 부부가 매우 친절하고 잘했다. 저녁에 숙소에 돌아와서는 미행이와 함께 오늘 사온 옷을 하나씩 걸쳐 입고 패션쇼를 하면서 깔깔대고 웃었다. 미행이는 먼저 세상을 떠난 남동생의 부인, 내 올케인데 매우 착하고 속 깊은 여자다. 여행 내내 말없이 잘 따라 주었다.

쇼핑센터 앞의 필자

애영 씨와 함께 한 필자

천신만고 끝에 찾아간 기찻길
'매끌렁 시장'

오늘은 담넌싸두억 수상 시장을 가기 위해 새벽 5시에 택시를 타고 남부터미널로 갔다.

터미널에서 시장까지 가는 버스를 2시간 타고 나서야 목적지에 도착했다. 아침 시장 시간에 맞춰서 잘 도착해서 다행이었다. 담넌싸두억 시장은 수로 근처에 있는 시장인데, 작은 수로에 쪽배를 띄워서는 그 위에서 과일이며 채소, 기념품이나 국수 등을 판다. 엽서에서 많이 보던 장면들을 직접 보고 있으니 신기하기만 했다. 생각보다는 규모가 크지 않고 수로도 작았다. 점심으로 쌀국수와 돼지고기 꼬치를 사 먹으면서 이 근처에 기찻길 시장이 있다고 본 기억이 났다. 가이드책을 보니 안 나와 있었다. 그 시장도 보고 가려고 지나다니는 사람들에게 짧은 영어로 이래저래 물어보았다.

"트레인 마켓? 오픈 클로즈, 오픈 클로즈 마켓?"

아무리 얘기하고 말귀를 못 알아듣는 건지, 영어 자체를 못 알아듣는 건지, 묻는 사람마다 고개를 저으면서 다 모른다고 했다.

'이런, 난감하네.'

심지어 어떤 서양인은 자기는 영어를 모른다고 했다. 영어도 영국이나 미국에서나 쓰지 유럽인들은 자국어만 하고 영어를 몰랐다.

'아~ 영어를 못 하는 서양인도 있구나'라고 깨닫고 나니 갑자기 자신감이 확 들었다.

'늙은 내가 젊은 너희보다 할 줄 아는 말이 더 많구나.'

물어물어 주변에 있던 태국 가이드에게 물어보니 그 시장 이름이 '매끌렁 시장'이라면서 주소를 가르쳐 주었다. 종이에 태국 말로 메모해 주는 것을 받았다.

시장 근처에는 택시도 없고 썽태우도 하나도 안 보였다. '어쩌지…'라고 하면서 곤란해하는데 마침 오토바이에 리어카를 매단 아저씨가 중학생 아들을 리어커에 태우고 지나갔다. 손짓해서 불러 세우고 메모를 보여주며 리어카에 태워 달라고 하니 난감해 했다.

"플리즈. 플리즈"라고 하니까 결국 못 이기는 척 태워주셔서 리어카에 우리 일행 세 명과 아저씨 아들까지 네 명이 타고 시원하게 길을 달렸다.

그런데 점점 바퀴 쪽에서 이상하다 싶었는데, 아이고, 리어카 타이어에 바람이 다 빠졌다. 그래도 그 아저씨가 참 착한 사람이라 바람까지 다시 채워 넣고서는 우리를 남능까지 데려다 줬다. 남능에서 버스를 타고 10분 가면 된다고 했다. 너무 고마워서 손사레 치는 손에 약간의 돈을 건네주고 탔다.

우여곡절 끝에 매끌렁 시장에 도착했다.

기찻길 시장이라더니 과연 철길 양옆으로 채소·과일·어물 시장이 복잡하게 늘어서 있었다. 덥고 목말라서 우선 망고와 파인애플을 사다 길거리에 앉아 각자 칼로 허겁지겁 까먹었다.

그런데 얼마 안 있으니 상인들이 갑자기 물건을 막 치웠다. 이윽고 "뿌웅~" 하는 기적 소리를 내며 기차가 그림처럼 지나갔다. 천천히, 천천히 달리던 기차가 5분 만에 지나가자 상인들은 익숙한 몸짓으로 치워둔 물건을 원위치로 쌓아뒀다.

그렇게 시장은 언제 그랬냐는 듯이 다시 복잡한 시장 골목으로 돌아왔다.

'에이, 무언가 좀더 특별한 시장일 줄 알았더니 이게 다였구나. 싱겁네~.'

그래도 시장은 시장인지라 한 바퀴 돌아보면서 생선을 몇 마리 사고 쌈 싸 먹을 배추도 사서 돌아왔다. 그래도 이런 곳에 투어 신청을 하면 1,000바트를 줘야 하는데 그 돈 안 주고 우리끼리 저렴하게 구경 잘하고 왔다.

어쨌든 오토바이 리어카를 타던 것을 생각하면 웃음이 절로 났다. 얼마나 무거웠으면 바퀴 바람까지 빠졌을까 싶었다.

'한국 기념품이라도 준비해 왔으면 그 아들내미에게도 쥐여주고 좋았을 텐데.'

또다시 언젠가 했던 후회를 되돌이표처럼 되풀이했다.

홍익여행사에 들러서 한국으로 귀국하는 비행기 표를 연장했다. 원래 귀국하기로 했던 4월 15일은 뒤늦게 알고 보니 쏭끄란 축제 날이었다. 그날이면 수많은 인파에 물싸움으로 택시 잡기도 어려울 테니 공항 가는 게 어려울 것 같아서 4월 17일로 연기했다.

내일은 말레이시아로 가는 날이다. 큰 가방은 보관료를 내서 게스트하우스 창고에 맡기고 작은 배낭 하나 메고 가기로 했다. 밑반찬 고추장, 된장, 김, 라면, 포트 짐을 간단히 꾸렸다. 다른 도시로 갈 때는 항상 긴장되면서도 설렜다.

   '말레이시아는 어떤 곳일까? 애영 씨네와 같이 가니 안심은 된다.'

애영 씨와 함께 한 필자

고구마 아줌아 동남아 피한·배낭여행

담넌싸두억 수상 시장 풍경

말레이시아 페낭 젤루통 해안 일대 황홀한 야경

Chapter 4. 말레이시아

페낭의 에메랄드 바다 위 정자에서의 오찬

세상 참 좋아졌다. 방콕에서 기차를 타고 바로 말레이시아로 갔다.

택시로 방콕 중심의 후알람퐁역에 와서 기차에 올랐다. 태국 남쪽 풍경을 지나치며 기차는 남으로 남으로 기차는 내려갔다.

애영 씨네 가족이 합세해 다섯 명이 여행하려니 한결 여행이 활기차게 변했다. 저녁에는 애영 씨가 싸 온 도시락을 먹고 각자 침대칸으로 들어가 잠을 청했다. 기차는 그 후에도 밤새 달려 태국 국경에 도착했다.

국경에서는 기차 2칸만 말레이시아로 넘어갔다. 태국 출국 수속 밟고 말레이시아로 입국하는 수속도 밟았다.

드디어 말레이반도로 들어섰는데 놀랍게도 국경을 넘었다고 창 너머 보이는 풍경이 태국과 바로 달라졌다. 기차도 덜컹거리지도 않고 거리도 깨끗하고 건물도 훨씬 좋아 보였다.

오후 2시에 버터웍스역에 도착하고 바로 그 앞에 있는 선착장에서 페리를 타니 10분 만에 페낭에 도착했다. 대중교통 104번을 타고 러브 거리에 내려서 방을 구하는 데 휴양지다 보니 방값이 너무 비쌌다. 다섯 명 머물 곳은 못 구할 것 같아서 각자 흩어져 방을 구한 뒤 30분 후에 만나기로 했다. 우리 셋이 찾아낸 건물 이름은 일단 호텔인데 오래된 목조건물이었다.

하지만 들어가 보니 천장도 높고 방도 넓은 데다 시원한 테라스도 있었다. 55링깃으로 다른 숙소와 비교해 반값이기에 대뜸 방을 잡았다. 태국 돈으로 550바트 정도였다.

말레이시아는 태국과 비교해 물가가 매우 비싼데, 10배 정도 차이가 나는 거 같았다. 그래도 거리가 한결 깨끗해서 마음에 쏙 들었다.

페낭은 도시 전체가 유네스코 문화유산으로 선정되어 있을 정도로 아름다운 해변 도시다. 조지 타운과 콤타네 호텔 레스토랑 등이 유명하고, 볼거리 먹거리들이 최상으로 다 갖추어져 있는 아름다운 해변의 도시이다.

국립공원을 가려다가 요란한 음악 소리가 나는 곳을 가 보니 거기서 마을 행사를 하고 있었다. 한쪽에선 보컬로 노래자랑대회가 열리고, 한쪽에선 잡곡을 섞어 놓고 아가씨들이 얌전히 앉아 고르는 시합도 하고 아이들이 구슬 놀이도 했다.

옆 바다 선착장에는 수많은 배가 정박해 있는데, 푸른 바다 가운데로 1km 상당의 긴 나무다리가 놓여있다. 바닷물이 아래서 출렁거리는 다리를 건너고 난 끝에는 정자가 있다.

'망망대해 한가운데 놓인 정자라니!'

신나서 다리를 건너가 정자에서 함께 점심을 먹는데, 바다만 쳐다봐도 색깔이 너무 예뻐서 기분이 절로 상쾌해졌다. 소금기 냄새와 함께 불어오는 바닷바람은 시원하고 햇빛에 비친 바닷물은 에메랄드빛이다. 아, 눈물이 날 정도로 좋은 풍경이다.

저녁 무렵에는 페낭힐이라는 언덕을 가 보았는데 해발 830m 정상까지 기차를 타고 천천히 올라갈 수 있었다. 높은 곳에 올라가니 말레이시아의 야경이 한눈에 보여서 가슴이 두근거렸다.

하지만 더 시간이 늦어지자 비가 오기 시작해서 너무 추워지는 바람에 서둘러 10시 넘어 숙소에 들어왔다. 아이고, 비 잠깐 맞았다고 으슬으슬한 것이 감기에 걸리겠다 싶어 서둘러 후끈한 꿀차를 물에 타서 먹었는데 그것도 즐거웠다.

"오늘 하루도 너무 감사드립니다. 푸른 바다 너무 좋았습니다."

애영 씨네는 다음 여행지인 쿠알라룸푸르행 티켓을 예매하러 간 사이 우리는 프리버스를 타고 페낭 일대 관광지들을 돌아보았다. 프리버스는 말 그대로 공짜 버스다. 돈을 안 받는 탈 것은 생전 처음 보았는데 여행객들이 많이 오는 곳이라 이런 서비스도 하나 싶었다.

죠지 타운 페낭박물관, 쿠콩 시의 중국 쿠씨 사당, 콴뎅 사원, 체콩 시의 세인트 조지 교회, 스리마리 암만, 힌두 사원, 카피탄 켈링, 그리고 이슬람 사원. 온 시내를 둘러보는데 참 예쁜 건물이 많았다.

저녁으로는 말레이시아의 요리라는 나시고랭(계란을 얹은 볶음밥)과 미고랭(야채와 함께 볶은 국수)을 먹었는데 향신료가 안 맞는지 영 느글거려서 숙소에서 고추장과 된장을 먹었다. 느글거리는 속을 가라앉히는 데는 된장이 최고였다. 애영 씨는 기차표가 내일 것이 없다고 해서 모래 것으로 사 왔다고 했다. 아싸~, 페낭에서의 하루가 더 생겼다.

새벽시장에 가서 생선을 사와 오랜만에 호텔 부엌에서 생선 조림 요리를 맛나게 해 먹었다. 오후에 극락사원 중국 도교라고, 말레이시아에서 제일 큰 사원에 갔다.

어마어마하게 큰 관음보살상이 있었는데 크기가 7층 높이 건물만 했다. 3링깃을 주고 사원 정상까지 가는 에스컬레이터를 타서 보니 얼굴이 매우 인자한 동양 어머니상이었다.

여행을 다니면서 각국의 사원들을 많이 보았는데 말레이시아의 사원은 또 여태껏 본 것들과 다른 모양이라 사진을 많이 찍고 돌아왔다.

오는 길에는 라임나무 밑에 라임이 잔뜩 떨어져 있어서 신나게 주워왔다. 저녁은 인도 식당에서 짜파티와 짜이를 시켜 보았다.

인도 음식은 '난'이라고 빈대떡같이 생긴 커다란 빵을 뜯어 카레에 찍어서 밥처럼 먹는다. 처음에는 네 장만시켰다가 담백한 게 맛있어서 여섯 장이나 더 시켜 먹었다.

이 나라는 중국계와 인도계 사람이 많은 것 같았다. 숙소에 와서는 짐도 싸고 도시락 준비도 하고, 낮에 주워온 라임으로 주스도 만들어 먹었다. 새콤달콤하니 노랗게 익은 라임 주스는 참 맛났다.

페낭 조지타운 페낭힐을 오르내리는 케이블

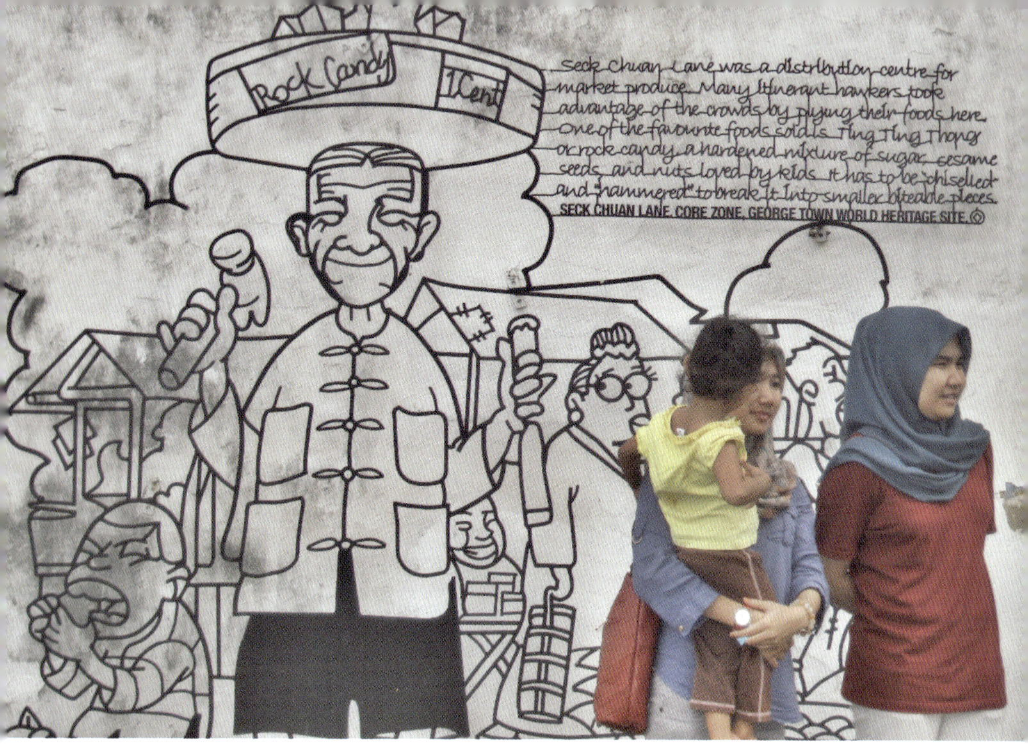
Rock Candy
1 Cent
Seck Chuan Lane was a distribution centre for
market produce. Many itinerant hawkers took
advantage of the crowds by plying their foods here.
One of the favourite foods sold is Ting Ting Thong
or rock candy, a hardened mixture of sugar, sesame
seeds, and nuts loved by kids. It has to be "chiselled
and "hammered" to break it into smaller biteable pieces.
SECK CHUAN LANE, CORE ZONE, GEORGE TOWN WORLD HERITAGE SITE.

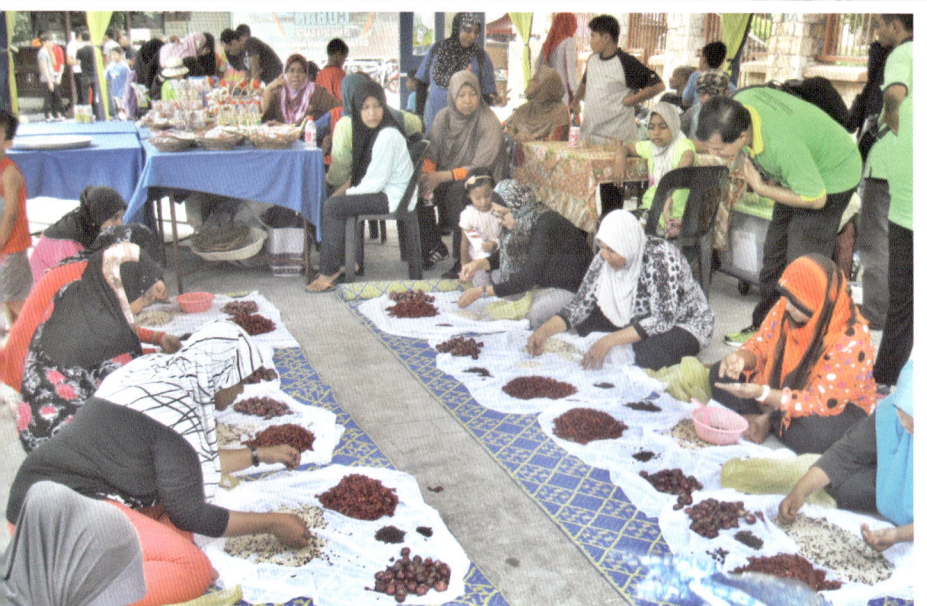

페낭 시가지 거리 풍경

기차에서의 망중한을 즐기는 필자와 길동무

페낭힐에서 바라본 페낭 시가지 주변 야경

페낭 극락사원 외관

페낭 바다 한가운데 위 정자에서의 환상적인 오찬

갯벌 위에 들어선 수상 도시, 게탐섬

　게탐섬을 가기 위해 8시에 쿠알라룸푸르행 기차를 타러 버터웍스 역에 갔다.
　그런데 오기로 한 기차는 안 오고 역무원이 역 앞에 나타나더니 뭐라 뭐라 공지를 했다.
　역무원 왈, 우리는 5호 차, 즉 다섯 번째 칸 좌석에 앉아야 하는데 8시 기차가 5호 차 칸을 안 달고 왔다고 했다. 그래서 당신들은 오늘 기차를 못 타니 환불받아 가라고 했다.
　'아니, 기차가 정신머리가 없는 것도 아니고 왜 예약 좌석을 받은 칸을 빼놓고 왔담.'
　게다가 갑작스레 예상치 못한 불편을 겪게 되었는데 미안하단 소리도 없었다.
　'우째, 이런 황당한 일이…'
　그런데 자주 있는 일인지 다른 사람들은 군소리 없이 환불받아 갔다.

하지만 우리는 여행 일정 때문에 오늘 꼭 거기까지 가야만 했다.
"우리가 오늘 쿠알라룸푸르에 비싼 호텔 예약했어. 그래서 오늘 가야 해~. 안 그러면 너희가 호텔 예약비 물어내" 하고 따졌다. 한참 실랑이를 한 뒤에야 역장쯤 되는 책임자가 나와서는 다른 칸 우리를 태워주기로 했다.

기차를 타고 쿠알라룸푸르역에 도착하니 한 나라의 수도답게 쿠알라룸푸르역은 크고 복잡했다.

우왕좌왕한 끝에 KMT 전철을 타고 종착역인 겔랑 항구 역에서 하차했다. 항구로 향하는데 철길 옆에는 또 노니가 잔뜩 열린 노니 나무가 보였다. 이걸 또 그냥 두고 갈 수가 없어 노니를 한 봉지 따서 챙겨 넣고, 게탐섬 가는 페리에 7링깃을 주고 승선했다. 그리 큰 배는 아니지만 50분 정도 달리니 맹그로브 숲도 보이고 수상 가옥도 있는 게탐섬에 도착했다. 선착장에 영어, 일본어, 한국어로 '게탐섬 오신 걸 환영합니다'라고 쓰여 있었다.

낯선 곳에서 이렇게 한국어를 보니 반가웠다. 방은 마을 촌장의 집에서 25링깃으로 싸게 얻고 동네를 한 바퀴 돌았다.

게탐섬은 완전히 물 위에 들어선 수상 마을이어서 바닷물 위에 나무판자를 덧대어 길을 만들어 두었다. 나무판자 길이라 마을의 교통수단은 오직 자전거와 오토바이뿐이었다. 길 밑은 당연히 바다인데 썰물이 되어 바닷물이 빠져나가면 갯벌에 짱뚱어, 주먹만 한 소라가 지천이었다.

물 위 떠오른 집과 맹그로브 나무들이 어우러진 게탐섬은 그 나름대로 특이하고 예뻤다. 사원도 몇 개 있고 학교도 있는 걸 보니 사람 사는 곳이나 다름이 없는데 발밑에 갯벌이 있을 뿐이었다.

동네 들개들은 물이 빠진 뻘로 내려가 다리가 푹푹 빠지는 뻘에서 먹을 것을 찾아다녔다. 물이 다시 들어오면 물 위의 아름다운 수상 도시가 된다.

게탐섬은 마을 전체 주민들이 어업에 종사해서 그런지 배도 수백 대가 묶여 있다.

그런데 아침 일찍 시장에 와 보니 그 많은 배가 잡아 왔을 고기는 다 어디로 가고 게 한 마리, 생선 한 마리도 보이지 않았다. 참으로 이상하고 요상스러운 일이었다.

게탐섬은 게가 많아서 게탐섬이라는데 말이다, 궁리 끝에 다니면서 아무 집이나 들어가 보았다.

어떤 집에 아이스박스가 있어 열어보니 잡고기가 있었다. 팔라고 하니, 파는 게 아니라면서 먹을 만큼 가져가라고 했다.

저녁에도 산책하다 아이스박스가 있는 집을 발견해서 10링깃을 주고 생선을 4kg 정도 받아왔다. 생선을 다듬어서 머리 내장을 숙소 밑바닥에 버렸더니 저녁에 인도인 대 가족이 낚시하러 와서 고기를 많이 잡았다고 했다. 우리가 버렸던 것이 미끼로 요긴하게 쓰였나 보다. 어제 썰어 말린 노니가 많이 말랐다. 이곳은 열대지역이라 그런지 무엇이든 젖어도 금방 잘 말랐다. 내 얼굴도 완전히 검둥이가 다 되었다.

3일, 목요일 아침에 신랑이 생수 1병을 사러 게스트하우스 가게 1층에 갔다가 한참 만에 돌아왔다. 왜 늦게 왔냐니까 3링깃짜리 생수를 사는 데 50링깃을 냈더니 종업원이 안으로 들어갔다가 한참 만에 와서 7링깃만 거슬러 주더라고 했다.

"왜 이것밖에 안 주냐?"고 옥신각신하다가 주인이 나왔는데, 주인은 또 10링깃을 내밀면서 "이게 네가 낸 것"이라고 하더라고 했다. 신랑한테는 내가 항상 비상금으로 50링깃을 주머니에 넣어주었다. 아무래도 종업원이 자기가 남겨 먹으려고 주인이 보기 전에 바꿔치기한 거 같았다.

오늘은 주인집 배로 바다 한 바퀴를 돌아보고 왔는데 먼바다 좋은 경치를 봤는데도 아침 일로 영 기분이 찜찜했다. 일행들이 차례차례 모종의 보복 음모 방안을 짜냈다.

애영 씨가 "형님, 47링깃만큼 냄비랑 그릇을 바닷물에 던질까요?"라고 엉뚱한 제안을 했다. 미행이는 또 옆에서 "좀 춥더라도 참으세요. 온종일 에어컨 빵빵하게 틀어놓아서 전기세 많이 나오게 합시다"라고 했다.

그러한 제안이 너무 우스워서 "그려, 그러자!"라고 한바탕 웃고 말았다.

이렇게 오늘 또 한 가지 배웠다.

'고액권을 줄 때는 꼭 먼저 확인한 뒤 주자.'

며칠 더 묵을까 망설였는데, 그냥 떠나기로 했다. 그래도 이 섬을 떠나는 것은 아쉬웠다. 떠나기 전에 마지막으로 카메라를 들고 동네 한 바퀴를 돌면서 사진을 찍었다.

'그새 나무다리를 걷는 것도 익숙해졌는데 이 걸음의 느낌을 어디서 다시 겪어볼 수 있을까?'

오늘도 썰물 갯벌 바닥에서는 개들이 진흙 범벅이 된 채 먹이를 찾아 헤매고 있었다. 개들의 다리가 반쯤 이상 펄에 푹푹 빠져있었다.

'인간이나 짐승이나 생존이란 게 무엇인지…'

참 불쌍하다. 펄에는 여전히 각종 플라스틱·스티로폼·비닐 같은 쓰레기에 소파·냉장고 같은 가구들마저 쌓여 있는데 그 사이로 수많은 싹이 올라오고 있었다. 주변 맹그로브 나무에서 떨어져 내린 씨앗들이다. 맹그로브 씨앗은 진흙에 세로로 떨어져서 심겨야 씨앗의 싹이 튼다고 한다. 몇 년이 지나면 저 싹들이 뿌리를 박고 자라서 다시 커다란 나무로 자랄 것이다. 그때는 이곳도 쓰레기 더미가 아니라 맹그로브 숲으로 뒤덮일 것 같다는 희망을 안고 게탐섬을 떠났다.

자전거 타는 마을 아이들

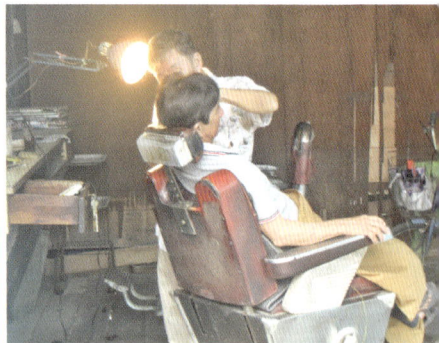

마을의 이발소 풍경

숙소 주인댁 식구들

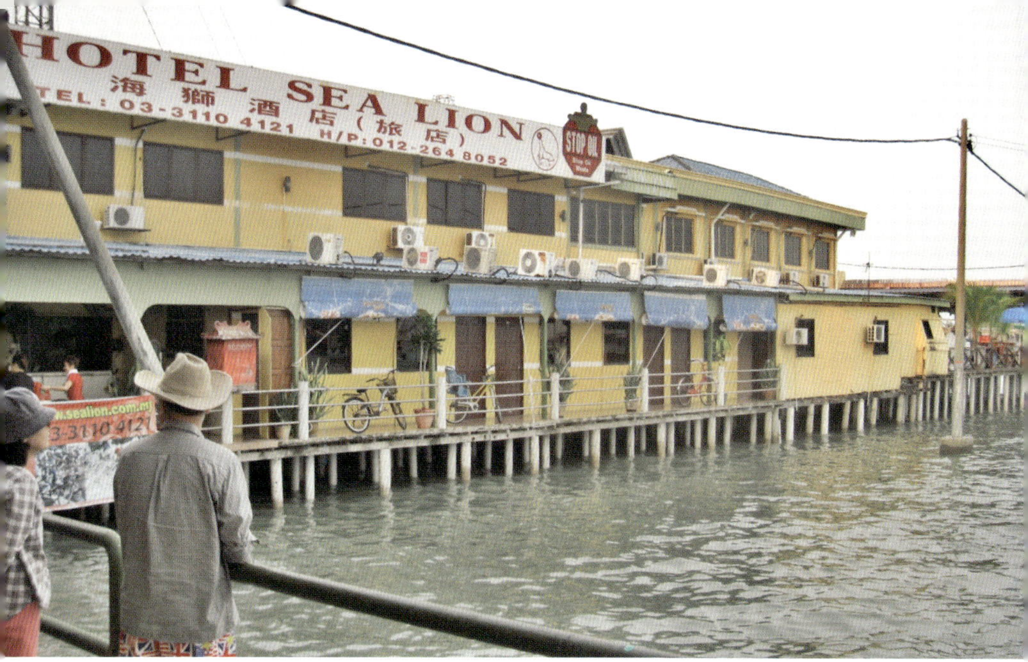
HOTEL SEA LION
海獅酒店(旅店)
TEL: 03-3110 4121 H/P: 012-264 8052
STOP OIL

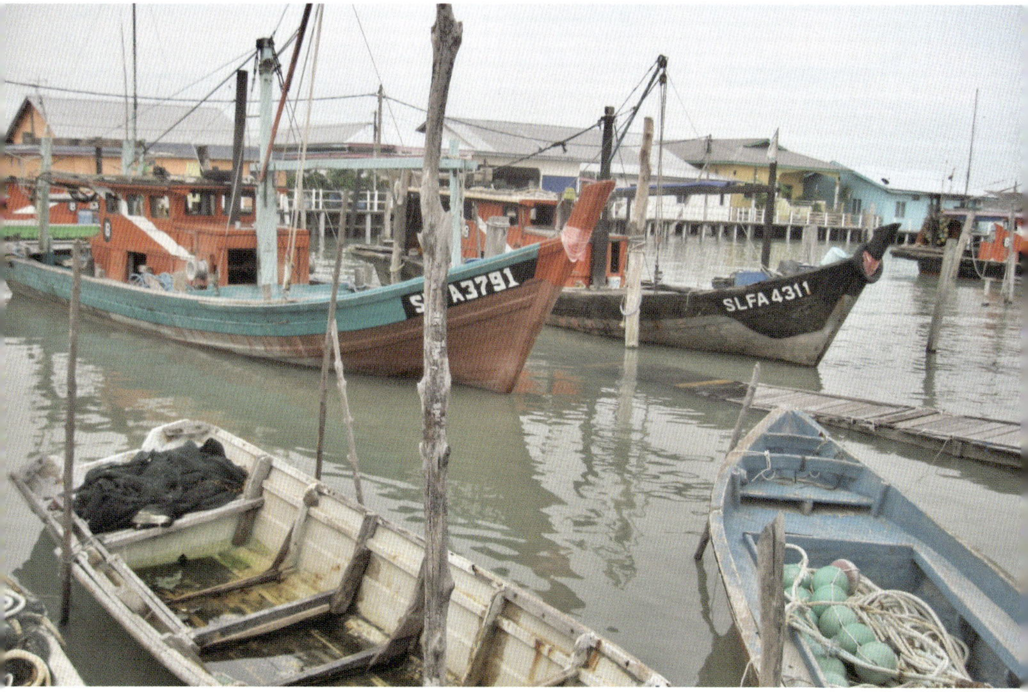
SLFA 4311

게탐섬 마을 이모저모

정신없이 둘러본 쿠알라룸푸르!

오늘은 쿠알라룸푸르에 도착했다.

역 앞 차이나타운에 매우 작고 지저분하고 시설도 안 좋은 방을 구했는데 이거 방값이 살인적이었다. 한참 실랑이 끝에 값을 깎고 깎아 650링깃에 묵기로 했다. 지금까지 숙박한 중 제일 비싸고 제일 안 좋은 방이었다.

이틀간 묵기로 예약하고 전철을 타고 바투 동굴에 갔다. 이곳은 힌두교 성지라고 하는데 입구에 있는 거대한 황금 동상이 압도적이었다. 동굴까지 급경사의 계단이 272개나 있는데, 전설에 의하면 이 계단에 오르면 인간의 죄를 사해 준다고 했다.

계단이 가팔라서 오르기도 수월치 않았다. 계단 옆에는 원숭이 떼들이 지나가는 사람의 물건도 빼앗기도 한다고 했다. 주위를 둘러보니 계단을 맨발로 오르는 사람도 있었다. 동굴 내부에는 여러 모양의 힌두 신이 모셔져 있고, 높은 동굴 천정에 있는 자연 구멍으로 햇빛이 쏟아져서 동굴을 신비롭게 밝혔다.

돌아오는 길에 부킷빈탕으로 갔다. 쇼핑몰도 많고 거리도 예쁘고 사람도 매우 많고 비도 부슬부슬 내렸다.

버스를 타고 오는 데 차도 막히고 버스 안에서 차이나타운 하차하려고 옆 손님에게 "여기가 차이나타운이냐?"고 물어보니, 아니라고 했다. 두 정거장 더 가야 한다며 오늘 낮에 차이나타운에서 우리들을 봤다고 했다.

'우리가 특이한가?'

숙소에 돌아오다 따끈한 국수를 사먹고 들어와 잤다.

'낼 아침은 숙소에서 준다고 하는데 뭘 줄까? 기대되네…'

다음 날 아침에 식당에 내려가니 토스트빵과 쨈 같은 것과 커피, 그래도 맛있게 먹고 페트로나스 트윈타워를 보러 갔다. 일찍 가야 엘리베이터 티켓을 받는다고 하여 일찍 나섰다. 가이드 책에는 무료라고 나오는데 80링깃이라고 했다. 너무 비쌌다. 단체 줄에서 끼어서 50% 할인으로 40링깃에 오후 2시에 입장하는 티켓을 구입했다. 4시간 여유가 있어 애영 씨네는 쇼핑센터를 구경하고, 우리는 택시를 불러 타고 시내를 구경하기로 했다.

넓은 잔디밭의 므르데카광장, 시계탑이 멋있고 우아한 벽돌 건물, 술탄압둘사맛 빌딩, 광장 북쪽에 자리한 매우 화려한 세인트메리 대성당, 건물에 유리로 모자이크한 국립박물관, 곡선 건물의 철도박물관, 이슬람 모스크, 421m의 KL트윈타워도 보고, 시간이 촉박하여 대충대충 보느라 제대로 보지 못하고 택시 타고 돌아와 보니 30분 정도의 시간 여유가 있어서 공원의 숲이 우거지고 쌍둥이 빌딩도 매우 멋졌다.

KLCC 공원의 화려한 분수 쇼도 보고, 공원 한바퀴 둘러보고 타워 입구로 가니 모두 줄서 기다리고 있었다. 소지품 검사와 입장권을 목에 걸어줬다.

트윈타워는 88층 쌍둥이 빌딩으로 한 동은 한국이 건설했고, 또 하나는 일본이 건설했다고 했다. 수리야 쇼핑센터 41층에서 스카이브릿지로 옆 건물과 이어져 있었다. 스카이브릿지에서 내려다보니 KCLL 건물과 주변이 볼 만했다.

쌍둥이 건물 중 한국이 일본보다 건물을 더 빨리 완공했다 한다.
'왜 안 그렇겠는가. 상대가 일본인데 우리가 앞서야지.'
타워 직원들이 코리아 최고라며 엄지손가락을 세워 보였다.
'차~암 대한민국 최고다. 이렇게 멋있는 건물을 짓다니…'
밤에는 화려한 빛을 뿜는 야경도 멋있단다.

바투 동굴의 압도적인 황금색 동상　　　　**바투 동굴로 향하는 가파른 272개의 계단**

바투 동굴 풍광

쿠알라룸푸르 스카이라인 야경

쿠알라룸푸르의 차이나타운 풍경

세계 최고 열대우림
고공 유격 훈련 '타만네가라'

오늘 '타만네가라' 가는 날이다.

식당에서 주는 토스트에 잼을 발라 점심용으로 싸가면서 주인 몰래 설탕을 조금 덜어서 숨기는데 앞에 있던 독일 친구가 잼도 가져가라고 했다.

"그려, 그려"라고 하면서 챙기고 있는데 주인이 들어왔다. 독인 친구가 주인에게 커피와 빵에 불만 표시라도 하는지 뭐라 뭐라 말을 건네면서 시선을 덜어줬다. 등 뒤로 손을 까닥이면서 우리에게 계속 싸가라는 신호를 보냈다. 주인이 언제 이쪽 상황을 눈치챌지 몰라 진땀이 났다. 사도 되는데 짐이 되고 조금만 필요하다 보니 독일 친구도 공범이 되었다. 여행하다 보면 본의 아니게 별짓을 다 하게 된다.

서둘러 '한 트레블' 여행사에 가니 미니밴이 기다리고 있었다. 영국인 부부, 오스트리아 젊은이 2명, 애영 씨네 부부와 우리 부부와 미행이, 이렇게 7명이 '타만네가하'로를 향해 출발했다.

잘 닦인 도로를 따라 끝도 없는 야자나무와 밀림 속을 3시간 달려서 어딘가에 도착했다. 어라, 여기는 어딘가 하니 운전기사의 친가라고 했다. 개인적인 볼일이 있었나 보다. 기사의 늙은 부모님이 집 울타리에 있는 구아바 나무에서 구아바 7개를 따서 우리 모두에게 하나씩 나누어 주셨는데, 싱싱하고 연한 것이 참 맛있었다. 여행 중에 최고로 맛있는 구아바를 먹어보았다.

어느덧 차는 젤란토에 도착했다. 여기서부터는 배를 타고 타만네가라 국립공원으로 가야한다. 여기는 두 개의 강물이 흘러와 합쳐지는데 한쪽은 붉은 황토물이고 한쪽은 맑은 물이다. 무슨 이유인지 모르겠다.

길쭉한 작은 배에 15명 정도 타고서 국립공원 내 산속으로 물 따라 거슬러 올라갔다. 주변의 경치는 멋있고 밀림이 우거져 있었다. 3시간을 달려 네가라에 도착하고 보니, 산도 높고 아름답고 공기도 신선하다. 이곳은 숙소도 꽤 비싸다. 그래도 얼른 방 하나 얻고 짐을 풀었다.

'타만네가로'는 세계에서 제일 오래된 열대우림이다.

예전부터 육지였고, 빙하기에도 얼지 않았다고 한다. 그래서 이 지역 우림은 나이조차 가늠할 수 없다고 했다. 동남아에서 가장 큰 나무 투알룽도 이 숲에서 자란다.

오늘은 캐노피를 타기로 했다. 40~50m 높이 계곡과 나무 사이사이에 줄을 달아 놓아서 그 줄을 붙잡고 공중을 걸어 다닌다.

신랑이 전직 군인 아니랄까 봐 한국에서의 유격 훈련 같다고 신기해 했다. 발밑이 무서웠으나 용기를 내어 12개 구간 캐노피를 타고 밀림을 이리저리 돌아다녔다. 밀림 속 길은 계단이거나 나뭇길로 만들어져 있는데 매우 튼튼했다. 일평생 이런 것도 다 해보고 색다른 체험이다. 주변의 밀림 나무들이 워낙 크고 무성해서 바닥을 잘 가려서 그런지 내가 걷는 곳이 높다고 실감이 들지 않았다.

가는 길에 수학여행을 온 듯한 말레이시아 학생들도 만났다. 매우 열광적으로 우리를 환영했다. 웬일인지 한국말을 한두 마디씩 하는데 내뱉는 단어들을 보니 TV 연속극 때문인 것 같았다. 학생들과 사진도 찍고 여학생들의 머리 히잡도 부탁하여 한번 써 봤다. 내 머리가 커 얼굴이 동그랗게 조금만 나와 "와~" 하고 웃음보가 터졌다.

밀림 속 길은 나무 길로 매우 잘 만들어져 있다. 아침에 사서 가져 온 카레 밥과 도넛으로 늦은 점심을 먹고 천천히 구경하며 내려왔다.

내일 애영 씨네는 싱가포르로 가기로 하고, 우리는 귀국 일정이 다가와 짐톤슨이 실종된 곳, '캐머린 하일랜드'로 가기로 했다. 여행사에서 '캐머린 하일랜드' 행 10시 출발 버스티켓을 85링깃에 샀다.

오후에는 작은 마을을 산책했다. 이곳은 마땅히 식사할 곳도 없어 과일 한 개 파는 곳이 없다. 채소도 파는 곳이 없다. 여행객 편의시설이 안 되어 있다.

그러나 주변 경치 공기는 끝내줬다.

타만네가라 국립공원 안내센터에서의 필자 일행

세계 최고 열대우림 지대로 정평 나 있는 타만네가라 국립공원 풍광

국립공원 내 우림

타만네가라 국립공원 안에서의 필자 부부

타만네가라 국립공원의 케노피를 건너는 필자와 남편

타만네가라 국립공원 산책로

국립공원을 찾은 말레이시아 학생들과 함께

유럽풍 고산 도시
'카메룬 하일랜드'와의 멋진 만남

    오늘은 카메룬 하일랜드로 떠나는 날이다.

    아쉬워서 새벽에 신랑과 동네 한 바퀴를 돌다가 바나나랑 오이, 그리고 만두 파는 것을 발견했다. 바나나 두 송이에 만두를 사서 와서 애영 씨네한테 반 갈라서 나누어 주고 우리도 맛나게 먹었다.

    10시에 여행사의 미니 밴을 타러 나오는데 애영 씨네가 오이를 한 보따리 사 줬다. 여기 와서 채소를 전혀 못 먹었기에 다음 여행지도 채소가 없을 거라며, 자꾸 가져가라고 했다. "고마워~"라고 인사를 하면서 받았다.

    남은 우리의 여정은 카메룬 하일랜드에서 랑카위, 그 뒤로 핫야이를 거쳐 방콕으로 갈 예정이었다.

    기약 없이 애영 씨네와 '빠이빠이' 하고 미니밴에 올라 출발, 제란토에서 미니밴을 갈아타고 꼬불꼬불 산길을 6시간 달려 고산 지역 하이랜드에 도착했다.

비는 장대 같이 쏟아지는데, 작고 매우 예쁜 유럽 산간도시가 우리를 반겼다. 건물들이 유럽풍으로 너무 예쁘고 깨끗하다. 삼나무인지 크리스마스트리 만드는 침엽수가 하늘을 찌르듯 서 있다, 그 사이 사이에 예쁜 하얀 집들, 높은 산봉우리는 구름에 가린다. 특용 작물을 심는지 비닐하우스가 많다. 미니 밴은 손님들을 각자 숙소까지 다 데려다 줬다. 운전기사에게 우리는 예약을 안 했으니 저렴하고 깨끗한 숙소를 추천해 달라고 하니 기다리라고 했다.

손님들을 다 태워준 뒤 제일 마지막에 우리를 '에잇미팅 게스트하우스'에 데려가 주었다. 3인 룸이 90링깃으로 매우 저렴하고 깨끗한 곳을 소개해 주었다.

"땡큐~ 탱규~"

너무 고마웠다. 그나저나 여긴 너무너무 추웠다. 온몸이 덜덜 떨렸다. 다행히 마트가 있어서 가 보니 야채도 있고, 과일도 있고, 삶은 쌀국수도 팔았다. 삶은 국수를 사다가 라면 수프를 넣고 끓여서 뜨거운 국물을 마시니 살 것 같았다.

숙소에서 내일 하일랜드 투어를 1인당 25링깃씩에 예약했다. 귀국 날짜가 촉박하여 모레 랑카위 가는 미니밴을 1인당 85링깃에 예약했다. 모든 것은 숙소에서 정보도 얻고 예약도 하면 편안하고 믿을 수 있다.

여기서 만난 프랑스 부부는 쿠알라룸푸르에서 왔고, 하일랜드를 보고 타만네가라로 갈 예정이라고 했다.

우리가 타만네가라에서 여기로 왔다고 하니 반가워했다. 타만네가라로 여행 정보를 주니 고마워했다.

여행자들은 여행자끼리 서로 아는 것을 알려주곤 한다. 우린 영어를 하지 못해도 손짓 발짓 섞어가며 하면 모두 알아듣는다. 우리도 그 사람들의 얘기를 거의 알아듣는다. 영어를 하지 못해도 여행에는 문제가 없다.

시간이 아까워 부지런히 마을 산책에 나섰다. 마을이 작아서 두서너 시간이면 충분히 다 볼 것 같았다.

마을이 너무 깨끗하고 건물이 너무 예쁘다. 완전 유럽 고산 지역이다. 공기도 좋고 날씨도 선선하고 옷가게는 겨울옷을 팔고 있다. 마트, 레스토랑, 은행, 모든 상권이 다 있어서 장기간 머물러도 좋을 것 같다.

카메룬 하일랜드 2,000m 고원 지역은 장미 농원, 딸기 농장, 드넓은 녹차 밭 그리고 세계적으로 유명한 보우티 공장으로 유명하다. 이 차 공장은 영국 식민지 시대부터 영국인이 사장인데 자자손손 물려주어 지금은 손녀딸이 이사장이라고 한다.

영국 식민지 시절 정부 조사원 윌리엄 카메룬이 지도를 만들기 위해 정글을 헤매던 중 이곳을 발견했다. 그래서 지명이 '카메룬 하일랜드'다. 그리고 60년대 말 태국의 실크 갑부 짐 톰슨이 이곳으로 휴가 왔다가 실종되어 더욱 유명해진 곳이기도 하다.

신선한 기후에 과일과 야채도 풍부하고 숙소, 레스토랑, 은행, 여행사 등 필요한 것들도 다 갖추어 있어서 한 달 이상 머물어도 쾌적할 것 같았다. 어느 곳으로나 눈길을 두어도 진녹색의 차 밭과 우림들 내 몸도 진녹색으로 물이 들 것 같았다. 하늘은 한국 가을 하늘처럼 매우 파랗고 뭉게구름이 목화송이처럼 잔뜩 피어있다.

이 아름다운 곳에서 녹차 한 잔 마시며 우리 부부는 호사를 누렸다.
'너무너무 감사합니다. 미행이가 옆에서 지두요 감사합니다.'

아쉬움이 있다면 우리 애들과 같이 오면 참 좋을 텐데 싶었다.

녹차 공장에서 차는 넘치도록 많은데 한 잔 정도는 공짜로 줄 수 있으련만 돈을 받고 판매했다. 아이들에게 줄 녹차를 사서 오는 길에 시장에 들러 파인애플과 바나나, 배추를 사 와 배추 된장국을 매우 맛나게 끓여 먹었다. 숙소에 된장 냄새를 풍기면 곤란할 것 같아 된장국을 끓일 때면 맹물에 배추를 먼저 넣고 끓이다가 먹기 직전에 된장을 풀어냈다. 아끼고 아껴뒀던 된장국을 가끔가다 먹으면 속과 마음이 안정되었다. 매우 꿀맛이었다. 된장이 약이나 다름없었다.

밖에는 또 장대비가 쏟아졌다. 게스트하우스 지배인은 인도계 남자인데 열 손가락 모두 알 반지를 끼었다. 재미있는 친구다.

응접실에서 노닥거렸다. 비사이로 앞집 울타리에 레몬나무에 어른 주먹만 한 노란 레몬이 많이 열려있다. 난 망고인 줄 알았다.

'저렇게 큰 레몬도 있나.'

비 오는 바깥을 보니 늘어진 전깃줄에 큰 까마귀들이 100마리나 쭉 앉아 있었다.

'쟤들은 비도 오는 데 왜 저렇게 앉아 있나?'

미행이 왈 '우리 작별인사 차 나왔지요~.'

여기는 공기도 좋고 꽃도 좋아 꿀이 좋을 것 같아서 꿀 한 병을 샀다. 한 숟갈씩 먹고 신랑과 같이 얼굴에 듬뿍 퍼 발랐다.

'집에 갈 날도 가까워지는데 꽃단장해야지.'

손가락 마디마다 반지를 잔뜩 낀, 게스트하우스의 '호' 지배인

카메룬 하이랜드 일대 시장 풍경

카메룬 하일랜드 고원에 시원하게 펼쳐져 있는 녹차 밭 저녁 무렵 풍광

모성애 강한 엄마 닭과
케이블카 멋진 '랑카위'

카메룬 하일랜드 게스트하우스에서 탄 미니밴이 아침 7시부터 쿠알라케디 항으로 가는 승객 8명을 싣고 출발했다.

짧은 기간이지만 항상 떠날 때는 아쉽다.

녹차 밭과 우림, 하늘, 예쁜 집들, 숙소에서 맛본 작은 딸기 송이까지… 카메룬 하일랜드도 왠지 나중에 그리워질 것 같은 도시다.

여행을 다니면서 딸기 농사하는 곳을 몇 곳 보았는데 기후상 너무 더운 곳에서는 못 키워서 그런지 딸기가 동남아에서는 귀한 과일인 모양이었다. 딸기 농사하는 것을 보았던 곳은 태국의 푸치파, 빠이, 베트남의 달랏, 말레이시아의 카메룬 하일랜드까지 모두 고산 지역의 시원한 곳들이다. 동남아 딸기는 한국 딸기과 비교해 당도도 떨어지고 신맛이 매우 강하고 알도 자잘한데 사람들이 매우 좋아해서 비싼 값을 주고 사 먹었다.

12시에 쿠알라케디항에 도착하여 랑카위에 가는 페리에 올랐다.

망망대해 바다에 예쁜 작은 섬들이 흩어져 있고 파도는 잔잔하다. 항상 새로운 곳으로 떠날 때는 마음이 설렌다.

'랑카위는 어떤 곳일까?'

페리는 2시간을 달려 과제티에 도착했다. 금방 날아오를 것 같은 큰 독수리상이 반겼다. 이 섬에는 버스가 없어서 30링깃을 주고 체낭까지 택시를 탔다. 이곳은 구간별로 요금이 정해져 있다.

날씨는 무척 더웠다. 바다까지 걸어서 5분인 '레인보우 게스트하우스'의 에어컨 방을 80링깃에 구했다. 일단 짐을 놓고 바다로 나갔다. 옷 입은 채로 물에 풍덩 뛰어드니 시원~했다. 바다에는 비키니 입은 유럽 뚱땡이 아줌마들도 많고 예쁜 서양 아가씨들도 많았다.

'나도 다음에는 꼭 비키니 수영복을 입어봐야겠다.'

몸매가 안 좋아도 유럽 '뚱땡이'보다는 훨씬 나을 것 같았다.

저녁에 해변 쇼핑센터 구경 나섰다. 맥주 가게에 주전부리 가게마다 불야성이었다. 랑카위 섬은 면세 구역이라 맥주가 쌌다. 맥주 한 캔씩 들고 숙소로 돌아왔다.

에어컨이 시원치 않아 더웠다. 모기도 있어 모기향 피우고 잠자리에 들었는데 잠이 안 와서 앞 테라스에 나왔다. 해먹에 누워 부채를 부치고 있자니 하늘을 보니 별이 총총했다. 하늘에 저렇게 별이 많다니 마치 굵은 소금을 뿌려 놓은 것 같았다.

이제 얼마 안 있으면 집에 간다. 보고 싶은 우리 아이들, 기민이 상윤이 예쁜 손자들이 그립다.

다음 날 아침 일찍 게스트하우스 주변을 산책하다 보니 병아리를 이끌고 다니는 엄마 닭이 많았다. 게스트하우스 넓은 뜰에도 엄마 닭이 6마리나 있다. 각자 자기 새끼들과 모여 다니면서 엄마가 꼭꼭거리며 땅을 헤집어 주면 병아리들이 삐약거리며 먹이를 찾아 먹었다. 엄마가 제 새끼들에게 하는 것이 사람과 다를 바 없는 것 같아 깜짝 놀랐다. 엄마 닭은 쉴 새 없이 움직이며 모이를 집어 병아리 앞에 놓아줬다.

"꼬꼬꼬."

어제 먹던 빵조각을 여섯 등분하여 놓아주었더니 매우 잘 먹었다.

케이블카를 타기 위해 택시를 불러서 오리엔탈 빌리지로 갔다.

'오리엔탈 빌리지'는 예전 가옥을 개조한 테마파크로 공원 안 큰 연못 주변에는 음식점, 의류점, 기념품 가게, 전시관 등 붉은 지붕의 건물들이 연못에 비춰 아름다운 물 그림을 만든다. 한켠에는 한국 드라마 가을동화 사진 표지판이 있어 동남아인들의 사진 찍는 명소가 되어 있다.

긴 줄을 서서 케이블카를 타고 높은 산 709m로 오르니 케이블카 오는 길이 가파른 급경사다. 멀리 보이는 쪽빛 바다에는 수많은 큰 섬 작은 섬 사이로 요트들이 한가로이 떠 있다. 초록색 섬과 쪽빛 바다, 요트, 파란 하늘이 너무 조화롭고 아름답다.

랑카위는 섬이 100여 개가 넘는데 그중 3분의 2는 유네스코에 등재된 생태공원이다. 조류만도 220여 종에 이르고, 국토의 65%가 열대우림이다.

다시 케이블카를 타고 다음 봉우리 정상 전망대로 갔다. 360도를 다 둘러 볼 수 있었는데 경치가 매우 환상적이다. 보는 방향에 따라 바다 색깔이 다르고 경치도 아름답다. 정상이라 수시로 구름이 가렸다 걷혔다 하며 새로운 경치를 선보인다. 2개의 봉우리를 연결하는 스카이브릿지도 아찔하고 멋있다. 랑카위는 케이블카만 타도 후회 없을 것 같다. 십 년 묵은 체증이 뻥 뚫리는 느낌이었다. 사방팔방을 둘러보아도 너무 멋있었다.

'또 감사합니다. 저희에게 이런 선물을 주셔서 감사합니다.'

항상 좋은 풍경이나 음식을 먹을 때는 자식들이 걸린다. 다음에는 자식 손주들과 꼭 같이 와야지.

하산해서 쇼핑센터에서 아이들 티셔츠도 사고 낼 태국으로 가야 하니 꽈제티에서 싸툰행 페리 티켓을 예매했다. 숙소에 돌아와 바다에서 이제 마지막 물놀이를 즐겼다. 히잡을 쓴 여인들도 히잡을 쓴 채로 물놀이를 한다. 체낭비치 일몰이 환상적이었다.

랑카위는 면세 구역이라 맥주도 매우 저렴하다. 쿠알라룸푸르의 반 가격이다. 셋이서 맥주를 사 와 바닷가에 앉아 일몰을 바라보며 그간 거쳐 왔던 여행을 생각했다. 말레이시아의 마지막 밤이 그렇게 지나갔다.

랑카위섬의 상징인 독수리상 주변 풍경

랑카위섬에서 망중한을 즐기는 필자 부부

오리엔트 빌리지

288 고구마 아줌마 동남아 피한·배낭여행

오리엔탈 빌리지에서 만난 말레이시아인
가족 여행자들과 함께

고구마 아줌아 동남아 피한·배낭여행   289

랑카위섬 해안 풍광

드라마 '겨울 연가' 표지판에서의 필자

랑카위 오리엔탈 빌리지 전경

랑카위 체낭비치의 일몰

케이블카를 타고 올라가 산 정상에서 랑카위섬 해안 풍광을 조망할 수 있는 스카리브릿지 주변

'사툰'에서 오매불망 귀국 채비하다

　일찍 일어나 가지고 다니던 쌀을 한 대접 정도를 엄마 닭 여섯 그룹에 놓아 주었다. 열심히 사는 엄마 닭에게 주는 선물이었다.
　여긴 시장과 채소 파는 곳을 보지 못했다. 우리는 채소를 좋아하는데 야채가 없어서 아침에 빵에다 잼도 발라 먹고, 고추장도 발라 먹었다. 내 입에는 고추장을 발라 먹는 게 훨씬 맛있다. 택시를 불러 타고 꽈제티로 가서 출국신고를 하고 배에 올랐다. 이제 여행도 얼마 남지 않았다. 5일 후면 귀국한다.
　'끝까지 잘하고 가야지, 아자 아자 파이팅! 힘내자!'
　1시간 30분 만에 태국 최남단 사툰항에 도착했다. 태국 입국 수속 후 밖에 나오니 여행사 삐끼, 썽태우 삐끼가 많았다. 여기서 핫야이까지 가야 하는데, 여행사를 이용하자니 비싸서 늘 하던 대로 썽태우를 탔다. 핫야이로 가는 길은 멋있었다. 바닷가 마을이라 맹그러브 나무가 많이 있는데 그 사이로 바닷물이 질퍽거리고 게들도 기어 다녔다.
　도중에 터미널에 들러서 작은 식당을 찾아갔더니 밥 위에 야채 고

깃국 같은 걸 부어주었다. 한 그릇씩 먹고 핫야이 가는 미니밴을 70바트에 타고 갔다.

핫야이에 도착하자마자 우린 부랴부랴 핫야이 역에 가서 방콕행 기차 티켓 먼저 찾았는데 오늘 것은 이미 다 팔리고 없고, 내일 오후 6시 45분 것이 있어 그걸 끊었다. 모레나 방콕에 도착할 것 같았다.

그나저나 쏭크란 축제 때문에 걱정이 됐다. 축제가 열리면 거리가 시끌벅적하고 교통이 불편할 테니 역 가까이에 있는 숙소를 잡는 게 좋을 텐데. 그런 방들은 또 너무 비쌌다. 가까스로 그나마 가까운 쪽에 있는 방을 찾았더니 1,250바트, 비싸도 너무 비쌌다.

'방도 별로구먼…'

마음은 안 내켰지만 그래도 하룻밤만 자면 되지 싶어서 그곳에 짐을 풀었다.

바로 옆 로빈손 백화점을 둘러보고 고기와 채소, 과일을 사다 샤브샤브를 맛있게 해 먹은 뒤 동네 산책에 나섰다.

송크란 축제전야제라 해서 길거리에는 벌써 길 가는 사람에게 물을 퍼붓고 물총을 쏘는 무리가 보였다. 차에서 춤추고 노래하는 사람들도 있었다. 거리에 온통 음악 소리가 요란했다. 태국은 쏭크란 축제가 13~15일까지 며칠간 성대하게 열리는데, 카오산 쪽은 차도 안 다닌다고 했다. 상가들이 거의 다 문을 닫았다.

오늘 방콕 가는 기차는 오후 6시 45분인데 정오 12시에 체크아웃을 해야 했다.

'나머지 6시간은 어디서 보내나? 길거리는 쏭크란 북새통이어서 틀림없이 물벼락 맞을 텐데.'

배낭은 체크아웃한 호텔에 보관하고 그 옆 로빈손 백화점을 샅샅이 구경하며 놀았다. 그래도 시간이 많이 남아 백화점을 세 바퀴 돌면서 옷도 사고 샌들도 사고 다니다 뜻하지도 않게 애영 씨네 부부를 만났다. 어찌나 반가운지!

애영 씨네는 싱가포르를 다녀오는 길이라고 했다. 같이 식사하고 역전으로 갔더니 아뿔싸, 백화점에서 산 옷 보따리가 없었다. 화장실에 두고 온 것 같았다. 다시 백화점 화장실에 가서 보니 없었다.

직원들에게 설명하니 분실물 카운터로 가라고 해서 가 보니 정말 거기에 기적과 같이 있었다. 태국은 진짜 너무 좋았다. 우리가 손님 대접을 너무 잘 받았다 싶었다.

예전에 탔던 기차는 2층 칸이라 매번 오르내리기가 불편했는데 이번 기차는 1층 침대라 너무 좋았다. 기차 시간이 한 시간 더 빨랐던 애영 씨네를 먼저 보내고 달리는 기차 안에서 싱하 맥주와 치킨을 먹으며 방콕으로 향했다.

기차가 연착하여 11시 30분에야 도착했더니 애영 씨네가 기다리고 있었다. 자기들도 연착하여 조금 전에 도착했다고 했다. 방콕 후알람퐁역에는 다행히 물총 부대가 없어 택시를 타고 카오산에 잘 들어왔다. 맡겨놓은 짐을 찾고 카우니여우를 사다가 된장국에 밥 먹으니 살 것 같았다. 애영 씨네는 공항 부근에 호텔을 예약했다고 해서 그리로 옮기고 우리는 여기서 그냥 있기로 했다. 다리가 너무 아파 쉬었다.

말레이시아가 너무 아쉬웠다. 날짜도 너무 촉박했고 준비도 안 된 상태로 다녀왔다.

"여행은 준비한 만큼 보인다"고 했는데 우린 너무 얼렁뚱땅 다녀왔다. 늘어져 한숨 자고 났더니 오후부터 물총 부대가 극성이었다. 얼굴과 몸을 형형색색으로 칠한 사람들이 돌아다니면서 물총에 담은 형형색색의 물을 쏘아댔다.

　그런데 물을 맞은 사람들이 화를 안 냈다. 으레 그러려니 하고 복을 주는 거라고 믿기에 화낼 리 없었다. 밤새도록 소리소리 지르고 춤추고 노래하고 온 거리가 물 천지가 다 되었다. 밤 3시까지 난리 북새통이었다.

　내일은 비행기 타고 집에 가는 날이다.

　이른 아침시각이라서 물총 부대가 없었다. 테윗시장을 갔다. 여긴 시장 문을 안 닫아 과일, 촘프, 구아바, 잭푸릇, 망고를 많이 샀다. 이제 마지막이니까 오이와 삶은 쌀국수도 사 와서 오이 냉국수를 해 먹었다. 집에 가지고 갈 물건도 사고 짐 정리도 하고 해서 일부 짐은 내일 우체국에 가서 부처야 할 것 같았다.

　오후에 들어서니 물총을 든 사람들이 카오산 길 하나를 가득 채웠다. 물총이 많으니까 창문으로 구경만 했다. 오늘이 쏭크란 마지막 날이라 더 난리였다. 재미있는 건 태국인이 아니라 외국인들이 더 난리였다.

　원래 오늘 귀국할 예정이었는데 예정대로였다면 도저히 저 난리통을 지나 공항까지 못 갔을 것 같았다. 비행기 표 출발 날짜를 연장하길 참 잘했다는 생각이 들었다.

애영 씨네와 함께 포즈 취한 필자 부부

감개무량한 첫 장기 배낭여행 귀국길

오늘은 귀국하는 날이다.

아침에 파아팃 선착장과 공원을 산책하며 사진을 찍었다. 여전히 아침 운동하는 사람, 새 모이 주는 할아버지가 있고 에어로빅을 하는 어머님들도 여전하셨다.

아침을 먹고 집으로 짐을 좀 부치려고 우체국에 가는데 거리 곳곳에서 축제 기간 중 나온 쓰레기투성이라 악취가 진동했다. 우체국이 문을 안 열었다. 다른 우체국은 열었나 싶어 20분 걸어갔더니 거기도 닫혀 있었다.

직원이 "투모르, 투모르…"라고 말하는 걸 들어보니 내일 연다는 소리였다. 걱정이 됐다. 짐이 많을 텐데 걱정이었다. 결국 게스트하우스를 오후 6시에 체크아웃하기로 하고 방값 50%를 더 지불했다.

태국을 떠나기 전에 뿌팟퐁카리를 한 번 더 먹기 위해 카오산에서 뿌캇퐁카리하는 집을 찾아 헤맸다. 마침내 찾은 요릿집에서 뿌팟퐁카리와 송땀팟타이를 시켜 매우 맛나게 먹었다. 길거리가 너무 더워서 세븐일레븐에 들어가 몸 좀 식혔다가 땡화생 마켓에 들려 집에 가져갈 굴 소스와 뿌팟퐁카리 소스를 샀다. 저녁 공항픽업 예약을 여행사에서 했다. 1인당 130바트씩이라고 했다.

이번 여행에 준비해 간 모기장·모기향·물티슈 등은 그동안 도움을 많이 받은 홍익여행사 사모님에게 드렸다.

카오산에서 예쁜 길거리 여자를 보았다. 참 매력적이고 예쁜 여자인데 무슨 사연인지 누굴 기다리는 눈길로 길거리를 헤맸다.

'세수만 해도 더 예쁠 텐데….'

그 여자에게 50바트를 손에 쥐어주니 "땡큐" 하며 웃는 모습이 예뻤다. 하루빨리 제정신이 들어와 자기 자리를 찾아가길 기원하며 카오산에 안녕을 고했다.

7시에 공항에 도착하니 애영씨네도 와있었다. 또 반가웠다.

이번 여행에서 애영씨네를 만나 더욱 알차게 여행을 했고 도움도 많이 받았다. 애영 씨네보다 우리가 1시간 먼저 귀국 편에 올랐다.

비행기 속에서 지나간 120일을 생각해보니 꿈만 같았다. 떠나기까지 너무 망설였고 두려웠는데 이렇게 무사히 여행을 마치고 귀국길에 오르니 감개무량했다.

이번에 태국, 라오스, 말레이시아를 여행했으나 그중 특히 태국 국민에게 너무 감사드린다. 친절하고 따뜻한 분들이었다. 손님 대접을 너무 잘 받고 간다.

'땡큐! 타일랜드!'

우리도 한층 마음이 더 커진 것 같고 자신감도 더 커진 것 같았다.

귀국길 비행기 속에서 "다음엔 인도를 가 볼까?" 하고 신랑에게 애기를 꺼냈더니 신랑이 역마살이 단단히 끼었다고 한소리 하면서도 싫지 않은 눈치였다.

여행하면서도 우리 나름대로 조심을 많이 했다. 우리 안전은 우리 스스로가 챙겨야 하기때문에 옷도 좋은 옷이나 원색은 안 입었다. 무채색 옷을 입고 사람들 눈에 튀는 행동도 안 했다. 돈 있는 척도 안 했다. 오만하지도 않고 가능한 겸손하려자 했고 대한민국 국민이란 것도 잊지 않고 나의 조국에 해가 되는 일도 일절 하지 않았다. 너무나 감격스러운 생애 첫 동남아 장기 자유 배낭여행의 성공적인 마무리를 자축하며 감사했다.

파아팃 선착장 주변 풍경

방콕 카오산로드 홍익여행사 주변 풍경

넉 달 만에 돌아온 인천공항 남루한 세사람

미얀마 바간 불교유적지의 가슴 시원한 일출 파노라마

제 2 부

2차 동남아 장기 자유 배낭여행

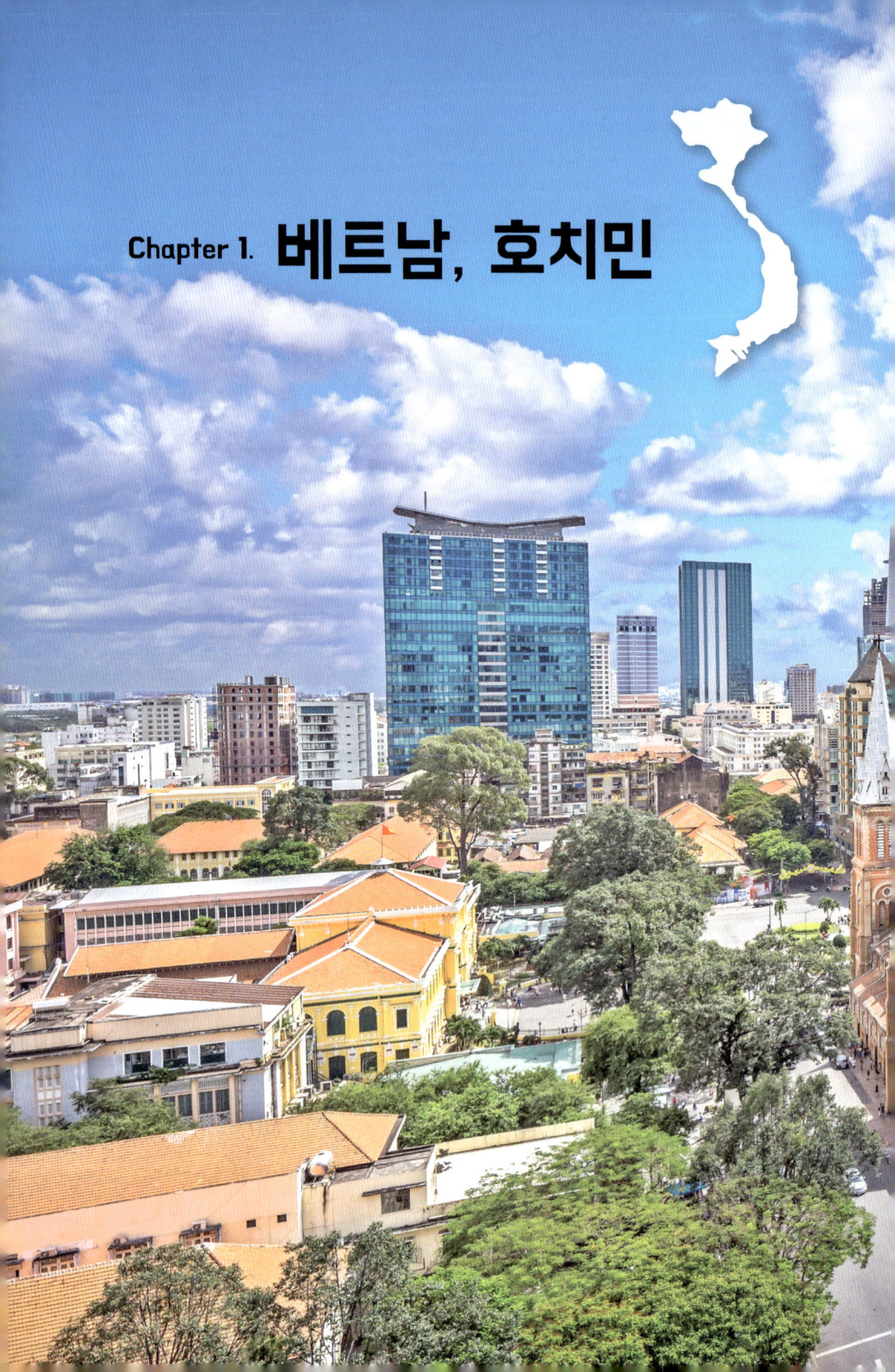

Chapter 1. 베트남, 호치민

베트남 경제 수도 호치민시의 시가지 파노라마 전경

아침엔 겨울, 저녁엔 여름, 팜응라오 거리 도착

오늘 두 번째 장기 자유 배낭여행을 떠나는 날이다.

나와 신랑, 미행이 이렇게 셋이서 떠난다. 오늘 떠나면 내년 4월 10일이 되어야 집으로 돌아온다. 아침 6시부터 집을 나서려고 부산히 짐을 챙기니 강아지 '깜이'가 이상한 낌새챘는지 끙끙대며 쫓아다녔다. 고것도 오늘 우리를 이렇게 보내면 오랫동안 얼굴을 못 볼 거라는 감이 오나 보다.

현관을 나서면서 깜이를 한 번 안아주고, 막내아들 한희에게 수도나 가스 같은 것을 잘 챙기라고 한 번 더 당부한 뒤 신랑과 집을 나섰다. 이번 여행은 준비할 시간이 유독 촉박했다. 올해 고구마 농사가 다 풍년이 된 덕택이었다. 첫서리 내릴 무렵 700박스 정도를 수확했는데 아들, 딸, 사위, 그리고 시동생까지 온 집안 식구들이 나서서 팔았는데도 떠나기 일주일 전에야 겨우겨우 다 팔렸다. 그런 탓에 고구마도 챙기랴 여행 준비도 하랴 하면서 온통 정신없었다. 그래도 날짜에 맞춰서 어떻게든 짐을 다 꾸려서 오늘도 비행기를 타러 간다.

이번 여행은 방콕을 거점으로 해 태국과 인도 미얀마와 캄보디아, 베트남까지 돌아볼 예정이다. 베트남은 스톱오버(stopover)로 몇일씩 거쳐 가기로 해서 일정 초반에 호치민에서 12일 머물고, 후반에 하노이에서 13일 머무는 일정으로 티켓을 발권했다.

스톱오버로 베트남은 공짜로 여행한다. 여행 실력이 한층 업그레이드 됐다. 그리고 상황에 따라 다른 지역을 넣을지 결정하기로 했다. 우선은 한국에서 인도와 미얀마 비자를 3개월 치만 발급받았기 때문에 석 달 안에 두 나라를 다녀와야 했다. 마음이 조급하면서도 설렜다.

우리가 탄 인천 공항발 비행기는 예정대로 무사히 10시 15분에 이륙했다. 뭐든 처음이 어렵다고 이번 배낭여행은 처음만큼 그렇게 겁나진 않았다.

오후 1시에 베트남 호치민 국제공항에 도착해서 바로 택시를 잡아 데탐까지 가려는데, 운전사가 12달러를 달라고 했다. 가이드북 책자에는 6달러라고 했는데 이놈들이 첫날부터 바가지를 씌우네 싶었다.

그래서 길 건너 152번 버스를 타고 데탐에서 내려 달래니 이번에는 웬걸, 생뚱맞은 벤탄 시장 정류장에 내려주었다. 결국에 길을 묻고 물어서 데탐 거리까지 걸어갔다. 예약한 숙소인 '리멤버 호텔'을 찾으니 사람들이 제 사는 곳을 잘 모르는지 말이 또 달랐다. 저리 가라고 들어서 들은 대로 가면 호텔 비슷한 것도 보이지 않고, 거기서 다시 이쪽으로 가란 말을 듣고 가 보면 여전히 오리무중이었다.

'차라리 모른다 하지,' 길을 알려주는 솜씨들이 영 시원찮다. 그렇게 2시간 넘게 온 거리를 뱅뱅 돌면서 헤맸더니 비까지 내리기 시작했다. 결국에 차근차근 지도를 들고 찾아보니 좁은 골목 저 안쪽에 '리멤버 호텔'이라는 작은 푯말이 보였다. 비에 흠뻑 젖기 전에 천만다행이었다.

리멤버 호텔은 한인 숙박업소인데, 베트남 치안이 안 좋다는 소문을 들어서 일부러 한인이 운영하는 곳으로 잡았다. 게스트하우스 여직원 '유'가 한국말을 매우 잘했다. 1박에 13달러에 방을 얻고, 다음날 즐길 메콩강 투어도 1인당 12달러에 신청하고 동네 구경을 나섰다.

그곳은 배낭여행자들이 모이는 팜응라오 거리다. 온갖 음식점과 의류점, 기념품 숍이 몰려 있는 상가 밀집 지역이다. 사람도 많고 차도 많고 오토바이도 송사리 떼처럼 왕왕 몰려 다녔다.

저녁나절이 되니 모든 상가가 불을 밝히고 주점들도 저마다 문을 열어서 여행자들이 오가는데 거리가 매우 시끌벅적해져서 낮보다 더 활기찼다. 과일 리어카가 나와 있어서 망고를 2kg 사려고 보니 꽤 비쌌다. '시장을 가야 저렴할 텐데…'

우선은 숙소 근처 슈퍼에서 월남 쌀 2kg과 생수 2병을 사서 돌아왔다. 이번 여행에는 작은 밥솥을 준비해 왔다. 밥솥에다 밥을 해 보았더니 이런, 밥알이 뭉치지도 않고 완전히 날아가는 게 아닌가. 도무지 숟가락으로 퍼지지도 않고 주룩주룩 흘러내렸다. 도저히 먹을 상태가 아니어서 결국 물에 말아 후루룩 먹어치웠다.

내일은 찹쌀을 구해봐야겠다. 찹쌀이 들어간 떡 종류를 파는 것을 봤으니 분명 어디서 찹쌀도 팔 것 같았다. 그렇게 첫 여행지 호치민에 무사히 여장을 풀었다. 참 세상이 좋다.

오늘 아침 집을 떠날 때 서울은 정말 추웠는데 몇 시간 비행기를 타고 왔다고 날씨가 매우 더웠다.

'이번 여행은 어떨지 가슴이 마구마구 뛴다. 설렌다.'

호치민시 팜응라오 거리 풍경

메콩강 투어와 어린 시절
'튀밥'의 추억

아침 일찍 메콩강 투어에 나섰다.

한국인과 유럽인들이 섞여 9명이 미니 밴을 타고 2시간을 달려서 강가에 도착했다. 함께 옹기종기 작은 유람선에 옮겨 타고 메콩강을 거슬러 갔다.

메콩강은 티베트에서 발원해 남중국·미얀마·라오스·태국·캄보디아를 거쳐 베트남 근처 바다로 흘러가는 매우 길고 긴 강이다. 강 주변은 땅이 비옥해서 열대 과일도 잘 자라는 데다 일 년에 쌀을 세 번이나 수확하는 삼모작도 가능하단다. 베트남을 세계 쌀 수출국 2위로 만들어 준 일등 공신이다.

강 위에는 신기하게도 배 위에 좌판처럼 과일을 깔아놓고 파는 보트들이 오갔다.

그런 배 한 척을 만나 물 위에서 망고스틴도 사 먹고 주변 원주민 마을에 가 보았다. 월남쌈을 싸 먹는 라이스 페이퍼나 코코넛 사탕을 만드는 곳도 직접 가 보고, 찰벼를 볶아 튀밥을 만들어 과자 만드는 곳도 보았다. 하얗게 볶아낸 튀밥을 보니 옛날 생각이 절로 났다.

  내 어릴 적 친정어머니는 찰벼로 '가줄'이라는 산자를 만들어 시장에 내다 팔아 가계 살림에 보태시곤 했다. 찹쌀 튀밥은 벼 껍질을 일일이 손으로 다 골라내야 했는데, 그 일은 어린 나와 오빠들의 몫이었다. 나는 그 일이 참 싫어서 매번 배가 아프다는 둥 이 핑계 저 핑계를 들어가며 하지 않았으나 오빠들은 묵묵히 앉아서 그 일을 많이 했다. 둥근 상에 둘러 앉아서 튀밥을 골라내던 오빠들은 지금은 다 고인이 되셨다.

  그곳에서 찹쌀 튀밥 한 주먹을 받아 입에 넣으니 어렸을 적 그 시절이 떠올라 눈물이 핑 돌았다.

  현지인 식당에서 점심을 차려주었는데 입에 맞지 않았다. 고추장이라도 가져올 걸 싶었다. 점심 먹고 자유 시간을 주길래 밥은 됐고, 일찌감치 나서서 마을 주변을 더 둘러보기로 했다.

  그곳 마을 길은 우리 시골 농촌 길과 비슷한데 그 좁은 길에 오토바이가 쉴 새 없이 다녔다. 더 깊이 들어가 보았더니 길 양옆으로 잭푸릇 농장이 있는데 어른 머리통보다 더 큰 잭푸릇이 주렁주렁 열려있었다. 어느 집에서는 원주민이 마당에 잭푸릇을 한가득 따 놓고 일을 하고 있다.

  하나 팔라고 말을 걸었으나 말이 안 통해서, 돈을 꺼내 들고 열매를 계속 가리키면서 주고받는 시늉을 하니 그제야 알아들었다. 8kg짜리를 8만 동(약 4달러)을 주고 샀는데 들고 가자니 정말 무거웠다.

  '우린 이걸 자를 칼도 없는데…' 수박 2덩이 만한 크기이다.

  이럴 때는 다시 만인 공용어, 바디 랭귀지가 최고다. 잭푸릇 위에 손날을 세워서 탁 자르고 양손으로 까는 흉내를 내니까 그 사람들이 척척 알아듣고서 큰 칼을 가져와 썰어주었다. 열매를 같이 까서 큰 봉지에 담았더니 양이 꽤 많았다. 깐 알맹이를 입에 넣으니 달콤하고, 쫄깃하고, 약간 두리안 냄새도 나는 것이 매우 맛있었다. 씨앗은 강낭콩 같이 생겼는데 크기는 작은 밤알만 했다. 현지인들은 씨앗도 삶아 먹는 모양인데 불에 익히니까 꼭 밤 맛이 났다. 맛있어서 씨앗도 챙겨왔다. 호치민 시내에서는 무척 비쌌는데 역시 농장에서 직접 사니까 매우 쌌다.

저녁 늦게 호치민으로 돌아오는 길은 퇴근 시간인지 그 넓은 도로에 차가 꽉꽉 막힌 데다 오토바이가 수만 대씩 줄을 서서 달렸다. 매연 때문인지 다들 똑 닮은 두꺼운 마스크를 쓴 채 일사불란하게 오토바이를 타는데 꼭 함께 뭉쳐 다니는 송사리 떼들 같았다.

이야~ 장관이었다. 장관! 익숙한 일상인지 한 대도 사고를 내지 않고 잘도 달렸다.

'대단해요, 오토바이 드라이버들!'

늦게야 도착한 숙소에서는 돼지 바비큐 파티가 벌어졌다. 사장님이 동남아 일대를 돌아다니는 여행자들을 위해 가끔 바비큐 파티를 여신다고 했다. 배추 부침에 김치에 된장국까지. 덕분에 매우 맛나게 잘 먹었다.

잭푸릇 나무 앞에서 포즈 취한 필자 부부

베트남 메콩 델타 전경

국기 깃발 힘찬 호치민시와 전쟁 참상 깃든 구찌터널

오늘은 호치민 시내 관광을 하기로 했다.

가던 길에 한국인 임승규 씨 부부를 만나 동행하게 되었다.

임승규 씨네 부부는 전 세계를 거의 다 누빈 여행가다. 우리 부부도 닮고 싶은 부부. 임승규 씨네는 오늘 호치민을 구경 하고 내일은 남인도와 포카라로 이동한다고 했다.

벤탄 시장에 들러 구아바와 주전부리를 좀 사서 관광에 나섰다. 인민위원회 청사에 달린 붉은 국기가 바람에 힘차게 펄럭이는데 보는 사람도 힘이 났다. 나는 바람에 펄럭이는 깃발이 좋다. 파란 하늘에 붉은 깃발이 선명하게 대조를 이루는 것이 멋있다.

시내 곳곳에서는 유럽풍의 건축이 남아있어서 그 건물들이 아름다웠다. 중앙우체국도 호치민동상도 멋있고 프랑스식으로 지어진 노틀담성당 건물도 예쁘다. 사진 몇 컷을 찍으면서 통일궁으로 이동했다.

통일궁은 베트남이 식민지였던 시절 프랑스 측에서 총독 영사관으로 쓰려고 지은 건물인데, 1975년 베트남이 통일되면서 통일궁으로 이름을 바꾸었다 한다. 현재는 정부의 회의실이나 세미나 장소로 쓰이는데 일반인에게도 개방해 주어서 기념사진을 찍는 명소가 된 것 같았다.

우리가 간 날도 웨딩 화보 촬영을 하는 커플도 몇 팀 보이고, 졸업사진을 찍는 학생들도 보였다. 학생들이 우르르 오길래 자리를 비켜주려고 했는데 웬일인지 우리에게 같이 찍자고 손짓을 해 오는 통에 같이 어울려서 사진도 많이 찍었다. 사진을 찍으면서 놀다보니 날이 금세 더워져서 나무 그늘에서 구아바와 음료를 마시고 잠시 쉬었다.

이어서 구찌터널 투어를 갔다. 구찌터널은 전쟁 동안 폭격에서 살아남으려고 산속에 판 땅굴인데, 지하 벙커처럼 이리저리 돌아다닐 수 있고, 공기구멍까지 밖으로 내놓았다. 굴은 매우 좁았는데, 베트남인들이 작아서 통행이 가능했나 보다.

터널 중간중간에 그들의 재래식 무기들과 쇠코챙이, 함정들, 그리고 미군들의 고엽제 흔적들도 보였다. 이 굴 속에서 활동하던 17,000명의 베트콩 중 1만 명이 전쟁 중 사망했다고 하니 매우 끔찍한 일이다.

이어서 들어가 본 전쟁 박물관에는 전쟁 당시 세계 종군 기자들의 사진과 전 세계의 기록물들을 전시해 두었는데 차마 눈 뜨고 보기 힘든 사진들도 많았다. 부상자들의 사진도 참혹하고 감옥이나 고문 도구를 실제처럼 재현해 놓은 전시물들도 오싹했다.

날씨가 무더웠는데 몇십 년 전 오늘 같은 날에 이곳에서는 사람들이 이렇게 다쳐갔을 것을 생각하니 기분이 영 착잡해졌다.

누가 뭐래도 지구상에서 전쟁은 없어져야 한다.

저녁 식사로는 연꽃 밥을 10만 동을 주고 먹었다. 볶음밥을 연꽃 잎과 연잎으로 정성스레 싸서 내 오는 데 참 예뻤다. 꽃을 살며시 열어젖혀서 한 입 떠서 먹어보니 밥알마다 연꽃 향이 은은하게 배어 있었다.

호치민시 노트르담대성당

호치민시 통일궁 앞에서 졸업 사진을 찍던 학생들 함께 한 필자 부부

구찌터널을 둘러보는 여행자들

호치민 까오다이 사원

옛 왕족 한여름 휴양지,
'달랏 시티'에서 망중한

오늘은 달랏 시티로 가려고 아침 일찍 짐을 챙겨 나왔다. 트렁크는 숙소 호텔 프런트에 보관하고 밑반찬과 전기밥솥, 전기포트를 배낭에 넣어서는 풍장 버스터미널에서 예매해 둔 슬리핑 버스를 타러 왔다. 타기 전에 신발을 벗어 비닐봉지에 담아 탔다. 슬리핑 버스는 처음 타는데, 1인용 의자의 등받이가 뒤로 죽 눕혀지는 것이 정말 침대나 다름없었다.

달랏까지는 6시간 걸리는데 이런 차라면 10시간도 탈 것 같았다. 1인당 24만 동을 준 것이 하나도 아깝지 않았다. 길옆으로는 커피 열매를 말리는 농가들이 많이 보였다. 산길로 접어드니 커다란 소나무들이 하늘을 찌를 것처럼 빼곡하게 솟아 있었다. 여긴 날씨가 서늘하다 보니 소나무가 있는가 보다.

달랏은 날씨가 1년 내내 우리나라의 봄 같은 곳인데 날씨 좋은 것은 누구나 알아보는지 옛날 식민지 때부터 지배계층 프랑스인의 휴양지였단다. 지금도 베트남인들이 신혼여행지로 즐겨 찾는 곳이라고 한다.

　오후 3시가 넘어서야 도착했다. 도시는 숲에 쌓여 있는데 유럽에 온 것처럼 건물도 예쁘고 공기도 좋아 콧속이 다 시원했다. 우선 방부터 구하러 다녔는데 휴양지 아니랄까 봐 방값이 죄다 비싸서 열다섯 군데나 돌아다니다 시장에서 가까운 골프장 호텔을 1박 30달러에 얻었다. 다른 집보다 크고 깨끗하고 시장도 가까운 곳인데 가장 마음이 든 부분은 '아침 식사를 제공해준다'는 점이었다.

　여행을 다니다 보니 사람이 자꾸 먹는 것에 약해진다. 짐을 풀고 근처에 있는 시장을 구경했는데, 규모가 엄청나서 눈이 튀어나오도록 놀랐다. 생선과 고기에 채소와 건어물, 의류에 잡화까지 없는 것이 없었다. 이곳에는 슈퍼마켓이 없는 대신 이 시장에서 웬만한 것들을 다 구할 수 있을 것 같았다.

　저녁으로 시장에서 이상하게 생긴 국수 같은 음식을 먹었는데, 영 입맛에 맞지 않았다. 국수인데 맛이 없었다. 밤이 되니 호텔 앞이 전부 야시장으로 변하면서 조명과 음악 소리, 수많은 사람으로 북적거렸다. 거리에서는 크리스마스 캐럴이 울려 퍼지고 젊은이들이 몰려 다녔다. 같이 어울려 놀까 했으나 날씨가 너무 추워져서 숙소로 들어와 창밖으로 구경하기만 했다. 호치민은 무더웠는데 산속으로 6~7시간 차 타고 들어왔다고 날이 이렇게 차가웠다. 참 세상도 요지경이지.

　미니 밴을 타고 달랏 시티투어에 나섰다. 처음으로 찾은 여름 궁전은 베트남의 마지막 황제, 바오다이 왕의 여름 별장이다. 소박하게 생긴 침실과 응접실, 연회실을 둘러 보고, 달랏 대성당으로 갔다. 대성당에는 50m의 높은 종탑이 있는데 파란 하늘에 솟은 높은 종탑이 건물과 잘 어울려서 깔끔하고 멋스러웠다. 연갈색의 건물과 내부의 스테인드글라스는 유럽 특유의 그 고풍스러운 이미지를 물씬 풍겼다.

울창한 소나무 숲을 걸어가니 다딴라 폭포까지 레일을 타고 가는 코스가 있었는데, 작은 전동카를 타고 폭포까지 다녀오니 잠깐 동심으로 돌아간 모험을 한 것처럼 괜히 재미있었다. 사랑의 계곡은 예쁜 조각들로 오밀조밀하게 꾸며놓은 정원인데 젊은이들이 사진 찍기 좋게 꾸며놓았다. 이름 때문인지 현지인 신혼부부나 연인들이 많았다.

아래쪽 우거진 소나무 숲 옆의 커다란 다티엔 호수에는 오리 배도 많이 떠 있었다. 버스를 타고 돌아오다가 달랏 쑤언 흐엉 호수에서 내려서 호수 주변을 구경했다. 호숫가에 매우 잘생기게 생긴 말이 한가롭게 풀을 뜯고 있었는데, 그 옆에 말 주인인지, 긴 머리를 뒤로 묶고 가죽 점퍼를 입은 중년 남자가 서 있었다. 잘생긴 것도 아니고, 키가 큰 것도 아닌데, 말 없이 카리스마가 느껴지는 것이 은근히 시선이 가게 했다. 인디언 같기도 하고, 무협 영화에 나오는 무술가 같기도 하고. 매우 잠깐 내 마음을 설레게 했다.

점심에는 큰 레스토랑에 들어가 보았는데 음식 사진도 딱히 안 보여주어서 어떻게 주문을 해야 할지 당황스러웠다. 계란 볶음밥이면 좋을 것 같아서 영어로 "에그 프라이 라이스!" 하면서 주문을 했는데 어떻게 알아들은 건지 나온 밥은 계란 색깔의 이상한 노란 밥이었다. '반찬은 뭐라고 하나? 싸이드 푸드인가?'

반찬도 하나 없는 것이 도저히 먹을 수가 없어서 너무 난감했다. 어딜 가서든 볶음밥을 시키면 식사가 무난했는데 이런 경우가 다 있을 줄은 몰랐다. 거기에 가격은 또 20만 동이나 받아갔다. 왜 그리 비싸던지, 도저히 못 먹고 그냥 나왔다.

'돈만 낭비하고 아이고 챙피해, 챙피해~.'

다음에 이런 데 올 때는 꼭 음식 주문을 배워와야지 싶었다. 생각할수록 창피했다.

숙소로 오는 길에 야시장에 들러 눈에 보이는 도넛과 돼지고기구이, 샌드위치와 과일을 많이 사서 와서 먹었다.

'그래, 우린 레스토랑과 안 맞아.'

이런 좌판에서 음식을 직접 보고 고르는 게 마음이 편하다. 크리스마스 날짜가 가까워져서 그런지 거리에는 트리를 멋지게 장식해 놓고 캐럴도 울려 퍼져서 여행자 마음도 들뜨게 했다.

날씨는 너무 추워서 오리털 점퍼를 입어도 추웠다. 온 거리에는 현지인들과 외국인들이 바글바글했다. 달랏은 날씨는 좋은데, 너무 인위적으로 예쁘게만 꾸며놓은 느낌이었다. 자연스러움이 없어서 썩 감동이 느껴지는 풍경은 없었던 것 같다.

내일은 또 새로운 곳에 가 보자. 프런트에 가서 내일 오전 10시에 출발 하는 무이네 가는 여행자 버스를 신청했다.

달랏의 특산품으로 연꽃 같이 생긴 '아티소'

달랏의 울창한 소나무 숲 옆 레일 주변 풍경

베트남 고원지대 휴양지 달랏 시가지 전경

달랏 숙소 앞의 북적거리는 야시장 풍경

달랏 시티 풍경

달랏 '사랑의 계곡'에서 필자 부부

바다 해변 사막 '무이네'
어촌마을의 황홀경

　오늘은 무이네로 이동하니까 아침부터 북적댔다.
　식당에서 6시 30분에 아침 식사를 하고 아침 시장 구경 나섰다. 시골 원주민들이 농산물을 가지고 많이들 나왔는데 못 보던 과일도 있고 처음 보는 채소도 있었다. 바게트 장사꾼은 바게트 빵을 한 가득 담은 대나무 광우리를 줄지어 놓았다. 유독 내 시선을 사로잡은 것은 한국에서라면 그 시기에 볼 수 없었을 뽕나무 열매 오디, 대봉 감, 그리고 곶감이었다. 날씨가 서늘해서 이런 것도 나는구나 싶었다.
　각국 시장에 가 보면 저마다 주력으로 파는 과일이나 채소가 있는데, 이곳 달랏의 특산품은 연꽃 봉오리처럼 생긴 아티소 같았다. 간에 그렇게 좋다는 말에 막내아들 한희 생각이 단박에 났다. 담배와 커피를 너무 좋아하니 간도 나빠졌을 것이다. 한희 먹이면 좋을 것 같아서 티백으로 된 아티소 차도 두 박스 사서 알맹이만 비닐 팩에 쌌다. 그리고 우리 먹을 양파 몇 알과 현지 양배추 1통, 오이 몇 개, 바게트 빵을 사면서 매운 쥐똥 고추도 조금 얻었다.그렇게 장을 본 뒤 서둘러 호텔로 와서 짐 정리를 끝내고 픽업을 온 미니 밴에 올랐다.

달랏 고지대에서 무이네로 내려가는 굽이굽이 산길이 멋있고, 멀리 보이는 바다도 아름다웠다. 4시간을 꼬박 달려서 도착한 무이네는 바닷가 도시다.

마당이 넓은 새 건물 게스트하우스가 보여서 하루에 21달러씩 주기로 하고 방을 구했다. 주인이 별채에 부인, 자식들과 함께 노부모를 모시고 살면서 집 일부를 숙소로 운영하는 것 같았다. 짐을 풀고 나니 날이 너무 더워서 바닷가로 나갔다. 산속에 있다가 바닷바람을 맞으니 새롭고 상쾌했다. 물은 영락없는 우리 서해의 바닷물인 데다가 파도도 높고 바람도 셌다. 그래서인지 근처에 윈드 서핑 강습소도 있고 서핑을 하는 사람도 매우 많았다. 하늘에는 풍선들이 수백 개가 날고 바닷물 위에는 형형색색으로 서핑하는 사람들이 매우 장관이었다. 우리도 질세라 바다에 옷 입은 채로 뛰어 들어서 파도를 타면서 놀았다. 서양인, 동양인 할 것 없이 모두 손잡고 껑충껑충 파도를 넘으며 신나게 놀았다.

해질 무렵 숙소에 들어와 1인당 15달러씩 주고 다음 날의 무이네 투어를 신청했다. 새벽 5시부터 일찍 출발해서 일출을 본 뒤 이곳저곳 둘러보고 점심 때쯤 돌아온다는데 시간을 알차게 쓸 수 있을 것 같아서 벌써 기대가 되었다.

아침에 사 온 양배추를 쪄서 멸치볶음 밑반찬과 같이 싸 먹으니 배가 든든했다. 역시 어디서든 한국 반찬이 최고다.

오늘이 크리스마스이브라서 그런지 무이네 가로수도 트리 장식을 달고 있었다. 키 큰 야자나무 기둥에 전구와 장식을 알록달록 장식해 두어서 예뻤다. 하지만, 열대 지방의 크리스마스는 별 흥이 안 났다. 크리스마스는 역시 눈이 와야지 제격이다.

예정대로 새벽 4시 30분에 오리털 점퍼를 입고 목도리, 마스크로 단단히 싸매고 숙소를 나섰다. 투어로 타고 다닐 차량은 진짜 군대에서 썼던 지프 차인데, 지붕이 없는 오픈카이다. 일행으로 함께 가는 젊은 애들 4명이 일찌감치 타고 있어서 우린 맨 뒷자리에 탔는데, 차가 달리니 새벽 바닷바람이 몰아치는 게 너무나 추웠다. 머리는 바람에 날려 산발이 다 되었고, 마스크로 코와 입을 가리고 점퍼 깃을 더 꽁꽁 여몄는데도 온몸이 시려서 죽는 줄 알았다. 앞에 앉은 애들은 반팔에 반바지를 입었던데 고뿔이라도 안 들었을까 싶었다.

화이트 샌드에 도착할 무렵에는 날이 점점 밝아오고 있었다. 하늘이 붉게 물들더니 해님이 점점 사막 저편에서부터 떠올랐다. 추위도 잊고 신랑이랑 모랫바닥에 털썩 앉아서 넋을 놓고 일출을 쳐다보았다.

"세상에, 사막에서 해 뜨는 것을 다 보다니 또 감사합니다"라는 소리가 절로 나왔다. 그러다 문득 옆을 돌아보니 머리숱이 적은 신랑 머리가 바람을 맞느라 수세미가 다 되어 있었다. 머리 길고 숱 많은 내 머리는 신랑 왈, "사자 같다"고 했다.

멋진 자연의 광경 앞에 우리 꼴이 참 우스꽝스러워서 그만 서로 얼굴을 보며 웃었다. 사막이 꽤 넓어서 모래 언덕을 오르니 다리가 아파서 그냥 앉아서 쉬었다.

이어서 붉은 사막으로 이동했다. 모래는 진짜 물감을 짠 것 같은 주황색인데 해가 점차 떠오르자 붉은색, 주황색, 그러다 노란색으로 시시각각 바뀌었다.

'신기한지고…'

모래 언덕에 오르니 원주민 아이들이 플라스틱 썰매를 가지고 와서 호객행위를 했다. 한번 타는데 1달러라고 하기에 우리도 모래 언덕 위로 썰매를 타고 내려왔다. 다시 걸어 올라갈 자신이 없어서 썰매는 한 번만 탔다.

지프로 다시 돌아와서 하나뿐인 2차선 해안도로를 달려 피싱 빌리지로 향했다. 고기 잡던 배가 들어왔는지 물고기들이 많았다. 사는 사람들에 구경하는 사람들까지 잔뜩 인파가 몰려 있었다. 바다 위에는 작은 나무배들이 수백 척이나 떠 있는 것이 꼭 이순신 장군의 명량 해전 같았다. 큰 대나무 바구니 배도 많았다. 우리도 생선을 살까 해서 보니까 생선이 큰 게 없고 자잘하게 작은 생선들만 있었다. 그래서 소라와 조개를 샀다.

아쉬움을 남기고 다음 코스인 요정의 샘으로 이동했다. 도로에서 요정 샘으로 걸어가는 길에는 잘 익은 젓국 냄새가 맛있게 났다. 집집마다 수십 개의 항아리에 젓갈을 담아서는 숙성을 시키는 것인지 양철 꼬깔 뚜껑을 달아 햇볕 아래 주욱 늘어놓았다.

'맛있는 젓갈을 넣고 배추겉절이를 하면 정말 맛날 텐데….'

생각만 해도 입에 침이 꼴깍 넘어갔다. 계속 걸어가다 보니 얕은 개울이 보이는데 붉은 물가에 흰 모래, 붉은 모래가 깔린 것이 예뻤다. 어느덧 해가 중천이니 하늘은 진한 파랑에 구름은 하얗고 흙 바위는 붉으니 꼭 어린애가 그림을 그려놓은 것처럼 곱고 예뻤다. 작지만 소소하게 앙증맞은 풍경이었다.

12시가 되어야 숙소에 돌아와서 양배추 된장국에 밥을 해 먹고 한숨 잤다. 오후에는 더워서 바다에 나가 물놀이를 하고 돌아오는 길에 양배추 한 통을 사 왔다. 양배추에 양파 2개를 넣고 고춧가루 젓국을 넣고서 비닐 팩에 김치를 담았다. 판티엔 무이네는 원래 젓갈로 유명한 곳이라고 했다. 젓국이 맛있어 김치도 맛났다.

저녁에는 숙소 앞마당 큰 나무 밑 벤치에 앉아 쉬고 있는데, 나무에서 아기 주먹 크기의 열매가 툭 하고 떨어졌다. 주워보니 촘푸였다. 촘푸는 무화과처럼 생긴 과일인데 그만큼 달지는 않으나 물이 많고 연해서 더위 먹었을 때 먹으면 갈증을 싹 없애준다. 아, 촘푸나무가 이렇게 생겼구나. 나무를 쳐다보니까 빨갛게 익은 촘푸와 파란 촘푸에 하얀 꽃들도 많이 피어 있었다. 동남아 지역 과일나무는 무슨 조화인지 한쪽 가지에서 꽃이 피는가 하면 바로 옆 가지에는 열매가 익어 있다.

달랏 원주민 마을에서도 감이 빨갛게 익은 감나무와 꽃이 한창 핀 복숭아나무가 같이 서 있던 것을 본 게 기억났다. 날이 더우니 사계절이 동시에 한 나무에 들어와 있다. 게스트하우스 주인이 나오길래 촘푸 얘기를 했더니 열매를 몇 개 따서 줬다. 맛나게 먹고 들어와서 단잠을 푹 잤다.

큰 길가에 웬 버스가 서 있길래 "어디 가느냐?"고 물어보니, 판티엔에 간다고 했다. 우리도 냉큼 타고 가 보니 판티엔은 제법 번화한 도시다.

날이 너무 더워 볕 아래 다닐 수가 없어 일단 큰 쇼핑센터에 들어가 시원하게 점심을 먹었다. 뷔페식으로 음식을 담아오면 무게를 달아 계산해 주는 곳인데, 직접 보고 골라 먹을 수 있어서 편리했다. 영양도 보충할 겸 나물들과 고기를 잔뜩 먹었다. 슈퍼마켓이 있어 쌀, 찹쌀, 돼지고기도 사고, 과일 용과와 촘푸 그리고 판티엔 젓갈도 한 병 샀다.

숙소로 돌아오는 버스를 타고 오는 데 숙소 정류장 이름을 도통 모르겠다. 가다가 우리 숙소 건물을 보고 세워달랬더니 다행히 싫은 소리 없이 내려 주었다.

'여긴 정류장이 따로 보이지 않고 완전 택시 식이다. 차가 오는 대로 잡아타고 내리고 싶은 데에서 내려달라 하는가 보다.'

사온 짐을 숙소에 두고, 피싱 빌리지에 다시 놀러 갔다. 고기 잡는 것을 구경하고 소쿠리 배도 타 보았다. 어부들이 잡아 온 물고기들은 작은 고기들 젓갈용이었다.

'배들이 작아서 근해에서만 잡아서인가?'

바지락 비슷한 조개들도 많았다. 끓여도 맛있는 뽀얀 국물이 우러나지 않았다. 이상하게 깊은 맛이 없었다.

한쪽에선 배도 수리하고, 고깃배는 계속 들어왔다. 들어올 때마다 사람들이 몰려가서 고깃 값을 흥정하고 사고 판다. 우리도 '어떤 고기인가?' 하고 기웃거리며 구경했다. 열대 지방이라서 고기 종류도 우리나라 것과 다 달랐다. 구경하는 게 매우 재미났다.

근처 바다에 물놀이 하러 갔다. 여긴 파도도 잔잔하고 바다도 얕아서 물놀이하기에 최적이었다. 바다 위로 가로로 누워있는 야자나무에 올라가 바다로 뛰어 드는 물놀이도 했다. 쭉쭉 뻗은 야자나무 그늘에 앉아보니 눈 앞에서는 하늘도 새파랗고 바다도 푸르고 태양도 뜨거웠다.

그러다 문득 우리 부부가 20대 젊은 모습으로 이 자리에 앉아 바다를 바라보는 모습을 그려봤다.

'옆에 있는 신랑 덕수 씨도 젊은 직업 군인일 때는 참 멋있었는데 누가 이렇게 나이 들게 만들었나. 우리가 언제 이렇게 육십 중반에 접

어들었나? 결혼한 지 엊그제 같은데…'

어느새 머리는 반백에 등은 굽고 얼굴에 주름도 하나둘씩 생겼다. 돌이켜보면 정신없이 앞만 보며 숨 가쁘게 달려온 인생이었다.

빈손으로 시작한 21살 색시와 25살 신랑은 없는 살림에 세 아이를 잘 키우려고 무던히도 애썼다. 없는 살림에도 누구에게 도움 한번 청해보지 않았으나 아이들도 무사히 짝을 지어주고 잘 길러냈다.

'그래도 이렇게 늙은 것이 나쁜 것만은 아니다. 늙으므로 얻을 수 있는 것이 있다. 이제 우리 곁에는 세 아이들뿐만 아니라 큰 사위 상원이와 외손주 상윤이도 있고, 결혼 예물 마다하고 반지 하나로 시집온 예쁜 큰 며느리 선희랑 친손주 기민이도 있다. 모두 젊음과 충분히 바꿀 수 있는 소중한 가족들이다. 이렇게 소중한 가족과 또 만날 수 있다면 기꺼이 남은 젊음과 바꾸리라!

그래도 이제 남은 인생은 우리의 인생을 살고 싶다. 우리가 제일 하고 싶은 일을 하고 싶어서 신랑과 배낭을 메고서 이렇게 마음 설레는 길을 떠나왔다. 길 위에서 처음 만나는 사람들과 얘기하고 모르는 것을 서로 배우며 가르쳐 주면서 다니니 하루하루가 신세계이고 재미있다. 조금 더 젊었을 때 왔으면 좋았겠다는 아쉬움도 있지만, 그래도 더 늦기 전에 지금이라도 왔으니 다행이다.'

멍하니 그런 생각을 하고 있는데 신랑이 나를 툭툭 쳤다. 야자나무 점프를 한 번 더 하자고 했다. 높이 1m가 넘는 야자나무에서 바닷속으로 뛰

무이네에서 지프차로 움직이는 필자 부부

어드는 놀이인데 누가 더 멀리까지 뛰나 내기를 하자고 했다. 아이고, 저럴 땐 영락없는 10살짜리 아이다. 나도 덩달아 10살이 되어서 신나게 웃으며 야자나무로 달려갔다. 최대한 멀리 뛰었다.

"푸웅덩!"

귓전을 울리는 소리가 흥겨웠다. 이어 신랑도 "푸웅덩" 뛰어들면서 물을 한가득 튀겼다.

무이네 숙소 근처 바닷가 풍경

화이트 샌드 풍광

무이네 붉은 사막 풍광

무이네 피싱 빌리지 해안 전경

필자가 두 번째로 찾아간 피싱 빌리지 해안 정경

무이네 피싱 빌리지 해안에 포진해 있는 어선과 작업중인 어부들

'요정의 샘' 일대 풍광

야자나무 점프를 하면서 망중한을 즐기던 무이네 바닷가 풍경

'요정의 샘'으로 가는 길가에 있는 '젓국' 단지

무이네 현지 레스토랑에서의 필자 부부

호치민 시장 구경 삼매경에 빠지다

무이네에서 호치민 가는 날인데 보따리가 하나 더 늘었다. 노니와 달랏에서 산 아티소 등으로 짐이 불어났다.

이 광경을 목격한 신랑이 날 보고 "참 못 말리는 춘자 씨"라고 했다.

게스트하우스 보스가 슬리핑 버스를 대신 예매해 준다길래 앞자리로 해 달라고 신신당부를 했는데 막상 와 보니 제일 뒷자리였다.

'젊은 놈이 싹싹하고 막내아들 같아 좋았는데 에이 칠칠맞지 못하기는!'

버스를 5시간을 타고 호치민에 도착했다. 며칠 만에 '리멤버 호텔'에 도착하니 친정 온 것 같았다. 유에게 노니 말린 것 2kg를 얻어 달라고 부탁했는데 가져온 걸 보니 양이 미처 되지 않았다. 그래도 수고했으니 약간의 돈을 주고 무이네에서 가져온 노니와 함께 옥상에 널었다.

시간이 남아서 사이공 스퀘어로 구경 갔다. 코 부분이 튀어나온 마스크가 눈에 띄었다. 이렇게 트여 있으면 숨 쉬기에 편하겠다 싶었다.

이곳 사람들은 오토바이를 타고 다니기 때문에 마스크를 필수품처럼 쓰는데, 역시 자주 써 보니 편한 모양을 알아서 잘 개량했나 보다. 착용해 보니 마음에 들어서 기민이, 상윤이 것과 우리 것까지 10개를 샀다. 겨울에 쓰면 좋을 것 같았다.

저녁 무렵 사무실에 내려가니 오늘이 바베큐 파티라고 했다. 통돼지 한 마리에 김치·된장국·부침개·밥 등을 매우 잘 차려놓아 오랜만에 한식을 매우 잘 먹었다. 사장님이 게스트하우스랑 여행사를 매우 잘 운영하고 있었다. 방도 다른 곳보다 좋고 저렴했다. 우리 집처럼 편안했다.

팡응라오 거리 공원을 걸어 벤탄 시장에도 갔다. 시장은 항상 여행객과 현지인으로 혼잡하다. 기념품 가게도 둘러보고 원두커피 가게도 둘러보고 과일 주스 가게에서 사탕수수 원액을 한 잔씩 마셨다. 당 보충이 되었는지 먹고 나니까 힘이 절로 났다.

빈떠이 큰 시장을 가기 위해 시내버스 1번을 타고 종점까지 갔다. 각종 과일·채소가 매우 많았다. 용과 1kg을 12만동(6,000원)을 주고 샀는데, 조금 더 가니 5,000동이라고 했다.

'잉~' 바로 옆에 더 쌀 줄 알았더라면 더 둘러보고 사는 건데 아까웠다. 과일이 싸니까 많이 사 가려고 했는데 이미 든 것들도 무거워서 시장 옆 의자에 앉아 깎아 먹었다. 생각보다 맛이 달아서 2kg나 먹어치우는 바람에 또 한가득 샀다. 역시 베트남이 태국보다는 물가가 저렴하고, 용과 농장이 있어서 그런지 용과가 정말 쌌다.

용과는 길쭉한 선인장 끝에 열리는 과일인데 붉은색 속살을 지닌 것이 더 예쁘고도 맛있다. 탐응라오 거리 끝에는 또 다른 작은 시장이 있어서 뼈와 똥을 다 발라낸 멸치를 밑반찬 할 겸 6만동을 주고 500g

을 샀다. 매운 고춧가루도 사고 돼지고기 500g에 양파와 상추도 샀다. 나중에 샤브샤브 해 먹으면 딱 좋겠다 싶었다.

한참 쉬었다 그릇 가게에서 원두커피 내리는 현지 컵 같은 용기를 구경했다. 필터가 필요 없고 컵 안에 커피 한 숫갈을 넣고 뜨거운 물만 부으면 알아서 커피 가루가 밑으로 걸러진다. 참으로 신통하고 편리하겠다 싶어서 딸네 것 하나, 아들네 것 하나, 우리 것까지 해서 3개를 샀다.

저녁에는 마사지숍에 갔다. 마사지가 7달러, 네일아트가 3달러라고 해서 총 10달러씩 주고 모든 서비스를 다 받아봤다. 네일아트는 손톱이랑 발톱을 깔끔하게 손질하고 매니큐어까지 발라주었다. 내 생전에 손톱 정리는 처음 받아봤다. 돈 만 원에 마사지 손발톱 정리. 신랑과 둘이 참 세상 좋다고 좋아했다. 신랑 왈, "춘자 씨, 고맙습니다~아."

호치민시 빈떠이 시장 풍경

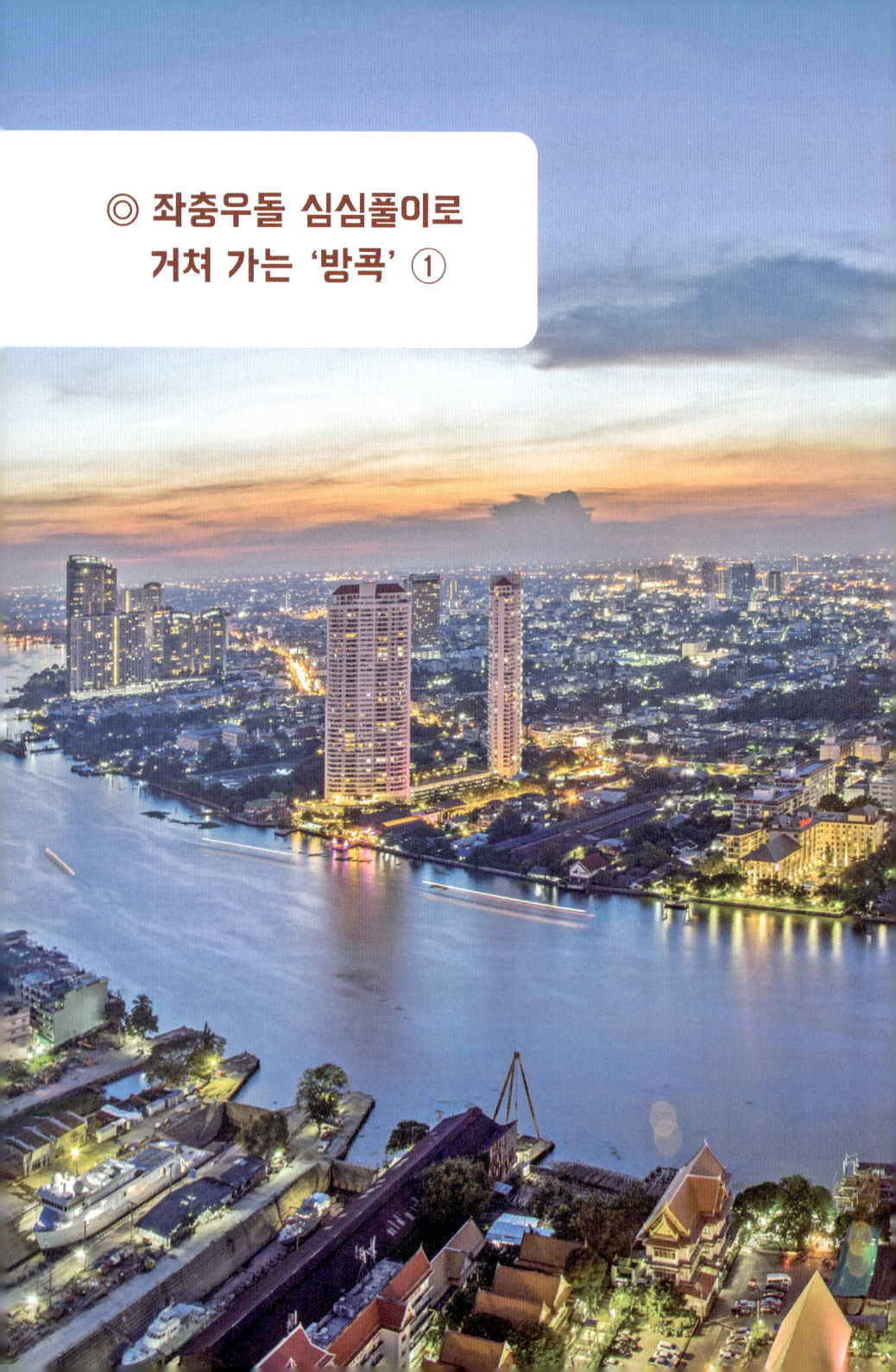

◎ 좌충우돌 심심풀이로 거쳐 가는 '방콕' ①

방콕의 젖줄 짜오프라야강 주변 야경

정다운 친구 같은 방콕시가지 전통시장들

 말린 노니와 아티소, 그동안 사 모은 물건들까지 이것저것 짐이 한 가득 쌓였다. 좀 정리해 한국으로 보내야겠다 싶어서 우체국을 찾아가는데 '우체국 찾아 삼만 리'였다.
 현지인들이 모르면 모른다 하지, 약도를 가져가서 부근에서 물어보는데, 이 사람은 이 쪽, 저 사람은 저 쪽 하면서 말이 다 다르니 자기 동네 우체국이 어디에 있는지 모르는 사람이 너무 많았다. 2시간이나 길거리를 헤매었는데 정작 찾아낸 우체국은 우리가 평소에 수없이 지나간 그 거리에 있었다. 하도 작아서 우체국인 줄도 모르고 지나치곤 했다.
 설상가상으로 직원이 짐을 부치기 전에 내용물을 일일이 확인해야 한다면서 야무지게 싸 놓은 것들을 일일이 다 풀어 봤다. 융통성이 없는지 원래 이렇게들 하는지, 일일이 다 점검해서 배송 절차를 밟는 데 거기서 다시 두 시간이나 걸렸다. 가격 또한 12만 동이나 받아가니 참 비싸다는 생각이 들었다. 겨우겨우 부치고 나니 기운이 쭈욱 빠졌다.
 '에고고~~~.'

방콕을 가려고 택시를 타고 공항까지 15달러에 갔다. 올 때 12달러가 바가지가 아니었다는 생각이 들었다.

'아침 일찍 나오느라 식사를 하지 못했는데, 방콕까지 2시간 비행인데, 식사를 주려나?'

비행기를 탔는데 너무 얕게 날아가는 나머지 바다와 산, 들판과 집이 다 보였다. 다행히 기내식으로 간단한 빵과 샐러드가 나왔다. 빵을 더 주문해서 들다 보니 허기는 면했다. 맥주 한 캔씩 먹고 나니 방콕 수완나폼국제공항이었다. 입국 절차를 마무리하고 나와 카오산로드까지 300바트에 택시를 타고 갔다.

8개월 만에 또 카오산에 오니 전과 그대로여서 무척 친근했다. 마사지숍 보스도 우리 얼굴을 기억해서 옛 친구를 만난 것처럼 반가워했다. 그나저나 방을 구해야 하는데 메리 게스트하우스도 방이 없고, 반싸바이에 갔더니 작년에 싸운 것을 기억하는지 손사래를 치며 방이 없다고 했다.

결국은 작년에 묵었던 '쌋데 게스트하우스'에 540바트를 주고 에어컨 방으로 들어갔다. 짐 정리 후 카오산 로드를 한 바퀴 돌다가 땡화생 마켓에 가서 쌀, 고기, 야채류를 사 왔다. 먹을 것들이 준비되었으니 이제 방콕 구경을 또 해야지 싶었다.

위만맥궁전을 보기 위해 카오산에서 민주기념탑을 지나갔다. 라마 3세 공원에 있는 같은 이름의 동상도 보고, 왕실의 귀빈을 맞는 곳이라는 뜨리묵 궁정도 보았다. 로하뿌라쌈은 37개의 뾰족한 첨탑으로 이루어진 탑인데 매우 인상적이고 아름답다. 37개의 철탑은 37가지의 선행을 의미한다고 한다.

공원 왼쪽 언덕에는 80m의 인공 언덕에 종 모양의 쩨디가 세워져 있었다. 계단을 따라 올라가니 방콕 시내가 한눈에 다 보였다.

태국은 시내 한가운데 아름답게 잘 지어진 사원들이 너무 많다. 한편으로는 그게 참 부럽다.

두싯동물원 앞에서 카우니어우와 치킨을 사서 나무 그늘에서 식사했다. 태국 주민들도 나들이를 와서 나무 그늘에서 식사하고 있었다.

그런데 정작 도착한 위만맥궁전은 닫혀 있었는데, 정문 지키는 병사가 말하길 신정 연휴로 문을 닫았다고 했다.

'가는 날이 장날이라더니!'

너무 걸었는지 다리가 아파서 돌아올 때는 썽태우를 잡아 숙소까지 왔다. 저녁에는 아끼던 냉면을 꺼냈다. 한국에서 가져온 농심 태풍 냉면에 오이와 양파를 넣고 매콤달콤새콤하게 무치니 정말 꿀맛이었다.

'역시 여름에는 냉면이 최고여!'

입과 배가 매우 개운했다. 어찌나 달게 먹었더니 창문을 열어젖히고 카오산 골목 사람들에게 "우리 냉면 먹었다~" 하고 자랑하고 싶었다.

다음 날은 카오산에서 53번 버스를 타고 후알람퐁역으로 갔다. 이제 인도를 45일 동안 다녀온 후 미얀마로 갈 예정인데, 비행기를 안 타고 태국 북부의 따지렉 국경을 넘어 육로로 갈 예정이었다. 그동안 육로가 폐쇄되어 있었는데 2014년부터 열었다고 한다.

따지렉에서 짜이뚱, 그리고 따웅지로 이렇게 버스로 가자고 계획을 세웠는데, 인터넷이나 가이드북에는 자세한 자료가 없어 지도를 보고 루트를 정했다. 착오가 없는지 걱정되었지만 일단 부딪혀 보는 수밖에 없었다.

일단 후알람퐁역에서 치앙마이 가는 기차 티켓을 시니어 우대로 할인받아 로우베드(침대 아래칸)으로 예약했다. 나는 다른 일정도 소화하기에도 머리가 복잡하여 기차티켓은 미행이에게 맡겼다.

버스를 타고 룸비니 공원에 갔다. 신정연휴 쯤 되어서 가족 단위로 소풍을 나온 사람들이 많았다. 어린아이들을 보니 문득 우리 아이들과 손주 기민이, 상윤이가 눈에 아른거렸다.

'잘 지내고들 있을지, 먼 곳에서도 보고 싶은 기민이, 상윤이~.'

공원에는 열대 지방이라서 그런지 호수 옆에 나무가 많이 우거져 있던데 도심 속에서도 그렇게 사람들이 쉴 수 있는 숲이 있는 공원이 부러웠다.

숙소에 돌아와서는 밥솥에 밥을 지어 계란 국과 함께 저녁 식사를 했다. 신정 장을 어제 계란과 망고, 촘푸를 사다 놓은 것을 맛나게 먹었다.

'서울 애들은 신정 연휴에 쉴 텐데 한희는 뭘 먹는지? 진주네는 뭘 해 먹고 사는지?'

사돈댁이 돌아가시고 안 계셔서 걱정됐다. 상윤이 걱정이 더 컸다. 범기 네는 옆에 사돈이 있어 걱정이 덜 되는데….

방콕에 있는 동안 짬을 내서 시장 몇 곳을 가 보았다. 짜뚜짝 시장은 미로 같은 시장길에 수만 개의 가게가 빼곡하게 차 있었다. 신기한 물건도 많고 사고 싶은 수공예품도 많고 백인, 흑인, 동양인과 현지인 사람들도 너무 많았다.

신랑은 따라오며 연신 나가자고 난리였다. 눈이 복잡하니 그런가 보다.

신랑에게 밖 공원 나무 그늘에 앉아 쉬라고 하고 다시 시장을 돌았다. 아이 쇼핑만 하는 것이 아쉬웠다. 아직 여행 일정이 많이 남아있는데, 짐을 만들 순 없었다. 조개 목걸이가 예뻐서 우리 집 여자들 것으로 4개를 샀다. 그리고 화려한 반바지를 2개, 신랑 것과 내 것을 샀다. 너무 더워 도시락과 음료수를 사서 공원에서 먹고 쉬다 숙소로 돌아왔다.

짜뚜짝 시장은 너무 정신없고 복잡한 곳이라 안 가는 게 좋을 것 같았다. 사람 진이 모두 빠졌다. 숙소가 제일 시원했다.

카오산에서 53번 버스를 타고 인도 시장 야왈렛에 갔다. 인도 거리는 화려한 사리 의상과 포목점이 많았고, 카펫도 멋있고, 곳곳에서 카레 냄새가 났다. 터빈을 머리에 두른 인도 남정네들이 특히 친절하고 멋있어 보였다. 인도 거리를 걷다 보면 나오는 화훼의 꽃시장은 온갖 꽃들로 눈과 코가 즐거웠다. 꽃으로 만든 장신구들도 눈에 띄었다. 작은 꽃을 바늘로 꿰어 너무나 앙증맞고 예쁜 꽃목걸이도 만들고, 장식테도 만들고, 신께 바치는 꽃도 만들어냈다. 나도 한번 배워 볼 심산으로 목걸이 만드는 아주머니한테서 긴 바늘 하나를 샀다.

채소 시장을 가니, 못 보던 것이 있었다. 우리나라 '맥문동'처럼 푸른색 구슬같이 작은 열매가 다닥다닥 붙은 것이 많이 쌓여 있었다. '무엇일까?'라고 궁금해서 내 또래 주인 여자에게 한 알 먹어봐도 되냐고 물어보니 여자가 먹어보라고 했다.

입에 넣고 깨물어 보았다.

"아 매워. 매워…!"

아니, 이건 후추다. 후추 생것인 모양인데 꼭 까마중 안 익은 것처럼 생겼다. 내가 혀를 내밀고 얼굴을 찡그리니 주인 여자가 손뼉을 치며 웃어댔다.

3번 버스를 타고 미행이와 태윗 시장을 갔다. 태국 버스는 신기하게도 가끔 차비를 받지 않았다. 시내에서 프리 버스를 운영해 주는 것 같았다. 연휴 동안 못 먹은 야채도 사고, 땅콩, 멸치, 쌀국수, 찹쌀, 절군갓도 샀다. 망고와 촘푸도 샀다. 촘푸는 사과처럼 생겼는데, 매우 연하고 물이 많아서 아삭하고 갈증 해소에 최고다.

찐 고등어도 샀다. 여기 고등어는 등이 굽고 크기는 15cm 정도로 작은데 조그마한 채에 두 마리씩 담아 쪄서 팔았다. 생선을 조림해서 반찬으로 파는 것은 너무 단맛이 강해 우리 입맛에 맞지 않았다.

물건을 바리바리 가지고 버스를 타고 보니 아뿔싸, 미행이가 없었다. 조마조마해서는 버스가 얼른 멈출 때까지 기다려서 내린 뒤 한 정거장 치를 헐레벌떡 달려가니 그 시장 정류장 앞에서 울상을 하고 서 있었다.

핸드폰 로밍도 안 해서 전화도 안 터지는데, 완전 이산가족 상봉이었다.

"어이구, 인간아. 정신을 어따 팔구~. 잘 따라다녀~."

그래도 잃어버리지 않고 찾아서 다행이었다.

호텔에 와서는 오이 냉국에 쌀국수를 맛있게 해 먹었다. 시장에서 쌀국수를 삶아서 소쿠리에 담은 것을 30바트 정도로 싸게 파는데 그걸 사서 온 뒤 국물은 따로 만들었다. 오이 냉국에 다시다를 조금 넣고, 매운 고춧가루도 조금 넣고 멸치 액젓으로 칼칼하게 간 맞춘 뒤 양파를 넣고 쌀국수를 말아 먹었다.

신랑도 맛있었는지 웬일로 "매우 잘 먹었습니다"라고 감사 인사를 했다. 인사할 신랑이 아닌데 진짜 감동했나 보다. 바깥에서 나오니까 한국 음식이 얼마나 귀하고 맛있는지 절로 알게 된다. 밑반찬으로는 땅콩과 멸치에 고추장 무친 것을 같이 먹었다. 맛있는 식사였다!

방콕 위만멕 궁전 전경

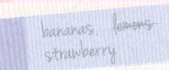

45일간의 인도 자유 배낭여행 대장정 시동

　내일 새벽에는 인도로 떠나기에 짐 정리를 바삐 했다.
　캐리어 2개는 홍익여행사에 맡기면서 하루에 5바트씩 보관료를 내기로 했다. 인도에는 캐리어 한 개와 작은 배낭만을 하나씩 메고 가기로 했다. 인도에서 45일 정도 머물 계획이라 약도 45일 치를 챙겼다. 현금도 그동안 쓸 만큼의 돈만 따로 빼서 복대에다 단단히 넣고 나머지 돈은 캐리어 가방에 나누어 담았다.
　'인도는 어떤 곳일까? 어떤 사람들을 만날까?'
　사기꾼이나 도둑놈들도 많다는데 걱정이 태산이라 잠이 오질 않았다. 그래도 잠을 청하려 노력했다. 잔뜩 설레면서 걱정도 가득한 밤이었다.
　45일간의 인도 여행은 파란만장한 나날의 연속이었다. 지금 돌이켜 봐도 45일간의 지옥 같기도 하고 천국 같기도 한 게 혼란 그 자체였다. 그러다 보니 누가 "인도가 어떻냐?"고 물어보면 "그대가 좋은지 나쁜지 손수 가 보시오!"라고밖에 할 말이 없다.

이렇게 내가 다녀온 인도 이야기는 다른 곳에서 이야기보따리를 풀까 한다.

인도에서 비행기를 타고 다시 태국 방콕으로 왔다. 오랜만에 짐을 맡겨놓은 카오산 게스트 하우스에 돌아오니 친정에 온 것처럼 반가웠다. 태윗 시장에 가서 그동안 먹고 싶었던 망고, 잭푸릇, 그리고 촘푸를 사고 돼지고기를 샀다.

인도에서 도둑맞은 전기 주전자도 다시 샀다. 아, 깨끗한 대기와 깨끗한 잠자리. 오랜만에 샤워도 하니 때가 쫙 빠졌는지 살결도 매끈매끈했다. 간만에 상쾌한 마음이 되어 친정 같은 게스트하우스에서 발 뻗고 편안히 잠자리에 들었다.

다음날 오전에는 인도에서 사서 온 화장품과 커리 등을 한국에 소포로 부쳤다. 20kg이나 되는 소포를 보내고 나니 짐이 많이 줄었다. 내일은 치앙마이로 가서 며칠 있다가 미얀마로 육로로 넘어갈 예정이었다.

기차표 분실 사건과
치앙마이 병원에서 생긴 일

　치앙마이행 기차티켓은 인도 가기 전에 예매해 놓았었다. 그러니까 45일 만에 티켓을 찾아 보는 것인데, 날짜가 되어 기차티켓을 찾으니 온 데 간 데 없었다. 분명히 종이로 발권해 놓은 기억이 있는데 어디 뒀는지만 새하얗게 기억이 안 났다.
　'아이고~ 정신머리하고는….'
　그래도 핸드폰에 사진을 찍어 두어서 사진을 보여주면 다시 재발행해 주겠지 싶었다. 후알람퐁역에 가서 잘 되지 않는 영어로 티켓을 잃어버렸으니 재발행을 해 달라니 직원이 뭐라 뭐라 하는데 못 알아듣겠다.
　'폴리스라는 소리는 들렸으니 경찰을 부르겠다는 소리인가?'
　잠시 후에 직원 뒤에서 좀 높은 직책인 듯한 뚱뚱한 사람이 나와서 차근차근 말해주는데 경찰서에 가서 분실 신고를 하고 증명서를 가져오라고 했다. 하지만 기차 시간도 다 되었고 거기서 경찰서가 어디 있는지도 모르니 난감했다. 자칫하다간 쌩 돈을 주고 산 티켓을 날리게 생겼다. 핸드폰 티켓 사진을 들이대면서 안 간다고 버텨보았다.

그랬더니 직원이 우리를 데리고 밖으로 나오더니, 썽태우를 불러서 기사에게 무어라 지시를 해 줬다. 경찰서에 데리고 가서 서류 받아서 도로 여기 데리고 오라는 말 같았다. 그 후로는 일이 일사천리로 진행되어서 다행히 기차를 놓치지 않고 티켓도 다시 발권해 무사히 탈 수 있었다.

'뚱뚱한 양반 참말로 고맙소야.'

참으로 태국 사람들은 친절하다. 정작 처음 발권할 적의 티켓은 한국에 돌아온 뒤에야 찾아냈는데, 책장을 테이프로 붙여서 만든 종이 주머니에 들어 있었다. 너무 잘 보관해서 탈이었다.

휴, 잔뜩 긴장했다가 풀리고 나니 목이 아프고 몸살기가 난다. 약방에서 몸살약을 사 먹고 기차에 올랐다.

이번 기차는 전부 낮은 칸(low bed) 1층 침대라서 드나들기 편한 데다가 무척 깨끗했다. 시트며 이불도 깨끗하고 화장실 냄새도 나지 않았다. 이 정도면 특급 호텔이 부럽지 않았다. 옆 자리에는 현역 군인 대령인지, 장군인지 군복에 별을 단 사람이 사병 한 명과 타고 있었다. 남편도 직업 군인이었는지라 말은 안 통해도 더듬더듬 얘기하다 보니 늦은 밤까지 이야기하고는 같이 사진도 찍었다. 또, 한국인 가족도 만났다. 티베트에서 공부한다는 아이 둘과 함께 하는 부부였다.

기차는 밤이 새고 이른 아침이 밝아오는 데도 계속 달렸다. 기찻길 주변에 싱그러운 녹색 우림이 우거져 있었다.

'아~ 얼마 만에 싱그러운 우림인가?'

방콕에서 듣기로 말레이 서부 기찻길이 환상적이라 했는데, 방콕에서 치앙마이 가는 북부 선이 더 멋있고 환상적이었다. 땅의 생명력이 꿈틀거리는 것 같았다. 대나무가 많고 진초록 일색의 나무숲 사이로 빨간색 기차가 달리고 있었다.

'아~ 이 평화로움~. 얼마 만에 느껴보는 마음의 안정인가?'

태국은 햇빛도 찬란하게 빛났다. 먼 산 쪽에서는 불을 놓는지 연기가 피어나고 있었다.

'화전이라도 일구나? 여긴 이른 봄인가 보다.'

기찻길 옆 밭에는 카사바라는 나무를 30cm 정도씩 잘라서 밭에 줄맞추어 심어 놓았다. 전분 덩어리다.

치앙마이 코리아 게스트하우스에 도착하니 다시 만나는 주인도 반가워했다. 인도에서 도둑맞은 바람에 한국의 가족들에게 부탁한 카메라 충전기도 소포로 도착해 있어 가족을 만난 것처럼 반가웠다. 오늘따라 집도 깨끗하고, 타패 거리도 깨끗하고, 기분이 좋으니 세상 모든 것이 다 흐뭇하게 보였다.

그동안 밀린 빨래를 한 줄 해 널고 오후에는 쏨펫 시장에서 마사지를 받고 코리아하우스에서 김치찌개와 밥을 먹었다. '코리아 하우스' 사장은 음식 솜씨가 매우 맛깔났다. 몇 년 만에 먹는 맛이렸다. 전쟁터에 다녀온 병사처럼 매우 푹 쉬었다.

그나저나 여행을 나온 사이 내 머리가 생머리가 다 되어서 파마를 하려고 미장원을 한번 찾아가 보았다. 처음에는 300바트라 해서 해달라고 했더니 머리를 감겨 주었다.

'이상하지, 파마할 거면 말고 나서 머리를 감을 텐데….'

수상한 마음이 들어서 꼬치꼬치 캐물으니 아하, 300바트는 파마가 아니고 드라이라고 했다. 파마는 2,000바트라니 한화로 7만 원이나 하는데 너무 비싸고, 파마가 잘 나올지도 모르고 해서 그냥 나왔다.

그 길로 시장에 가서 삼채·멸치·땅콩·양배추를 사왔다. 양배추로 김치를 담고, 멸치와 땅콩은 고추장에 무치고, 삼채도 고추장에 무쳐서 반찬 몇 가지를 만들었다.

그나저나 머리가 지끈지끈 아프고 목구멍이 엄청 아팠다. 치앙마이로 건너올 적부터 몸살 기운이 며칠 되었는데, 안 나았다. 거기에 신랑도 인도 바라나시 여행 중 귀가 들렸다가 안 들렸다 했었는데 오늘따라 귀가 골치였는지 짜증을 냈다. 안 그래도 감기로 컨디션이 안 좋고 눕고 싶은데 그 꼴이 잠깐 보기 싫어서 미행이와 타패 썬데이 마켓을 구경 나왔다.

수제 은세공하는 곳에서 맘에 드는 은반지 하나를 발견했다. 미행이가 500바트를 주고 사줬다.

'나는 해 준 게 없는데, 고마운지고….'

새 반지를 끼고 나니 기분이 전환되었다.

'오늘 같은 날은 찜질방에 가서 뜨뜻하게 몸을 지지면 딱 좋을 텐데. 날이 더우니 얼굴 싸매고 뜨거운 옥상에 가 있으면 비슷할까?'

그런 어리숙한 생각도 다 해봤다.

감기가 영 낫지 않아서 치앙마이의 큰 병원에 갔다. 내 몸도 몸이지만 신랑 귀가 가끔 안 들린다던 증상이 심상치 않았다. 여행 기간이 아직 많이 남아서 돌아가려면 한참이니까 여기서라도 한 번쯤 진찰을 받는 게 좋을 것 같았다.

병원은 생각 외로 외국인들이 진찰받기 좋게 모든 시스템이 잘 갖춰져 있고, 직원들도 무척 친절했다. 큰 불편 없이 금방 의사가 있는 진찰실로 안내되었다.

'그나저나 증상을 어떻게 설명하지.'

영어 반 한국어 반 섞어 가며 되는 대로 말을 해봤다. 신랑이 귀를 열심히 가리키며 고개도 젓고 가위표도 해 보이고, 귀에서 '웅~' 소리도 난다고 하니 의사가 우스운지 키들거리며 웃었다. 다행히 귀는 큰 이상이 없고 염증이 약간 있다고 했다. 기왕 진찰받는 김에 내 약도 같이 얻자 싶어서 목도 아프고 기침도 난다 했더니 귀 약과 감기약을 같이 처방해주는 것 같았다. 여행자 보험에 제출할 서류와 영수증도 챙겨왔다.

감기약을 먹으니 한결 몸이 가벼워졌다. 오후에는 마사지 집에서 250바트에 오일 마사지를 받았는데 매우 개운하게 잘 받았다. 그간 오일 마사지는 끈적거리고 이상할 것 같아서 피했는데 막상 받아 보니 안 끈적이고 괜찮다. 다음부터는 오일 마사지를 받아야 겠다 싶었다. '이틀 후면 미얀마에 들어가기 때문에 푹 쉬고 좀 회복해 두어야 한다.'

돼지고기, 솜땀, 과일을 사서는 저녁에 전기 주전자에 샤브샤브를 맛나게 해 먹었다.

치앙마이행 기차에서 만난 군인들

태국 북구 치앙마이 역 플랫폼 주변 풍경

Chapter 2. 미얀마

미얀마 인레 호수 풍경

태국 미얀마 국경시장에서의 하룻밤

아침 일찍 코리아하우스 주인이 떡국을 끓여줘서 설 떡국을 미리 먹었다.

터미널에서 버스를 타고 5시간 정도 걸려서 메싸이에 도착했다. 원래는 국경에서 하루를 묵고 미얀마로 넘어가려 했는데, 같은 버스를 탄 태국 청년이 넘어간다고 해서 우리도 엉겁결에 따라 미얀마 국경을 넘어갔다.

한국에서 미리 비자를 받았기에 별 문제 없이 통과했다. 국경이라고 6m 정도의 작은 개울을 경계로 다리가 놓여 있었다. 지명 이름은 태국은 메싸이, 미얀마는 따지렉이다.

태국에서 비자 없이 국경 초소에 여권을 맡겨놓으면 당일치기로 미얀마 따지렉을 구경할 수 있다.

대부분 그곳 국경 근처에 있는 큰 시장을 구경한다. 시장에는 CD, DVD 복제품들, 옥 제품과 약초 등 태국에서 건너온 물건들이 쌓여 있다.

'이번 미얀마는 어떻게 여행해야 하는지?'

우리는 버스로 짜이퉁에서 따웅지·인레·비간·만달레이·짜이퉁까지 다 돌아본 뒤 따지렉 국경으로 돌아오는 것으로 루트를 잡았다.

오늘 짜이퉁행 버스는 출발했고 내일 아침에 또 있다고 했다. 일단 시장 근처 신축 호텔 방을 구했다. 하루에 400바트인데 깨끗하고 좋았다. 국경 지역은 태국 돈을 받았다.

내일이 설날이라고 호텔 프런트에서 사탕이랑 귤을 손님들에게 서비스했다. 사탕이 말랑말랑하고, 코코넛 맛이 나는 것이 매우 맛있었다. 한국에 있는 손주 아이들에게 꼭 먹여 주리라 생각해서 시장에 나갔다가 같은 사탕을 몇 봉지씩 샀다.

사실 거기서만 파는 사탕인 줄 알고 여행 내내 메고 다녔는데 나중에 태국 우체국에서 한국으로 부치려고 보니 태국에서는 천지 곳곳에서 다 파는 제품이었다.

'아이고, 미련한 춘자 씨~. 상표라도 읽어볼걸.'

그나저나 태국에서 담아온 양배추 김치가 그새 폭 익어서 신 김치 냄새가 사방에 진동했다. 호텔에서 쫓겨나게 생겼다.

'상하지 않게 하려면 불에 볶아야되는 데…'

고심 끝에 김치 통을 들고 밖에 나가 보이는 음식점마다 들어가서 냄비랑 불 좀 빌리자고 부탁했다. 물론 말이 안 통하니까 손짓 발짓으로 둥그런 프라이팬 모양에, 팬 손잡이를 잡고 불에 볶는 모양에 온갖 시늉을 다 했다.

그러다 세 번째 집에 갔더니 주인이 양념 그릇마저 내주며 마음대로 쓰라 해서 허락을 받아 김치를 볶았다. 주인도 종업원도 주방에서 나를 둘러싸고 구경하느라 난리였다. 볶아서 주인도 한 접시 주니까 맛보고는 맛있다고 엄지손가락을 치켜세웠다. 이것이 한국 김치라고 알려 주었다.

국경시장은 매우 번화했다. 그간 남편 핸드폰으로 인도 사진을 많이 찍었는데, USB가 보이길래 사서 사진을 백업해 두었다. 나중에 그 핸드폰을 잃어버려서, 그러한 선제대응은 선견지명이었다.

어느덧 오늘은 설날이다. 미행이가 공연히 세배한다고 난리를 피워서 깔깔 웃으며 절을 받고는 100바트를 세뱃돈으로 주었다.

짜이퉁에 가는 버스를 타기 위해 일찍 프런트로 내려갔더니 지배인이 짜이퉁까지 5시간, 따웅지까지 하룻밤을 가야 한다고 했다. 길도 엄청 험하다면서 손발 다 저으며 만류했다. 한국 가이드북에는 자료가 없어 그냥 버스로 가면 되는 줄 알았는데 그게 아니었다.

지배인이 따지렉에서 만달레이까지 비행기를 타면 1시간 걸린다고 알려주어서 비행기를 타기로 하고, 오늘 오후 5시 표를 1인당 75달러에 샀다. 근처를 더 둘러보다가 공항에 택시를 타고 갔다.

공항이 얼마나 작은지 꼭 시골 동네 읍사무소 같았다. 비행기도 매우 작은 경비행기다. 손님들도 시골 사람들인지 저마다 보따리에 시장 가구들을 들고 탔다. 비행기가 작아서 길게 안 기다리고 서른 명 좌석이 차는 대로 금방 이륙했다.

우리 옆 좌석에는 젊은 부부가 6개월 정도 되는 아기를 안고 있었는데 그 녀석이 자꾸 나와 눈을 맞추며 방긋방긋 웃었다. 내가 한 번 안아주려고 아이를 안는데 그만 깜짝 놀랐다. 아이가 나무토막 같아서. 아이를 포대기로 얼마나 꽁꽁 싸맸는지 딱딱한 나무토막 같았다. 나는 기겁을 하고 포대기를 풀어서 아이 손발을 주물러 주었다. 부모는 별 반응이 없었다.

미얀마는 아이를 이렇게 기르나 보다.

아이가 커야 하니까 이렇게 하면 안 된다고 일러 주었다.

하늘에서 내려다보니 이곳은 미얀마 북부 산간 지방이라 산이 매우 높고 바위산도 가파르고 계곡도 깊다. 비행기 타기를 매우 잘했다. 차로 3일 갈 길을 1시간 만에 뚝딱 해결했다.

해가 어둑어둑해서 만달레이 공항에 도착하고, 봉고차에 1인당 2,000짯씩 주고 탑승했다. 만달레이 ET 게스트하우스에 데려다 달라고 했더니 제일 나중에 코리아 하우스에 데려다 줬다. 오히려 잘 됐다.

이곳은 하루치 방이 25달러에 시설도 좋고 아침 식사도 줬다. 한국 사람인 사장님은 미얀마 인 부인과 아이와 함께 사는데 한국 음식점과 사업도 겸하시는 모양이었다. 덕분에 된장찌개로 저녁을 먹고, 침대에 누워 오늘 하루를 생각해 보니, 오늘은 마법에 걸린 것처럼 수월하게 일이 술술 풀렸다.

"감사합니다. 우리 수호신님!"

컴컴해서 시내는 못 봤지만, 내일도 새로운 동네가 기대된다. 3층 방에서 자는데도 아래층에서 올라오는지 밤새 연탄가스 냄새가 많이 났다.

태국과 국경을 마주하고 있는 미얀마 따지렉의 쉐다곤 파고다 주변 야경

옛 왕조 흔적,
만달레이 밍군대탑 유적지

안 떠지는 눈을 겨우 뜨고 보니, 머리가 빠개질 것처럼 아팠다. 밤새 맡은 그 연탄가스 냄새 때문인 것 같았다. 머리가 멍해서 영 머릿속이 정돈이 안 되었다.
'오늘 하루를 잘 보내야 하는데….'
아무래도 종일 돌아다닐 컨디션이 아니라서 반나절짜리로 밍군대탑투어를 가기로 했다. 코리아 하우스 꼬맹이가 택시를 불러와서 5000짯에 마얀찬 선착장으로 가서 배를 왕복 5000짯에 타고 1시간 유람 끝에 밍군 선착장에 도착했다.
배 선원이 긴 대나무 막대기를 내미니까 강둑에 있는 사람이 익숙하게 끝을 잡았다. 뭘 하는가 싶어서 쳐다보니까 아, 배에서 내리는 길이 좁은 나무판자 다리라 손에 뭐라도 안전하게 잡고 내리라는 손잡이였다. 기발한 생각이었다. 우리는 그 대나무를 붙잡고 판자 다리를 건너 배에서 내렸다.

밍군대탑은 꼰바웅 왕조를 건국한 알라웅파야의 아들 보도 파야가 세계에서 가장 큰 탑을 세우겠다는 야심에 찬 계획으로 쌓던 탑이다.

흙으로 구운 작은 벽돌로 촘촘히 쌓아 만드는 탑인데 그 작은 것을 큰 산만치 쌓으려 했다니 얼마나 고된 일이었겠는가. 수많은 노예가 동원되는데 노역이 너무 힘든 나머지 노예들 1,000여 명이 북쪽 인도 아쌈 지역으로 도망을 갔다고 한다.

왕의 군대는 도망친 노예를 추격하려고 인도 국경을 넘다가 당시 인도를 지배하던 영국과 전쟁을 치르게 되었다. 세 차례의 전쟁 끝에 미얀마는 결국 그렇게 영국의 식민지가 되었고 탑 공사도 중단되었다. 현재는 벽이 지진으로 인해 허물어져서 일부 지지대를 받쳐 놓은 곳도 있지만 남아있는 대탑 규모가 크다.

근처의 밍군벨은 1808년에 완성된, 세계에서 2번째로 큰 종이라고 했다.

세계에서 첫 번째로 큰 것은 러시아 크렘린궁에 있는 황제의 종이다. 러시아 종은 현재 깨져 소리도 안 나고 바닥에 내려져 있지만, 미얀마 밍군 종은 지지대에 멀쩡히 걸려있어서 타종도 할 수 있다. 높이만 3.3m에 무게는 90t, 종 직경이 4.8m이니 어마어마하게 컸다. 종 속에 들어 가서도 사진을 찍었다.

뜨거운 햇볕에 눈부시게 빛나는 순백색 신뷰미파야는 보도파야 왕의 손자가 죽은 아내를 생각하며 지었다고 한다. 순백색으로 둥글둥글하게 7층까지 올라갔으며 난간은 레이스 모양으로 해 전체적으로는 앙증맞게 예뻤다. 신뷰미 공주도 굉장한 미인이었을 것 같았다.

미얀마 탑들은 대부분 사각형에서 위로 올라가면서 팔각형이 되었다 다시 원형의 형태로 올라간다.

가이드 책에는 네모의 땅에 둥근 하늘, 수미산과 바다, 천상의 세계를 표현하여 지었다고 한다.

흰색이 햇볕에 눈이 부셔 얼른 내려왔다. 늦은 도시락을 먹고 배에 올랐다. 이근숙 씨네가 삔우린에 간다길래 우리도 곡테익 철교를 보러 따라가기로 했다.

밍군 선착장에서 하선 할 때 내민 대나무 막대기로 만든 하선 용 손잡이

미얀마 밍군 대탑 전경

밍군벨

'만달레이' 외곽의 영험 있는 파야들

오늘 외곽 투어 택시 35,000짯에 아침 일찍 관광에 나갔다. 4km를 달려 황금 사원 마하무니파야에 도착했다.

입구가 4개인데, 동문으로 들어서니 동굴처럼 된 통로다. 양옆으로 가게들이 많아 불상, 종 등을 만들어 판매하는 가게들이다. 중앙에 마하무니 부처님이 모셔져 있다.

미얀마 부처님의 얼굴은 거의 네모난 모양이어서 신기했다. 이 상은 부처님이 미얀마를 방문했을 때 왕이 부처님을 청동으로 형상화한 것인데, 부처님이 청동 부처를 7번 안고 입에 생기를 불어넣어서 부처가 죽고도 5,000년간 살아 있을 것이라고 했단다. 그래서 미얀마에선 살아 있는 부처로 알려져 있고, 영험한 곳으로 항상 신도들이 북새통을 이뤘다.

새벽 4시에 불상을 세수시키는데 부처님 세수한 물을 얻어 가려는 사람들이 줄지어 섰다. 세숫물을 아픈 곳에 바르면 낫는다고 했다. 신도들이 금박 종이를 부처님께 붙여서 부처님의 온몸이 금으로 번쩍이고, 불상 모양도 울퉁불퉁했다. 금이 거의 13cm 정도나 덮여 있단다.

　여자는 부처님 옆에 못 가고 남자들만이 가까이 가서 금을 붙일 수 있대서 신랑이 혼자 붙이러 갔다. 나와 미행이는 모니터 화면으로 부처님을 볼 수 있었다.

　안마당에는 앙코르 왕국의 청동상이 있다. 왕국이 아유타를 점령한 뒤 전리품으로 가져온 물건이다. 청동상의 배·무릎·어깨가 반질반질하기에 무슨 영문인가 했더니 자기가 아픈 곳을 만지면 낫는다는 속설이 있었다. 나도 청동 무릎을 만졌다.

　'부처님요, 김춘자의 무릎을 좀 낫게 해 주세요.'

　절 마당에는 수계식을 했는지 곱게 차려입은 아이와 가족들이 사진을 찍느라 난리였다.

　차를 타고 아마라쁘라 지역에서 유명한 '우베인브릿지' 나무다리를 보았다. 길이가 1.2km나 된다. 타웅만 호수를 가로질러 티크나무로 높게 지어진 다리는 세계에서 가장 길고 오래된 나무 다리라고 한다. 밑에서 보기엔 나무가 엉성해도 올라가 보니 촘촘하니 잘 놓아져 있다. 다리 밑의 물 없는 곳은 넓은 채소밭이 펼쳐져 있다.

　주변 풍경을 보니 참 아름다웠다. 해가 저물 때 더욱 멋있다. 노을을 등에 지고 가는 사람, 노을을 이마에 이고 가는 사람들 분홍색 승복을 입은 여스님들도 노을을 이고 간다. 몽롱한 눈빛의 여행자들도 참으로 아름다웠다. 천국으로 향하는 다리인 것 같았다. 이 다리 끝이 하늘일 것 같은 생각이 들었다.

　나는 다시 한번 마음을 내려놓고, "감사합니다"라고 인사했다.

　다리 건너편 마을을 지나 울창한 나무들 속에 있는 짜욱또지파야를 보았다.

이 파야는 1847년 파간 왕이 세웠는데 탑 상부를 금으로 입혀 햇빛이 비칠 때마다 반짝거리며 빛났다. 내부 천장에는 별자리 벽화가 한 가득 있는 것이 눈에 돋보였다.

아쉬움을 뒤로 하고, 다시 다리를 건너와 차를 타고 잉와로 갔다. 잉와는 호수 입구란 뜻이고, 만달레이 남쪽 18km 지점이다. 강 입구에서 차를 내려 배를 타고 다녀오라고 했다. 왕복 배를 1,000k를 주고 건너가니 마차 호스까가 줄지어 서서 호객행위를 했다. 8,000k에 덜컹거리는 마차를 타고 투어에 나섰다. 흙먼지 뽀얗게 날리며 시골 옛도시를 달렸다.

빠가야짜웅은 1834년에 지어진 아름다운 수도원으로 초콜릿 색 티크나무 건물인데 기둥과 벽에 꽃과 공작이 참으로 아름답고 화려하게 조각되어 있다.

옛날에는 왕실의 수도원이었으나, 지금은 어린 사미승과 동네 아이들의 학교로 이용되고 있다. 30m의 높은 팰리스타워는 잡초가 무성한 벌판에 약간 기울어져 있는 상태로 서 있었는데, 옆의 큰 고목나무에 붉은색 봉황목이 피어 건물과 잘 어울렸다.

시골 벌판 여기저기 폐허가 된 불상과 파야가 많이 있었다. 먼지 나는 시골길을 돌아 배를 타고 돌아와 사가잉으로 차를 몰았다. 가는 길 들판에는 크고, 작은 불탑이 저리도 많은지 잡초 속에 묻힌 낡은 탑들이 너무도 많았다.

사가잉힐을 240m 언덕에서 내려다보니 주변이 확 트이고 에야와디 강도 보이고, 전망이 매우 좋았다. 정상에는 사가잉에서 제일 오래된 '순우뽄야신'이라는 매우 화려한 사원이 자리잡고 있다. 사원 입구에는 산 모양을 닮은 개구리와 전생이 토끼였다는 부처님의 토끼상이 모셔져 있다. 사원 중앙에 거대한 불상이 모셔져 있다. 벽과 기둥을 색유리로 장식해서 법당 안이 무척 화려했다.

까웅무도파야는 황금색 돔으로 꼭 여성 유방같이 생겼다. 옛날 따룬 왕이 스리랑카에서 부처님 치아 사리를 모셔와 사원을 지어야 하는데, 어떻게 지을까를 깊이 고민하던 중, 왕비가 저고리를 헤쳐 젓을 보여주며 이렇게 지으라 했다는 속설도 있다.

우민토운제는 사가잉 언덕에 계단식으로 지어진 사원이다. 우민토운제는 30개의 토굴이라는 뜻이다.

45개의 좌불상을 죽 늘어 있는 것이 볼 만 했다. 부처님이 출가하여 득도하신 후 열반하실 때까지 중생을 가르치신 45년을 상징한단다.

돌아오는 길에 티크나무로 지은 쉐난도짜웅도 보았다. 나무를 종이 오리듯 세밀하게 조각해 놓았는데 몇백 년이 지나는 동안 썩지 않은 나뭇결이 고풍스러워서 아름다웠다. 현재는 수도원으로 사용되고 있다. 아뚜마시짜웅은 샤원에서 가장 유명한 불상은 이마에 큰 다이아몬드가 장식되어 있고, 왕실 실크 의류를 걸치고 있었는데, 식민지 시절 영국인들이 훔쳐갔다고 한다.

일몰이 다 되어서 구도로 사원에 갔다. 구도로 사원은 경전 내용을 729개의 흰 대리석에 새겨 보관한 곳인데 석판 하나마다 흰 색 스투파를 지어 보관했다. 우리나라 팔만대장경 생각이 났다. 일몰에 붉게 물든 스투파가 장관이었다.

옛적 어느 왕이 석판에 새겨진 경전을 스님에게 읽게 했더니, 2,400명의 승려가 쉬지 않고 6개월이 걸렸다 한다. 729개의 흰색 파야가 줄지어 섰는데, 참으로 장관이었다. 그 경관에 압도되어서 나도 모르게 또 "이 귀한 걸 보게 해 주셔서 감사합니다" 하고 감사 인사를 했다.

석양 무렵의 우베인브릿지 풍경

우베인브릿지 위를 거니는 사람들

만달레이 팰리스 전경

금박을 붙인 사원 안의 불상

사가잉힐의 토끼상

구도로 사원 전경

까웅무도파야

만들레이에 무수히 많은 파야들

편백나무 숲속 도시
'삔우린'과 예술성 높은 '곡테익철교'

이근숙씨네랑 '삔우린'으로 이동하기로 한 날이다. 숙소에서 차려준 아침을 챙겨먹고, 여행자 미니밴을 탔다.

고산 지역인 큰 산을 넘어서 3시간을 달려 삔우린에 도착했다. 날씨가 고산 지역이라 선선했다.

코리아 하우스 사장이 소개한 한국인 목사란 분이 마중 나오셨다. 소개한 숙소는 1인당 8달러씩이다. 목사라는 분은 60대 후반 정도 되신 분인데 일 년에 한 번씩 미얀마에 와 여기서 몇 개월씩 휴양하고 간다고 했다. 오후에 동네 구경을 나섰더니 시장도 매우 크고 볼 게 많았다. 낮에 마차를 타고 삔우린 근처를 한 바퀴 돌았다.

목사라는 분과 저녁 먹으러 갔는데, 안내해 주는 건 고맙지만 뭐든지 자기 마음대로였다. 몸에 해롭다면서 볶음밥도 못 먹게 하고 국수도 못 먹게 하는 바람에 채소 삶은 요상한 밥을 먹었다.

'현지 사람들은 잘 먹는 밥일 텐데 왜 몸에 안 좋을까.'

우리는 왠지 부담스러웠다.

아침에 일어나니 너무 피곤하여 눈곱이 눈에 덕지덕지 붙었다. 목사님과 새벽에 깐도지로 운동 가기로 했는데 그만 늦잠을 잤다. 빵 조각을 먹고 묘마켓에 가니 흑미밥을 팔았다. 바나나 잎에 싼 밥을 1600k 어치 사고 반찬 가게에서 김치 비슷한 것을 1500k 어치 사서 근숙 씨네와 뚝뚝이를 3000k를 주고 깐도지 정원으로 갔다.

입장료를 1인당 5달러씩 내고 공원 내로 들어갔다. 삔우린은 해발 1,070m에 위치해 있는데, 찌르는 편백나무 숲이다. 영국인들 휴양지로 만든 곳이라, 영국풍 건물과 도시도 있다. 밀림처럼 숲이 우거지고, 산책로, 나무 길도 매우 잘 만들어져 있다. 갖가지 꽃들과 호수가 어우러져 상쾌하다. 조류도 많고, 난민 타워도 멋있었다.

엘리베이터를 타고, 타워 꼭대기에 올라가니 사방이 탁 트이고, 깐도지 호수를 싸고 있는 정원 풍경이 멋있다. 나무 그늘에서 싸 가지고 온 찰밥을 점심으로 먹었다. 숲속 산책로를 걷다 원주민도 만나고, 한국을 다녀간 잉글리쉬 선생 가족을 만났다. 매우 우호적이고, 전화번호를 손에 쥐어 주면서 나웅평에 자기 집이 있으니, 집에 꼭 놀러 오라고 했다.

숙소로 올 때는 매우 멋있는 4륜 꽃 마차를 타고 왔다. 오후에 묘마켓을 다시 구경 갔다. 큰 시장이다. 채소와 과일, 아보카도, 포도가 많았다. 뉴스에서 라쇼 반군들 이야기로 시끄러웠다.

내일 기차 타고, 라쇼로 갈 예정이었는데, 계획을 수정해 삔우린에서 나웅평까지 기차 타고 가서 그 유명하다는 곡테익철교를 보고 바로 만달레이에 돌아오기로 했다.

근숙씨네는 띠보에서 며칠 머물기로 했는데, 어쩔지 모르겠다. 우리는 철교만 보고 도로 내려오기로 했다. 오늘은 일찍 잠자리에 들었다.

아침 일찍 택시를 타고 삔우린역 앞으로 갔다. 25달러씩 내고 나웅평까지 티켓을 발권했다. 역 앞에는 작은 시장이 있는데, 가게들이 작고, 물건이 소소했다.

작은 역전 마당 양지쪽에는 3살 정도의 아이와 5살 정도 된 사내아이가 맨발에 남루한 옷차림으로 땅바닥에 앉아 놀고, 그 옆에는 젊은 엄마가 남루한 옷에 떡진 머리로 우두커니 앉아, 아이들을 쳐다보고 있었다. 서양인 단체 관광객들이 아이들과 엄마를 사진 찍어댄다.

'몹쓸 사람들 같으니…'

7시 30분 기차가 9시에야 왔다. 라쇼로 가는 기차는 만달레이에서 북쪽으로 100km 떨어진 유명한 곡테익철교를 지났다. 높이가 무려 102m, 길이가 689m이다. 세계에서 가장 긴 철교는 미국 펜실베니아에 있는 칸주나철교이고, 두 번째가 미얀마 곡테익철교다. 1899년에 펜실베니아 철강 회사에서 지었다. 1900년 1월1일 개통해, 보수를 한번 했지만, 매우 낡아서 기차는 매우 천천히 달렸다. 그리고 의자가 창문을 바라볼 수 있게 옆으로 돌릴 수 있다. 외국인 관광객들이 곡테익철교를 보기 위해 많이 탑승했다. 창 밖으로 바라보는 미얀마는 평온하고, 순박한 시골이다. 기차와 철길이 워낙 낡아 흔들흔들, 덜컹덜컹하며 천천히 달리는 게 겁도 났다.

이윽고 곡테익철교로 접어들었다. 높이 솟아 있는 철교가 매우 멋있다. 철교의 곡선도 매우 아름다운 것이 하나의 거대한 예술 작품 같다.

'그 옛날에 어찌 이런 걸 다 만들었을꼬.'

기차는 더 천천히 가며, 양옆으로 흔들흔들했다. 철교 밑을 보니 너무 높아서 아찔하고 기차가 떨어질 것 같아서 발끝이 찌릿찌릿 했다. 모두들 창밖으로 사진 찍느라 난리였다. 이 철교를 보기 위해 먼 길을 달려 왔다. 충분히 그럴 가치가 있었다.

나웅평역에 도착하여, 하행선 만달레이로 가는 기차로 바로 바꾸어 탔다. 여유 시간이 10분 정도로, 12시 30분에 다시 출발했다.

기차는 곡테익철교를 또 지나, 천천히 세월아 네월아 하며 하루 종일 달렸다. 점심 밥도 못 먹고, 뭐 파는 사람도 없고, 먹을 것을 준비해야 했는데, 미처 못 했다. 너무 배고프다. 저녁 9시가 되니까 현지인들이 저녁 도시락을 먹었다. 도시락 먹는 사람들을 주욱 살펴보았더니 11명 정도 되는 아줌마들이 제일 큰 도시락에 밥을 많이 갖고 있었다. 그 사람들한테 가서 배고픈 시늉을 하면서 밥 좀 달라고 했다.

아줌마들이 밥도 주고, 생선튀김도 주었다. 우리 옆에 있는 독일 커플도 같이 밥을 얻어먹었다. 아줌마들은 라쇼에 사는데 단체로 양곤에 있는 사찰로 순례 가는 중이라고 했다. 모두들 이불을 꺼내 덮고 잔다. 손짓 발짓으로 이야기 하며 웃었다. 한 아주머니가 나랑 동갑이었다. 무언가 주고 싶은데, 꽃 옷핀이 있어 하나씩 옷에 꽂아 주었다.

밤 1시에 만달레이역에 도착했다. 독일 커플과 같이 코리아 하우스에 지도 보고 찾아갔다. 우린 엄두도 못 내는데, 젊은이들은 핸드폰을 보며 잘 찾아갔다.

그런데 코리아 하우스는 문을 닫았고, 빈방이 없다고 했다. 그래서 주변 호텔 방을 얻으러 다녔다. 모두 비싼데, 한곳 '리멤버 호텔'에서 25달러에 객실 두 개를 얻어, 근숙 씨네랑 며칠 머물기로 했다. 매우 깨끗하고, 시설이 좋았다. 씻고 나니 새벽 2시다. 오늘은 제대로 된 식사를 한 끼도 못했다. 배는 고팠으나 그냥 잠자리에 들었다.

'아~ 피곤해! 아~ 배고프다~'

어제의 강행군 탓인지 다리도 아프고, 목도 아팠다. 늦잠을 늘어지게 잤다. 아침을 된장국을 끓여 배불리 먹고서, 코리아 하우스에 가방을 찾으러 갔다. 코리아 하우스 집 아들이 심장이 안 좋아 입술이 잉크 빛이었다. 학교도 못 나간다 했다. 10살 정도 되는데, 아이가 어찌나 똑똑한지 꼭 영감 같았다. 이름은 태민이다. 아이에게 침을 놔 주었다.

'도움이 좀 되었으면 좋겠는데….'

참기름을 안 볶고 짠 것과 삼채 뿌리 말린 것을 사서 가지고 숙소로 돌아왔다. 오전에는 뒹굴거리며 쉬었다. 오후에 미얀마 특산품 스피루나를 사러 나갔다. 스피루나는 물이끼인데, 미얀마 북부 분화구 호수에서 자연으로 크는 것이라 세계에서 알아준단다. 식물성 단백질이 있고, 몸의 오염 물질 배출에 좋단다.

약방에 가보니 한 통에 3,600원~4,000원씩 한다. 근숙 씨네랑 10병을 샀다. 여러 약방을 돌면서 사 모았다. 짐 때문에 부피를 줄이기 위해 비닐 팩에다 알약만 담고, 껍데기는 버렸다. 내일 바간으로 이동하기 위해 여행자 버스 티켓을 예약했다. 긴 시간 버스를 타는데, 남편 허리는 괜찮을지 걱정이다. 다쳤던 허리라 걱정된다.

삔우린에서 조우한 사람들과 함께 한 필자

삔우린에서 만난 순진무구의 현지 어린이들

삔우린 시장 풍경

곡테익철교 주변 풍경

'1천만 불탑 도시' 바간에 매혹되다

아침 일찍 바간으로 가는 미니버스에 올랐다.

맨 뒷자리였다. 18명이 꽉 차서 달렸다. 들판에는 산이 없고, 평야지대다. 근 6시간을 달려 바간에 도착했다. 미니버스라 예상 시간보다 좀 빠르게 도착했다.

남편이 허리가 안 좋아 덜컹거리는 비포장도로를 장시간 차로 오는 것을 좀 걱정했는데 다행히 괜찮았다.

숙소를 구하러 여러 집을 다닌 끝에, '에덴 겟 하우스'로 정했다. 40달러를 주고 방을 구했다. 집은 목조건물로 시원하니 괜찮았다. 아침도 제공했다. 오후에 골든 게스트하우스에서 따지렉으로 가는 비행기 티켓을 일인당 60달러를 주고 예약했다.

헤호에서 따지렉으로 가는 것으로, 내일 투어로 이용할 차량도 계약했다. 45,000짯에 5명, 내일 하루에 올드 바간과 뉴 바간, 민난투 마을과 새벽 일출까지 보는 일정이었다.

골든 게스트하우스 아저씨가 매우 재미있는 사람인데 가격도 저렴하게 해 주었다. 에덴 게스트하우스는 60,000짯을 달라 했다. 어쨌든 뭐든지 싸게 다니려면 발품을 좀 팔아야 한다.

비행기 표를 구해 다행이다. 저녁에 한국 분들 만나, 20달러나 되는 바강 입장료 티켓을 3장 얻었다. 60달러 벌었다.

'우리 동포 감사합니다.'

앞 시장에서 상추와 아보카도를 사다 쌈 싸서 매우 잘 먹었다. 아보카도가 고소하니 맛있었다.

새벽 5시 30분에 쉐산도 파고다로 일출을 보러 갔다. 가파른 계단을 올라 꼭대기에 오르니 벌써 수많은 사람이 자리를 잡고 있다. 하늘이 붉어지며 해가 떠오른다. 여기저기서 카메라 셔터를 누르느라 난리였다. 소리도 찰칵찰칵. 착착착 연속음들도 여러 가지 소리다. 사람들도 백인, 흑인, 늙은이, 젊은이, 애들로 각양각색이다.

새벽이라 추운데, 핫팬티·나시 티에 오리털 점퍼까지 옷도 각양각색으로 입었다. 인간 시장이다.

그러나 목적은 모두 함께 바간의 일출을 보러 모였다. 불탑 사이로 떠오르는 붉은 태양을 보며, 참으로 자연은 위대하고 경이로웠다. 거대한 자연의 무대에 인간은 스쳐 지나가는 배우인 것 같았다. 나 자신이 너무 작고, 아무것도 아닌 것 같았다. 또, 나를 한없이 내려놓았다. 숙소로 돌아와 아침 식사를 하고, 8시부터 본격적인 투어에 나섰다.

뉴비 강의 난다만야파토는 바위굴을 파서 스님들이 수양에 정진할 수 있게 해 놓았고, 쉐지곤 파야는 미얀마를 최초로 통일한 왕이 타톤을 정복한 기념으로 지은 사원이다. 스리랑카에서 부처님 치아 사리 4개를 코끼리 등에 실어 가져왔는데, 코끼리가 쉬는 자리에 지었다 한다.

금빛 찬란하고 매우 웅장한 사원이다. 경내 사원 앞에 움푹 파인, 소주잔만 한 구멍에 물이 고여 있다. 이 건축 측량을 위해 파 놓은 곳인데 사원이 하도 높아서 그냥 맨땅에 서서는 상부가 보이지 않기 때문에 이 물에 비친 그림자로 사원 상부의 모습을 볼 수 있었다.

그곳에는 관광객들, 스님들이 사진 찍느라 북새통을 이뤘다. 이 절의 불가사의는 경내 큰 북을 치면 반대편에서 절대 안 들리고, 경내 벽의 그림자가 변하지 않는 것이라고 한다. 그리고 연중 내내 경내에 꽃이 핀다.

올드바간의 타짜분파야는 작은 사원이지만, 불상이 2중으로 되어 있다. 도굴 꾼이 불상 복장에 보물을 꺼내려 했으나, 부처님이 나오자 놀라 달아났다는 이야기가 전해져 온다.

우빨리떼인 사원과 틸로민도파야, 아난다옥짜웅, 아난다파야의 네 모서리에서 서 있는 입불상이 눈에 띄었다. 마하보디파야는 인도 풍으로 지어져 있다. 거더팔린파야와 마하제디파야, 로카데익판파토…. 고만고만한 파야가 너무 많았다. 햇볕은 뜨겁고 더웠다. 얼굴이 빨갛게 익었다.

붉은 벽돌로 예쁘게 쌓인 담마얀지 사원, 술라마니 사원, 담마야지카 탑을 순서대로 둘러봤다.

특히, 담마야지카 탑은 다른 탑은 대부분 사각형 기단으로 올라가는 데 비해, 담마야지카탑은 오각형 탑이다. 일반 탑은 과거 불 4불을 모시는데, 담마야지카 탑은 미래불인 미륵불까지 5불이 모셔져 있어 불교계에 중요하게 여기는 곳이다.

세계 불교국 중 5불이 모셔져 있는 국가는 미얀마가 유일한 나라다. 당시 뿌족 왕국이 번성했었나 보다. 담마야지카는 15각형 담장에

문이 5개나 있다. 3층 테라스에 올라가니 바깥의 탑들이 한눈에 보인다. 부지런히도 지었는지 탑이 500개나 된다나.

마누하 사원의 거대한 황금색의 불전 항아리는 사다리를 타고 올라갈 수 있다. 사람 키의 2배의 사다리이다. 밍글라쩨디 탑은 행운의 탑이라고도 한다. 사각 기단에 3단의 테라스로 되어 있고, 붉은 벽돌이 보이며, 상당히 아름답다. 꼭대기에 올라가 일몰을 보았다. 아침 일출 보던 것보다 더욱 아름답고, 탑들도 이곳에 더 많이 보인다. 이글이글 붉은 햇빛이 여행자들의 이마에 붉게 빛난다. 무척 아름다웠는데 오늘 사진을 너무 많이 찍어 카메라와 핸드폰 배터리가 일찍 떨어지는 바람에 일몰을 몇 장 못 찍고, 바라만 보았다.

'워쩨, 저렇게 멋있는 건 사진 찍어야 되는디.'

'시집가는 날 등창 나는 격'이었다.

탑들을 구경하는데 현지인이 다가와 루비를 사라고 했다. 루비를 돌 위에 얹고, 큰 돌로 내리쳐도 안 깨졌다. 보석에 관심이 있는 기민이, 상윤이가 생각이 났다. 보석이 만화영화에 많이 나온다고 했다. 손주들 주려고 사기로 했다. 개당 20달러를 달래기에 4개에 10달러에 달라고 흥정했더니 순순히 고개를 끄덕였다. 그래서 20달러 주고 빨강 루비를 8개 샀다. 윗도리 주머니에 넣고 다니다가 화장실에서 소변을 보고 나왔는데, 내 뒤에서 따라오던 근숙 씨가 루비 8개를 주워왔다. 내게서 빠졌나 보다. 미얀마는 루비 원산지라던가?

그나저나 잘 살지도 못하는 것 같은데 웬 파고다는 저리 많이 지었는지 모르겠다.

'조금만 지어 관리나 좀 잘하지.'

전부 폐허가 되고, 허물어져 가는 것이 안타깝다. 잡초에 묻힌 유적지를 보니 무상했다. 그래도 부처님 믿는 신심에서 지었을 텐데….

새벽 시장에 나가 모힝가를(민물고기 곤 것) 300짯, 우리 돈 300원을 주고 먹고 왔다. 낮에 주변 구경하고, 동네 골목길을 다니다, 악기 연주 소리에 이끌려 어느 판잣집 대문에 들어섰다.

미얀마는 집을 지면에서 1.5m 높은 곳에 설치해서 짓는데 그 집 아래 공간에서 초등학생쯤 되는 사내아이 5명이 합주 같은 것을 하고 있었다. 북이랑 대나무 조각으로 만든 실로폰, 긴 북 같은 것들을 연주하면서 덩실거렸다. 우리도 거기에 합세하여 아이들이랑 놀았다. 머리가 천정에 닿아 머리를 온통 구부리느라 불편했는데도 괜히 신이 나서 어릴 적 동무를 만난 것처럼 재밌었다.

아침에 먹은 모힝가가 사달이 났나 보다. 토하고, 싶은데 하지 못했다. 콜라를 먹어도 메슥거려서 결국 약을 사러 갔다. 남편은 대학원을 나와도 영어를 쓰지 않았다. 영어 못하는 내가 영어를 섞어 손짓 발짓으로 약을 사다 뜨거운 물을 먹고, 약을 먹고 쉬었다.

저녁에 근숙 씨네랑 밥을 먹기로 했는데, 내 몸이 너무 아파서 그만두었다. 내일 아침에 인례로 떠난다. 근숙 씨네는 껄로에서 내려 껄로 트레킹을 한다고 했다.

바간에는 나뭇잎 담배가 많이 보였다. 20개씩 고무줄로 묶어 팔길래 두 묶음을 샀다. 면으로 된 몸빼바지(2000짯)와 티(3000짯)도 하나씩 샀다. 시장에는 유난히 꽃을 많이 팔았다. 국민들이 자기 수입의 10분의1을 꽃을 사서 부처님께 올린단다. 거리의 차들은 대부분 차 앞에 꽃을 한가득 꽂은 생수 통을 철사로 동여매고 달려갔다. 미얀마 국민은 마음이 참 예쁘고 순박하다. 모든 이들의 마음이 불심에서 시작되는 것 같았다.

악기를 연주하며 함께 논 아이들

바간의 불교 유적지 이모저모

바다처럼 큰 호수 품고 있는
'인레' 마을

　새벽에 일어나 아침 7시 20분에 '에덴 겟 하우스' 주인이 아침 식사를 준비해서 싸 주었다. 빵과 계란, 바나나를 챙겨 줘서 고마웠다. 집 떠나 있으니 먹을 것을 주는 사람이 매우 고마웠다. 따뜻한 주인장의 마음을 안고 바간을 떠났다.

　인레까지는 차비 11,000짯에 9시간 걸린다 했다. 시골길을 달리고 달려, 점심 무렵 휴게실 같은 곳에 내려주었다. 그곳에는 시골 식당과 과자 가게가 있었다. 옆에 과수원이 있어 나무 밑 그늘에서 숙소서 싸 준 음식을 먹으려고 앉았더니, 과수원 주인장이 오더니 깔고 앉아 먹으라고 돗자리를 가져줬다.

　"아이고~ 쩨주바베~ 땡큐!"

　참으로 미얀마 사람들은 친절했다. 점심을 맛나게 먹으면서 '에덴 겟 하우스' 주인장에게 새삼 또 고마웠다. 외국에서 식당에 들어가 음식 시키기가 매우 어렵다. 10번 시켜 2번 정도가 입맛에 맞는 음식이다.

'음식 맛을 보고 사 먹으면 좋은데… 어디 그게 가능한가?'

그래서 대부분 실패 확률이 낮은 볶음밥을 시켜 먹는데, 그것도 나라마다 다르다. 길거리 음식은 맛을 보고 사 먹곤 한다. 그래서 우린 길거리 음식을 선호한다. 그건 그 자리에서 우리 눈으로 음식 내용물과 청결도를 확인할 수 있으니 좋다.

껄로에서 근숙 씨네가 내리고, 2시간 정도를 더 가서 인레 도시에 도착할 무렵, 20달러씩 내라고 했다. 미얀마는 도시 입장료가 따로 있어서 가는 곳마다 받았다. 그 대신 사원이나 유적지에서는 별도의 입장료는 안 받는다.

오후 5시에 인레에 도착하여, 싸이까를 타고, 리멤버 호텔로 갔다. 1층 큰방을 30달러, 아침 제공조건이었다. 괜찮다. 방은 대나무를 엮어 벽지를 하여 시원했다.

인레는 875m의 고원지대 호수 마을이라 공기가 상쾌하고, 시원했다. 옥상 식당에서 아침을 먹는데, 매우 정성스레 맛나게 잘 차려주어 잘 먹었다.

오늘은 인레호수와 마을 주변을 구경하기로 했다. 마을길은 초가지붕에 벽과 울타리는 대나무로 엮어서 만들었는데, 예뻤다. 근처에 큰 재래시장 '밍글라 마켓'이 있다. 재래시장에는 애호박만한 아보카도가 매우 많았다. 이쪽이 아보카도 주산지 인 것 같았다. 바나나 보다 더 쌌다. 일단 시장을 둘러보았다. 아보카도 5개 2,000원 어치 사고, 상추와 찹쌀도 사고 젓갈도 샀다.

점심을 아보카도에 된장 넣고, 상추 쌈을 매우 맛나게 먹었다. 밥도 찰밥으로 먹고, 젓갈은 고추 넣고 양념해 먹었다.

'배불리 먹고, 침대에 누우니 어이~. 참 좋네~. 이리 좋아도 되나 몰라~. 지금은 영부인도 안부럽다. 참 좋다~.'

한숨 자고 호숫가로 나갔다. 선착장엔 보트 배가 많았다. 호수 투어도 가 볼 겸 보트 승선료를 물어보니 보트 1대당 18,000원이었다. 2명이 타나, 3명이 타나 가격은 똑같았다. 한 대 빌려서 셋이서 인레호수 투어에 나섰다.

산으로 병풍처럼 둘러싸인 인레호수는, 바다처럼 넓었다. 호수 복판으로 나서니 물이 매우 맑아, 물 속 바닥까지 보이며, 수초들이 아름답게 너울거렸다. 바다의 산호초 군락처럼 보였다. 물가는 흙탕물인데 말이다.

호수에는 유람하는 사람, 고기 잡는 사람, 또 농사짓는 사람들도 보였다. 대나무를 엮고, 진흙과 이끼를 모아 밭(쭘묘)을 만들어, 농사를 짓는다. 꽃·토마토·오이·양배추·가지 등 온갖 채소들을 쪽배를 타고 다니며 가꾸고 수확한다.

호수에서 사는 사람은 인따족이라 한다. 수상 가옥과 연꽃의 줄기서 실을 뽑아 옷감도 짜며 생활한다. 인따족의 물건 판매하는 곳 쇼핑센터도 있다. 나름 활발하게 살아가고 있다.

호수 바깥 외각에는 빠오족이 호수 주변에 살고 있으며, 농사는 벼·옥수수·사탕 수수 등을 지으며, 대나무가 많아, 소쿠리 등 생활용품도 만들며, 5일 장날에는 매우 볼만했다.

호수의 인따족은 생선과 야채를 팔아서 대나무와 쌀을, 산속의 빠오족은 대나무와 쌀을 팔아 생선과 채소를 사갔다.

'인간은 혼자 살 수 없나 보다. 서로 '윈·윈' 이다.'

파란색 호수는 햇빛을 받아 조각조각 눈부시게 빛났다. 우리 보트

사공은 17살 먹은 사내아이였다. 학교에 갈 나이인데, 배를 몰고 있었다. 앳된 얼굴이 짠했다. 배를 수상 가옥 앞에 세웠다. 쇼핑센터였다. 목에 링을 끼운 동네 아가씨가 옷감을 짜는 게 보였다. 옷이며, 목도리며 손지갑 같은 걸 파는데, 무척 비쌌다. 무엇보다도 딱히 사고 싶은 게 없었다.

　사공 아이는 우리를 물 위에 지은 '파웅도우'란 사원에 내려 줬다. 매우 크고 웅장했다. 사원 상부는 황금빛 탑이 파란 하늘에 반짝이고, 지붕은 크고 작은 지붕이 팔각형을 이루고 있었다. 사원 안에도 넓고 중앙에 사각 탑이 있는데, 탑 아래 다섯 개의 큰 금 덩어리가 잇었다. 불상인데 금종이를 많이 입혀 그리되었다고 했다. 주변에 남자들로 북새통을 이뤘다. 여자들은 가면 안 된단고 했다. 남편이 가까이 가서 사진을 찍어 왔다. 뒤편에는 큰 황금 오리도 있었다. 이 사원이 유명한 사원인가 보다. 참배객도 매우 많았다.

　주변에는 농산물을 사고파는 장도 열리고 있었다.
　'물 위에 이리 큰 사원을 어찌 지었을까?'
　미얀마 사람들 목공예 솜씨도 뛰어나고, 아마도 부처님을 믿는 신심으로 지어졌으리라 생각해 봤다. 다시 한번 합장하고 서둘러 배에 올랐다. 사공이 식당으로 안내했다. 우린 밥을 싸와서, 사공에게 밥을 시켜주고, 우리는 도시락을 먹었다.

　식사 후, 배는 좁은 개울로 올라갔다. 곳곳에 작은 배가 정박해 있었다. 개인 자가용이었다.

　'인데인'에 도착하여 산으로 올라가며 폐허가 된 불탑이 매우 매우 많았다. 쓰러진 탑, 부러진 탑, 반파된 탑…. 꼭대기에는 잡초가, 어떤 탑 꼭대기엔 꽤 큰 나무가 자라고 있었다. 지진과 식물에 의해 폐허가 되었다고 했다. 탑이 망가지면 이미 그 탑은 부처님이 아니며, 벽돌로 돌아 간다고 했다. 나뒹구는 탑 옆에 새로 또 탑을 만들었다.

'훼손된 것도 보수하면 좋을 텐데….'

위쪽으로 계속 올라가나 언덕 위에 '쉐인데인' 사원이 있다. 깔끔하게 단장한 사원이다. 사원 주변의 탑은 매우 빼곡히 서 있었다. 황금빛 탑 꼭대기 풍경 소리가 바람에 영롱한 맑은 종소리처럼 울렸다. 딸랑딸랑하는 소리가 천상의 소리 같았다.

하늘은 새파랗고, 높이 솟은 황금빛 탑은 햇빛에 더욱 빛나고…. 수만 개의 풍경 소리는 사방을 은은히 울리고 있었다. 넋을 잃고, 아름다운 광경을 보고 들었다.

'아~.'

풍경 소리는 바람에 따라 커졌다가 작아졌다. 아름다웠다. 세 사람이 제각각 탑에 취해 흩어졌다. 어디선가 나처럼 있었으리라. 서둘러 자리를 털고 내려오니, 남편이 한소리 했다. 늦게 왔단다. 많이 기다렸나 보다. 멋대가리 없는 영감쟁이다.

카메라 셔터를 하도 많이 눌러, 카메라가 뜨거웠다. 더워서 맥주 한 캔씩 먹으며 내려왔다. 이 동네 빠오족은 검은색 옷에 머리에 붉은 색 수건을 얹어 썼다. 용의 후예라 했다.

서둘러 배를 타고 인레호수로 나왔다. 무슨 행사인지 검은 옷 입은 큰 보트와 갈색 옷 입은 큰 보트가 시합을 펼쳤다. 사공은 대략 30명씩 되었다. 주변에는 응원하느라 난리법석이었다. 검은 옷이 이겼다. 호수 한복판에서 사람들의 환호성이 울려 퍼졌다. 이긴 보트 사람들은 트로피를 받았다.

어느덧 해가 저물었다. 호수의 물 조각이 황금빛으로 반짝였다. 어부가 큰 둥근 망을 들고, 고기 잡는 시늉을 하며, 팔과 다리를 쫙 펴며 포즈를 취했다.

"왠 횡재? 오오~"라고 하며 사진을 찍었다. 그런데 나중에 수고료를 달라 했다. 2,000원을 주니 고맙다 했다. 우리도 "고맙습니다"라고 인사했다. 선착장에 와서 사공에게도 넉넉히 팁을 주었다.

인레의 선착장 주변 풍경

석양 무렵 인레호수에서 독특한 방식으로 조업 중인 어부들

인레호수가 품은 인데인 유적지 전경

인레의 불탑 군

빠웅 도우 사원

인레시장 내부 및 주변 이모저모

'따웅지' 거쳐 고즈넉한
'삔다야' 일대 종횡무진

호텔에서 체크아웃하고 가방을 맡기고, 작은 배낭만 메고 따웅지를 가기 위해 아침 일찍 나섰다.

작은 배낭 속에 남편은 작은 밥솥을 넣고 내 배낭에는 라면 포트를 넣었다. 옷가지는 몇 개만 챙기고 식재료는 그때그때 현지에서 산다.

따웅지 가는 반 트럭에 사람 가득 타고, 뒤에 매달려 가는 사람도 10명은 넘을 것 같았다. 이곳 교통수단은 트럭이 버스이다. 따웅지 가는 길은 높은 산을 돌아 돌아서 올라갔다.

그러자 멀리 인레호수가 보이고, 기름진 논과 밭이 보였다. 고원 도시다. 공기·날씨·온도가 매우 쾌적했다. 주변도 깨끗하고, 건물들도 높았다. '이 산 속에 무엇이 있어 이 도시가 잘 사는지?'

은행이며, 호텔이며, 매우 부자 도시 같았다.

'이 산 속에 왠 시장은 그리 큰지? 인구가 얼마나 된다고….'

가락동 시장 만한 곳에 사람이 바글바글했다. 옷 색깔이 틀린 소수

민족들도 장보러 나왔다. 뻰다야를 가기 위해 이곳으로 왔는데, 뻰다야 가는 차는 오전에 출발 한다고 했다.

오늘 따웅지에서 하루 머물기로 하고, 숙소를 찾는데 안 보여서 반 트럭 버스를 탔다. 신랑은 운전석 옆에 타고, 미행이와 나는 뒤칸에 탔다.

차장이 있어, 숙소 많은 호텔 쪽에 내려 달라고 하니, 한참 가다 차장이 내리라고 했다. 우리는 내리고, 남편도 내렸나 찾아보니 아뿔싸! 남편이 아직 안 내렸는데 차가 출발해 버렸다.

"아이고, 이것들아. 세워라, 세워!"

차를 따라 뛰면서 차 세우라고 소리를 지르는데 뒤칸에 탄 사람들은 같이 알려줄 생각은 안 하고 멍하니 우리를 쳐다보기만 했다.

차는 결국 다음 정류장에서야 멈추어 섰다.

'여기서 사람을 잃어버리면 말도 안 통하는데 세상천지 어디서 찾겠는가?'

그 짧은 시간 새 얼마나 숨 가쁘게 뛰었는지 온몸이 땀범벅이 다 되었다. 아이고, 식겁했다.

말이 호텔이지, 허름한 숙소를 하루에 40달러를 주었다. 여행 중 최고로 나쁜 방을 최고로 비싸게 얻었다. '싸옹 체리 호텔'인데, 1층은 잡화 도매 집이고, 2층부터 숙소다. 다만 시장통에 있어 시장 구경하긴 좋았다.

오후에 묘마켓이라는 시장에 구경을 갔더니 없는 게 없었다. 흑미 찹쌀로 인절미를 만들어 바나나 잎에 싸서 팔았다. 그 이름이 '커복'이라 했다. 국수도 사고, 대추 과일도 사고, 커복도 샀다. 플라스틱 줄로 알록달록하게 짠, 직사각형 시장 가방이 맘에 들었지만 짐이 부담스럽기 때문에 망설이다 못 샀다.

여기 따웅지는 짜이퉁 가는 버스가 있어, 국경 따지렉에서 우리가 짜이퉁 → 따웅지 → 인레로 오려던 곳이었다. 이곳이 비즈니스 도시란다.

중국 국경 가는 버스도 있고, 태국 국경 버스도 있었다. 여기가 북부 산악 지역 교통 길목이며 상업 물류 길목인 셈이었다.

새벽에 일어나 시장 한 바퀴를 돌았다. 볶음밥 1인분을 300k에 포장해서 숙소에 와 아침을 해결하고, 삔다야 행 버스를 타러 모첼리로 갔다. 가이드 책자에는 12시라 적혀있고, 동네 분들은 7시라 하고, 어떤 분은 1시간에 한 대씩 있다 하고 정보가 제각각이었다. 어제 모첼리를 알았으면 어제 바로 삔다야로 갔을 텐데…. 가이드 북에도 모첼리는 없었다.

12시까지 기다려 버스를 3,000k 주고 타고 가는 길옆 산자락에는 개간한 밭이 펼쳐져 있는데, 매우 멋졌다. 노란색, 초록색을 넣은 천연 모자이크처럼 풍경의 색채가 선명하고 환상적이었다.

버스기사가 큰 호수 옆 호텔에 내려주었다. 핑크 호텔 방은 30달러에 객실 두 개를 주었다. 깨끗했다. 옆에 시장도 있고, 창문을 여니, 큰 호수가 펼쳐져있있다. 호수 이름은 뽀딸 호수다.

조용한 마을은 산과 호수에 청량한 공기와 바람도 시원했다. 짐을 내려두고, 시장 구경을 갔다. 모두 쳐다봤다. 거기에는 외국인이 없었다. 미얀마 오지 산골이기 때문이다. 이 시장에는 한국에서 비싸고, 몸에 좋다는 삼채 뿌리가 엄청 많았다. 1,500원 어치 사니, 큰 비닐봉지에 3봉지 가득 눌러 줬다. 볕 좋은 옥상에 다듬어 널었다. 옥상에서 내려다보니 앞 호수와 주변 시골 풍경이 너무 좋았다. 그 동안 여행한

곳 중에 최고였다. 공기 좋고 동네 깨끗하고 사람 순하고 고즈넉하니 경치 좋고 물가도 쌌다. 채소 풍부하고 편히 쉴 곳은 뻰다야가 제격인 것 같았다.

저녁 무렵 커다란 뽄딸록호수를 천천히 한 바퀴 돌았다. 한 시간 반 걸렸다. 저녁이라 주민들이 호수에서 목욕을 많이 했다. 빨래하는 아낙네들도 많고 소떼들도 와서 물을 먹었다. 물이 투명하지는 않지만 씻는 사람이 엄청 많고 물수레 차들이 물을 싣고 가기도 했다.

밖이 아직 어두운데, 창밖에 사람 떠드는 소리로 시끌벅적했다. 창문을 열고 내려다보니 이른 새벽인데 벌써 장이 섰나 보다. 오늘이 장날인가 보다.

시골 아낙들이 가져온 농산물 보따리를 풀어 정리하고 있다.

"오예~."

'가는 날이 장날'이라고 우리가 오늘 뻰다야 오지의 장을 구경하게 생겼다. 서둘러 아침을 해 먹고 장 구경에 나섰다. 토마토 삼채가 많고, 양배추, 브로콜리 기타 푸성귀들과 꽃이 많았다. 불교 국가라 부처님께 꽃을 많이 바친다. 소득 일부분으로 꽃을 사 바친단다. 트럭 차에도 양 옆 페트병을 잘라 묶고, 거기다 꽃을 꽂아 다닌다. 버스도 꽃과 나무 가지를 꽂고 다닌다.

시장의 과일은 바나나와 아보카도뿐이다. 청국장을 찧어서 500원짜리 동전만 하게 납작하게 만들어 말려서도 판다. 여기 특산품 같았다. 길가에 차를 세워 놓고, 외지 사람들이 한 묶음씩 많이들 사 갔다. 씨앗 가게에서 기다란 박아지 씨앗을 샀다. 아보카도 2500, 상추 1000, 청국장 1000, 김치 비슷한 것도 샀다. 밥을 새로 지어, 아보카도를 상추 쌈해서 맛나게 먹었다. 아보카도는 고소하고, 잣 냄새가 나며 매우 맛났다.

　이곳에는 저울도 나무로 'ㄱ'자처럼 특이하게 생겼고, 미원을 깡통 됫박으로 팔았다. 얼굴에 다나까를 바른 여인네들이 수줍게 물건을 팔고 있었다. 애어른 모두가 얼굴에 다나까를 발랐다. 우리도 발라보니 피부가 보송보송해지고 햇볕에 피부가 덜 탔다.

　저녁나절에 동네 산책을 나섰다. 골목골목이 참 깨끗한 것이 쓰레기 하나 없었다. 옥상에 널어놓은 삼채는 좀처럼 마르지 않았다. 마른 청국장에서 냄새가 꽤 났다.

　'숙소에서 끓여 먹지도 못하는데, 왜 샀을까?'

　살림하는 사람이라 집에 있는 아이들한테 미얀마 것을 한번 끓여 먹여 주고 싶었다. 뻰다야를 이야기해 주면서 말이다. 나도 참 못 말리는 엄마인가 보다.

노년을 보내고 싶은 미얀마의 여행지 '뻰다야'의 이모저모

잉와 만들레이

쉐우민 동굴

쉐우민동굴과 살고 싶은 시골 '삔다야' 트레킹

새벽에 물안개가 자욱이 피는 호숫가에서 일출 사진을 찍기 위해 카메라와 핸드폰을 챙겨 나갔다.

아직 주위는 어두운데도 불구하고, 강가에서 목욕하는 사람들, 빨래하는 아낙네들이 많이들 나와 있었다. 이곳 호숫가에서 고기 잡는 사람은 못 봤다. 불교 국가라 그런지 전혀 없었다. 큰 나무 밑에서 목욕하는 사람 배경으로 사진을 많이 찍었다.

아침 해가 떠오르고, 물보라를 일으키며 목욕하는 장면이 너무 아름답고 성스럽기까지 했다.

'추울 텐데…'

사진작가들이 오면 참 좋겠다 싶었다. 사람들이 참 행복하고 평화스럽게 보였다. 미얀마인들은 마음이 부자인 것 같았다. 역시 인간이 행복을 느끼는 데에는 물질이 크게 좌우하지 않는 것 같았다.

숙소로 돌아가 아침을 먹고 쉐우민동굴로 가기 위해 길을 나섰다.

길거리는 아름드리나무가 줄지어 서 있고, 길가에는 경운기로 트럭처럼 만든 차가 요란스럽게 '탕탕탕~' 거리며 지나갔다. 제대로 된 차는 보기 힘들고, 경운기, 트럭이 많이 다녔다. 길은 비포장으로 흙먼지가 많이 났다. 이른 아침이라 어떤 민가는 문을 열어 놓고, 아침식사를 했다. 이 사람들의 집을 구경하고 싶어 카메라를 들고 들어가, 구경해도 되는지 물어보니, 구경하라고 했다. 집은 원룸 식으로, 한쪽에는 나무 침대가 있고, 바닥은 흙이며, 방 중앙에 돌로 네모지게 해 놓고, 불을 피운다. 난방도 되고, 음식도 하는 것 같았다.

먹다 만 밥상에는 나물 무침과 밥과 찌개가 있었다. 나물을 집어 먹어 봤다. 독특한 향기에 매우 맛났다.

'얼마 만에 먹는 나물인가?'

체면도 잊고, 막 집어 먹었다. 주인장에게 1,000원을 주면서 나물을 조금 내어 달라고 했다. 나물을 얻어 길을 가는데, 나물을 준 '아주머니'가 과일 몇 개를 더 가져다 줬다. 인심이 좋았다.

"고맙습니다. 이곳 말로는 쩨주 바베~."

많이 걷다가 동굴 입구까지 엘리베이터를 타고 높은 산 중턱에 있는 거대한 석회암 동굴로 갔다. 그 동굴에는 불상이 8,094개나 안치되어 있었다. 동굴 속에 빈 공간이 없을 정도로 불상들이 있었다. 불상의 재질도 석고, 티크, 벽돌, 칠기, 시멘트, 흙, 옥 등 다양하고 그 위에 금박을 입혀, 번쩍번쩍 황금색으로 빛이 났다. 동굴 내부에는 종유석과 석순들도 있고, 높은 탑도 있었다. 동굴 내부도 아름답고, 경이롭지만, 외부에도 아름다웠다. 밑을 내려다보면 뽄달 호수와 뻰다야 마을이 한눈에 보였다.

동굴 입구에 거대한 거미 상이 있는데, 왕자가 거미를 향해 화살을 겨누는 동상이었다. '골든 케이브'라고 했다. 오늘 본 불상은 10년 치는 본 것 같았다. 너무 더워서 밖에 나와 트럭 버스를 타고, 인레 시장까지 왔다. 1인당 1,000원씩 주고 편히 왔다.

오후에 미장원에 가서 파마를 8,000원 주고 했다. 손이 굼뜬 것인지 머리를 마는 데만 한 네 시간 정도나 걸린 것 같았다. 1시간 30분 만에 풀었더니 머리칼이 매우 뽀글뽀글해졌다. 오는 길에는 신뿌축제가 열려 가장행렬이 이어졌는데, 볼 만 했다. 학생들, 어른들이 화장하고 깃발을 들고 걸었다. 악대도 따르고 의식을 하는 아이도 말을 타고 가고 있었다. 쌀집에 가서 쌀을 사고, 주인 새댁과 한참을 이야기하며 놀았다. 매우 선하고, 지혜롭게 생긴 새댁이었다. 딸은 외지에서 공부하다 오늘 왔다고 했다.

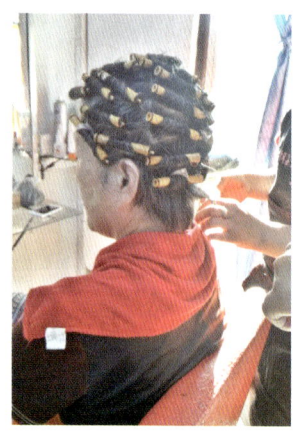

머리를 다듬기 위해 들른 미장원

아침 일찍 투엔리를 거쳐 '씨저인' 트레킹에 나섰다. 옆 사원에서 음악 소리가 요란하고, 사람들도 많았다.

"김춘자! 호기심 발동!"

여행하면서 느낀 점은 풍악 소리 나는 곳에 구경거리가 있었다. 결혼식이든 집들이든, 축제든 음악 소리가 나는 쪽으로 관심을 보이니까, 안쪽에서 사람들이 들어오라고 야단법석이었다. 엉겁결에 들어가 보니, 큰 강당인데, 악단도 있고, 한쪽에는 무대도 있고, 다른 한편으로는 다과를 차려내는 부엌도 있었다.

강단 바닥에는 옹기종기 어른들이 모여 앉아, 다과를 먹고 있었다. 주변을 둘러보아도 도대체 이게 무슨 일인지 모르겠다는 생각이 들었다.

'결혼식도, 장례식도 아닌 것이 마을 이장 선거 날인가? 말이 통해야 물어보지….'

힌트를 찾으려고 열심히 둘러보니 머리 홀딱 깎은 동자승 2명이 보였다.

'1명은 다섯 살 정도, 한 명은 7살 정도니까 옳거니 어제 오후 시내를 행진하던 신쀼 의식 하던 애들이구나.'

오늘 여기서 신쀼 의식을 해서 친척 어른들, 동네 어르신들이 잔치를 연 모양이었다. 미얀마 남자들은 불가에 출가를 꼭 해야 취직도 할 수 있고, 사람 구실을 한다 했는데, 있는 집인지 상당히 성대하게 치르고 있었다.

우리를 안내하던, 날씬하고 잘 웃던 아가씨가 옆 건물로 안내했다. 옆 건물에서는 모두 식사하고 있었다. 밥에 국과 나물 반찬이었다. 아침을 먹고, 다과도 먹어 배가 부르지만, 현지인들 친절로 맛있게 먹었다. 이곳은 삼채의 고장이라 삼채 뿌리 반찬이 많았다. 그 중, 삼채 뿌리를 종종 썰어 기름에 양념해 볶은 것이 맛있었다. 우리가 잘 먹으니 아가씨가 삼채 볶음을 조금 싸 주었다.

길을 나서면서 투엔리로 간다고 하니 아가씨가 배웅하며, 자꾸 따라왔다. 삼 갈래 길까지 와서 우리에게 오른쪽으로 가라 일러준 뒤에야 돌아갔다.

가만 생각해 보니 우리가 다른 길로 갈까 걱정되어 나온 거였다.

'감사한지고~.'

길을 따라 산 위쪽으로 걷고, 쉬고, 노래도 부르며, 2시간 정도 걸어 투엔리에 도착, 마을 큰 정자나무 밑에 어른들이 쉬고 있었다. 우리도 쉬면서, 마을을 구경했다. 산꼭대기 임에도 집들이 별장처럼 잘 지어져 있었다.

'여기는 시골 오지인데, 부촌일까?'

어른들께 씨저인으로 간다 하나, 손을 절레절레 흔들었다. 멀다고 했다. 교통편도 없으니, 가는데까지 걸어가 보기로 했다. 마을은 한적하고, 지나가는 사람들도 온순하고, 공기도 매우 좋고, 사원에는 만국기가 휘날렸다. 오늘이 길일인가 여기 사원도 무슨 행사가 있는 듯 사람들이 북적였다.

씨저인 쪽으로 길을 잡아 산길을 올랐다.

'아~ 좋다. 우거진 산림, 파란 하늘에 구름이 떠가고~.'

젊은이가 탄 오토바이 3대가 왔다. 씨저인까지 태워 달래니 태워준다고 했다. 가파른 길을 곡예하듯 자갈길을 소리소리 지르며 달렸다. 해발이 매우 높아 주변 풍광은 너무너무 아름답고, 커피나무 밭이 구릉을 이루고, 군데군데 둥근 큰 나무가 어우러지고 말로 표현할 수 없이 아름답고 평화로웠다.

총각들이 내려 준 곳은 정상의 여행자들이 묵는 숙소 휴게실 같은 곳이었다. 서양인들이 트레킹을 하며 '비박(非泊)'하는 곳인 것 같았다. 허름하지만 식사와 음료도 있어, 맥주 한 잔씩 하고, 젊은이들에게 약간의 차비를 주고 돌려보냈다. 내려올 때는 걸어올 참이었다. 한참 쉬고, 산을 내려오는 길은 수월했다. 오토바이 타고 올라가며 놓친 풍경을 다시 보며, 세월아~, 네월아~ 걸어오며 발 아래 풍광을 보며, '아~ 이리 좋아도 되나? 감사합니다'라고 생각하며 또 마음을 내려놓았다.

동남아 여러 곳을 여행했지만 내가 살고 싶은 곳은 바로 미얀마 '삔다야' 이곳이다.

꼬불꼬불 산자락을 내려오며, 소수 민족도 만나고, 세 갈래, 네 갈래로 갈라진 길도 만나지만, 발아래 호수를 지표로 삼아, 빨개도 너무 빨간 황토길을 걸어 내려왔다.

주변에는 커피밭이 많았다. 길가에 애기 안은 새댁이 있어, 사진 찍어 주며, 쉬었다. 새댁 네 집을 구경했는데, 집안에 거실 같은 곳 중앙에 나무를 지펴 음식도 하고, 보온도 가능하게 만들었다. 새댁이 커피콩을 한 줌을 건네줬다.

'고마운지고~.'

우리는 먼지투성이에 오늘 너무 많이 걸어, 다리도 아프지만, 오늘 제대로 힐링 했다. 저녁에 인도에서 쓰던 자전거 열쇠를 쌀가게에 주고, 찹쌀 1kg, 맵쌀 1kg과 바꾸었다. 새댁은 40살이라고 했다. 다음에 오면 자기 집에서 자라고 했다. 안녕을 고하고 나왔다.

저녁에 '인레 리멤버 호텔'로 전화해 내일 간다고, 방을 예약했다. 어쨌든 내 의사 표현으로 떠듬떠듬 어설픈 영어로 방 예약에 성공했다. 인레 호텔은 손님들이 많아 방이 없을 수도 있기에 예약을 서둘러 해야 했다.

인레온천과 밍갈라마켓 장날에서 누린 행복

새벽에 일어나 뽄딸호수의 일출 사진과 아낙네들 빨래하는 사진을 찍고 오늘 '인레'로 갈 준비를 했다.

덜 마른 삼채도 싸고, 청국장도 싸고, 미니 밴 차가 호텔까지 픽업 왔다. '냥쉐'로 가는 길에 구릉지 밭이 아름답고, 평화로웠다.

'다시 꼭 오고 싶은 삔다야. 안녕~!'

오토릭샤를 타고, 인레 입구에 들어서니, 도시 입장료를 또 내라고 했다. 전에 끊은 티켓을 보여주니 안 된다고 했다. 10달러씩 또 내라고 했다. 우리는 8일 전에 냈는데, 1주일이 지나 또 내야 한다고 했다.

"나는 못 내겠다. 한번 내면 되었지, 또 내냐?"

이렇게 따지니, 표도 빼앗아 가고 다시 안 줬다. 표를 도로 달래도 안 줬다. 승객이 주라고 소리치니 결국 줬다. 15살 정도 '머슴아'가 눈을 부라리며 난리였다. 나도 모르게 분이 나서 "이 새끼! 눈깔 깔아!" 하고 소리쳤다. 완전 도둑들이었다. 내려서 걸어가려니까 못 가게 길을 막았다. 사무실 안으로 들어가 "폴리스를 불러!"라고 소리쳤다.

"어떻게 한 도시에서 두 번씩 입장료를 받냐? 폴리스 불러!"

나도 배짱이었다. 신랑은 한마디도 안 하고, 나만 싸웠다. 그랬더니 직원 여자가 더 딱딱거렸다. 어디다 전화해서 딱딱거리는데 알고 보니 '리멤버 호텔'이었다.

"폴리스에 전화하라니까 왜 호텔에 전화질이야?"

어쨌든 가라고 했다.

'김춘자 승! 30달러면 돈이 얼마인데….'

그래도 기분 잡쳤다. 미얀마 너무 좋았는데, 좋은 기억이 다 사라졌다. 관광객이 얼마나 많이 모이는데, 저런 놈들 때문에 이미지를 실추하는 것이 안타까웠다. 생각할수록 어린 놈이 괘씸했다. 옥상에 삼채를 널어놓았다. 삼채는 기침 감기에 매우 특효약인데, 잘 마르지 않고 냄새가 지독했다. 미얀마는 교통비와 숙박료가 비싸다.

오늘은 온천을 하러 가기로 했다. '사잉께이'라 부르는 반 트럭을 타고 가는데 왕복 12,000에 흥정했다. 좀 비쌌다. 사잉께이 타고 가는 길은 전형적인 시골 평야다. 한참 모심기가 시작된 논이 좍 펼쳐있고, 일직선으로 난 찻길 양쪽에는 하늘 높이 치솟은 가로수가 좍 늘어선 매우 예쁜 길이었다. 어릴 적 신작로 길 같아서 걸어보고 싶었.

온천은 매우 예쁘게 야외로 꾸며놓았다. 탕은 열탕, 중탕, 냉탕으로 나뉘고 주변은 티크로 장식되어 있다. 오랜만에 수영복 차림으로 열탕에 들어가 농민들 모 심는 걸 구경하노라니, 이 또한 천국이었다. 이제 여행도 막바지다.

'집 떠나온 지 몇 달. 길 위에서 자고, 먹고, 잘한 건지~. 잘못한 건지. 무엇 때문에 길 위를 떠도는지? 늘그막에 역마살이 생겼나?'

눈을 감고 상념에 잠긴다. 설사 잘못이라 해도, 매우 잘한 일이라고, 자위했다.

'그래! 잘 입지도, 잘 먹지도 않고, 남의 것을 탐내지 않고, 사치하지 않고, 허영도 안 부리고, 앞만 보고 빈손으로 시작해, 매우 알뜰히 열심히 살아온 류덕수, 김춘자는 충분히 이러고 다녀도 된다. 암. 암만 되고 말고~.'

뜨거운 물에 몸을 담그고 있으니 피곤이 '싸악' 풀렸다. 외국인 손님도 꽤 있는데 열탕은 우리만 들어왔다. 서양인들이 부러운 듯이 쳐다보았다.

'한국 찜질방에서 단련된 몸이여!'

사잉께이는 3시간만 예약해서 서둘러 나와 밍갈라마켓에 와서 환전하고, 애호박만 한 아보카도 700원씩 5개, 포도와 파인애플, 양배추를 사서 숙소로 왔다.

그런데 미얀마는 과일이 맛이 없다.

저녁에 정원에서 한국인 노부부를 만났다. 아저씨가 산 전문가이다. 노후에 여행하며 사시는 분인데 말씀을 철학적으로 잘하셨다.

일찍 식사를 마치고, 밍갈라마켓 부근에 산책을 나섰다. 다른 날과 다르게 사람이 엄청 많았다. 오늘이 장날인가 보다. '오, 예!' 제대로 장 구경하게 생겼다. 장 바깥은 크게 짠 대울타리로 둘러싸여 있는데, 미얀마는 대나무를 자리처럼 엮어서 울타리, 집안을 벽지 대신 붙인다. 레카 칠을 해서 매우 멋있었다.

병아리 집, 대소쿠리, 또 실처럼 가늘게 잘라서, 포장용 끈으로도 사용한다. 대나무가 많이 생산되나 보다.

시장 안으로 들어가니 제일 먼저 눈에 들어온 것은 생선 시장이다. 바다 고기는 아니고, 민물고기를 잡아다 마당에 하나 가득 늘어놓았다. 인레호수에서 잡은 건가 보다. 크기는 어른 팔뚝보다 더 큰 것부터 매우 작은 것까지 살아서 꿈틀거리고 펄떡였다. 각자 잡은 것을 앞에 두고 팔기에 여념 없었다. 나는 전부 처음 보는 물고기들이다. 물고기전이 매우 장관이다. 한쪽은 육고기전도 있고, 싱싱한 푸성귀 야채전도 있다. 야채전을 보니 눈에 익은 비듬 나물, 강낭콩, 배추, 상추, 오이, 가지 등 다양했다. 비듬나물을 데쳐서 고추장에 팍팍 무쳐서 밥 비벼 먹으면 맛있겠다 싶었다. 생각만 해도 침이 꿀꺽 넘어 갔다.

아보카도와 바나나도 산처럼 쌓여 있고, 공예품, 조개 목걸이 등 티스푼, 포크도 있고 실크 제품도 있고, 한쪽에는 잎담배도 팔고 머릿기름도 덜어 팔았다. 노상 금은방도 보였다. 그 많은 물건을 좌판에 내놓고 사람들이 흥정도 하고 홍보도 하면서 열심히들 물건을 사고 파는데 살아 꿈틀거리는 생동감 넘쳐나는 삶의 현장이었다.

그 광경이 괜히 보기 좋아서 카메라 배터리 전원이 소진될 때까지 사진을 많이 찍었다. 주전부리도 많이 파는데, 어떤 것을 먹어야 할지 자신이 없었다.

걸쭉한 죽 같은 젓갈도 팔기에 500원어치를 샀다. 이제 곧 미얀마를 떠날 테니 이것저것 필요한 것들을 좀 사자 싶어서 거침없이 쇼핑을 좀 했다. 애플 슈가도 1,000원어치 사고, 면 머플러에 얼굴 마사지용 안 볶은 참기름, 찐 찰밥도 사고. 대장간에서는 미얀마식 조그만 과도를 샀다. 시장 물건들을 유심히 보다 보니 옆에 있던 신랑이 없어져 있어서 잠시 아찔했는데 나중에 알고 보니 혼자 알아서 숙소에 돌아와 있었다.

밍갈라마켓 시장 안 및 주변 이모저모

마하간다용 짜웅 먀안마 최대 수도원

'따지렉' 경유해 다시 찾은 방콕

오늘 헤호공항에서 따지렉으로 가서 태국으로 넘어간다.

비행기가 오후 비행기라, 아침 일찍 먹고, 아쉬운 마음에 동네 산책을 나섰다. 안 다녀본 길로 방향을 잡았다. 시골 동네, 자금자금한 초가지붕에 대나무 울타리 대나무 벽, 사립문도 대나무다. 매우 작은 구멍 가게도 있고, 자전거를 타고 학교 가는 꼬맹이도 있고, 오리들이 몰려다니고, 이방인에게 꽥꽥거리며 주둥이로 위협을 하는 거위 몇 마리도 있다. 참으로 정감 있고 푸근한 동네이다.

돌아오다가 가정집 안에서 화덕에 불을 때서 과자를 만드는 식구들도 보았다. 온 식구가 연기에 눈물을 쏟으며 열심히 과자를 튀긴다.

미얀마는 거리가 매우 깨끗하고 주민들이 매우 친절하고 순박하다. 서둘러 숙소에 와서 짐을 챙겨 택시를 15000k에 타고 헤호 공항에 11시에 도착했다. 점심을 먹고 비행기 편을 확인해 보니, 2시 15분 골든 에어 헤호 → 따지렉 비행기가 취소되었다고 한다.

'그걸 왜 이제야 이야기를 하지?'

직원 왈, 3시에 헤호에서 짜이똥 가는 비행기를 타면 짜이똥에서 따지렉까지 버스를 태워다 준다고 했다. 3시간 버스 타면 된단다.

"노! 비자 만료가 오늘이기 때문에 안 된다. 만달레이나 바간으로 보내 줘라, 거기서는 따지렉 가는 비행기가 있을 거다."

잘되지 않는 영어로 계속 직원과 항공사 측과 전화질을 했다.

"비행기티켓을 왜 팔았냐?"

작은 시골 공항에서 직원들이 쩔쩔맸다. 우린 우리 주장을 내세우고, 어쩌겠는가? 비행기가 취소된 사유를 써 달라고 했다. 국경에서 비자 기한을 어겼다고 문제가 되면 당신들 책임지라고 못 박고, 전화번호와 이름까지 서명 받고 타기로 했다.

삼채 보따리에서 냄새가 지독히 났다. 싼다고 쌌는데, 냄새가 강한 식품이라, 공항 직원이 박스를 구해와 테이프로 매우 단단히 싸 주었다. 우리를 빨리 비행기 태워 보내려고 난리였다.

비행기는 4시 20분에 짜이똥에 도착해 버스에 16명 정도 탔다. 그 사람들도 따지렉까지 가는 사람인 것 같았다. 버스는 꼬불꼬불 산길을 시속 20km 정도로 깊은 산길을 천천히 털털거리며 나아갔다. 주변 풍경은 계단 논과 밭, 나무 널빤지로 지붕을 기왓장처럼 포개어 지은 집이 많았다. 저녁 노을이 내려앉은 산과 들은 안 보면 후회했을 것 같았다. 해가 지고 창밖은 깜깜했다.

이곳 북부는 반군들이 출몰한다던데, 혹시 돈이라도 빼앗기면 낭패겠다 싶어, 100달러짜리 지폐 뭉치를 양말 속에 감추었다. 깜깜한 산길에 앞차 버스가 고장나 서 있었다. 우리 운전사가 같이 고쳐 주느라 한 시간을 더 서 있었다. 3시간 걸린다는 버스길은 6시간 걸려 밤 11시에 따지렉에 내렸다. 태국 '봉' 총각과 미시스 호텔에 갔는데 700B

나 달라 해서, 강남 호텔에 500B을 지불 하고 묵었다. 저녁도 못 먹은 채 12시가 넘었다. 맛 없는 컵라면 하나씩 먹고 잤다.

'아이고~ 오늘 하루 파란만장했구나.'

아침에 일어나 보니 호텔 창문 앞이 개울이다. 개울 건너는 태국이고, 호텔 있는 쪽은 미얀마다. 5m 정도의 발목이 차는 개울, 국경이 여느 집 울타리 수준이다. 서로 마실로 다닐 수 있는 길이다. 태국 봉 총각과 국경을 순조롭게 넘었다.

다행히 국경에서 비자 만료 날짜 하루가 지남을 문제 삼지 않았다. 썽터우를 타고 메싸이 버스터미널까지 오니, 치앙마이 가는 버스가 3시에 있다고 했다. 그래서 미니밴을 타고 치앙라이에 가서 치앙마이로 가는 버스를 타기로 했다.

봉 총각은 디자이너이자 작가라고 했다. 치앙라이에서 우리를 버스 태워주고, 자기는 비행기를 타고, 방콕으로 간다고 했다. 아쉬운 작별을 하고, 그린 버스를 오후 1시에 타고 보니, 어제 점심밥을 먹고, 제대로 된 밥을 못 먹었다. 찐 찰밥 까우니어우 한 덩이씩을 싸서 먹었다. 아주 꿀맛이었다. 치앙마이에 도착하여, 썽태우를 타고 역전에 들러 15일에 방콕 가는 슬리핑 기차표를 예매했다. 다른 때보다 티켓 값이 비쌌다.

'그새 가격이 올랐나?'

'코리아 하우스'에 도착하여, 걱정되는 삼채부터 꺼내어, 옥상에 널었다. 냄새가 진동했다. 코리아 하우스 사장이 매우 반가워했다. 저녁에는 오랜만에 김치찌개를 먹었다. 너무 더워서 에어컨 방으로 정했다. 그리고 숙소에 맡겨놓은 짐을 찾아 정리했다. 훈련 마치고 귀대한 군인처럼, 편안하고, 자랑스러웠다.

'육로로 미얀마에 들어가 한 달간 잘 여행하고, 무사 귀환을 축하, 축하! 김춘자! 잘했어!'

간밤에는 숙면했다.

코리아 하우스는 친정같이 정이 드는 곳이다. 사장님도 잘해 주시고, 여러 번 이용해서인지, 주변이 시끄러워도 좋다. 오늘 세 번째 소포를 부쳤다. 삼채랑 잎담배, 스피루나 등 미얀마에서 사온 것들을 부치는 데 2,700B나 비용이 들었다.

오늘은 에어컨이 나오는 방에서 하루 종일 나뒹굴었다. 밖은 완전 찜통이다. 미얀마는 안 더운데, 여기만 해도 남쪽이니까 그런가 보다.

시원한 윗도리를 몇 개 사고 과일도 사고 오이도 사서 그동안 아껴 두었던 냉면을 만들어 먹었다. 쌀국수를 사다 섞어 먹었다. 매우 행복한 식사였다. 냉면 한 그릇에 행복해하는 내 자신이 낯설다. 여행하면서 왜 이렇게 먹는 것에 비중을 두게 되는지 모르겠다.

하지만 여행에서 제일 중요한 것이 식사다. 한 끼도 소홀히 하면 안 된다. 먹거리는 여행의 에너지니까. 여행을 다니다 보면 오로지 생각하게 되는 것은 '오늘 무엇을 먹고 어디서 자고, 무엇을 보지?' 이것뿐이다. 그렇게 단순하게 다니는 것이 즐겁고 행복하다. 역시 삶은 이것 저것 복잡한 생각에 빠져있지 않고 지금 이 순간순간을 즐길 때 더욱 행복한 것일지도 모르겠다.

저녁에 코리아 하우스 사장과 수다를 떨었다. 외국에서 여자 혼자 사업하는 게 만만치 않으리라. 스트레스를 받아도 수다를 떨 수 없으니, 정신적 고통이 크리라.

방값 1,100B와 짐 맡긴 비용 200B을 냈다.

방콕으로 떠나는 날이 밝았다. 내일 아침 방콕 후알람퐁역에 도착하여, 카오산 숙소에 짐을 맡기고 바로 머치터미널로 가서 캄보디아로 가기 위해, 아란행 버스를 타야 한다.

날짜가 촉박해서 일정을 그리 잡았다.

코리아 하우스 사장이 난리다. 좀 같이 놀려 했는데, 빨리 간다고…. 점심에 돼지 수육을 삶아 겉절이도 무쳐 맛있는 점심을 차려주어 맛나게 고맙게 먹었다.

역전까지 데려다준다는 걸 마다하고, 썽태우 30B를 주고, 치앙마이 역에 도착하니, 4시 차라, 2시간 정도 시간이 남아 역 앞에서 마사지를 220B에 받았다. 마사지사가 젊은데 손 끝에 힘이 없어서 솜씨는 별로였다.

시간이 되어 기차를 타고 보니, 이번 기차는 전에 타던 것보다 훨씬 더 좋았다.

'어째 기차티켓 값이 비싸더구만!'

자리를 잡고, 침대에 누워 창밖을 바라봤다. 하늘은 파랗고, 초록색 우림 속으로 기차는 덜컹거리며 달렸다.

'아무 생각, 아무 짓도 안 해도 되는 이 편안함! 내일 아침까지는 모든 짐을 내려놓고, 편안함을 만끽하리라!'

항상 여행의 모든 걸 주관하다 보니, 안전도, 스케줄도 내가 짜기에 온갖 신경이 곤두서 있어야 했다.

항상 예민해져 있어 정신적으로 피곤했다. 남편과 미행이는 나의 지시에만 따라야 했으니 내심 불만도 있었으리라. 그래도 군소리 없이 잘 따라와 주어서 여행이 순조롭고 성공적으로 마칠 수 있었던 것 같았다. 또한 같이 다니면서 나에게는 많은 힘이 되어준 길동무이었다.

태국-미얀마 접경지역인 미얀마의 따지렉 전망대에서 바라본 태국 메싸이 마을 풍경

태국과의 접경지대인 미얀마 따지렉 마을의 쉐다곤 파고다 전경

Chapter 3. 캄보디아

홍길동 작전 방불케한 태국에서 캄보디아로의 입국

 열흘 동안 일정에 여유가 있어 버스를 타고 캄보디아에 다녀오기로 했다. 캄보디아는 15일 간은 무비자로 입국할 수 있다.
 기차 속에서 잠은 매우 잘 잤다. 새벽에 유럽 단체팀이 방콕에 못 미쳐 내리느라 시끄러워 잠을 깼다. 기차는 6시 30분에 후알람퐁역에 도착했다.
 짐 보관 센터에 가보니 10일 정도는 안 되고 하루만 된다고 했다. 어쩔 수 없이 썽태우를 타고 카오산으로 가서 우리가 카오산에 오면 묵던 '싯데(Sitdhe) 게스트하우스'에 캐리어백 3개를 하루 30B에 캄보디아 다녀 올 때 까지 맡겼다.
 서둘러 택시를 머치마이까지 300B에 흥정해 타고 갔다. 터미널 1층에서 아란 행 버스 티켓을 233B에 사서 바로 버스를 탔다. 제법 빠듯한 이동이라 신랑이 "이거 완전 홍길동 작전이네~"라고 하면서 투덜댔다. 방콕에서 하루 쉬고 가지 힘들다고 했다.
 "하지만 안 돼요~. 날짜가 없다. 캄보디아에서 하루라도 더 있으려면 이렇게 해야 돼요."

먼지 나는 빨강 일직선 도로를 무려 7시간을 달려 아란에 도착했다. 국경 쪽은 사람이 엄청 많았다. 태국 국경에서 신속하게 출국 수속을 마치고, 캄보디아 입국 심사 라인 쪽엔 줄이 길게 늘어져 있고, 군인들이 '세월아 네월아' 수속하고 있었다. 다른 군인은 암암리에 돈을 더 내고, 급행으로 하라고 했다.

도착 비자와 입국 수속을 같이 하는데, 비자비 20달러를 내고 꿋꿋이 2시간을 기다려 입국 절차를 모두 끝내고, 씨엠립까지 미국인 앤드류와 택시 합승으로 일인당 8달러씩 4명이 택시를 합승했다.

동승한 앤드류는 굉장히 흥분했는지 쉴 새 없이 떠들어댔다. 사람 정신을 쏙 빼 놓았다. 앤드류는 한쪽 다리가 불편했다. 2년 전에 씨엠립에 왔다가 오토바이 사고로 다리를 많이 다쳐서 미국서 1년 간 병원생활을 했는데 퇴원해서 지금 또 씨엠립을 왔다고 했다. 그는 1달러짜리 지폐 한 다발을 보여 줬다.

택시가 2시간 만에 씨엠립에 도착했다. 앤드류가 묶기로 한 게스트하우스로 갔다. 방이 비싸서 우리는 다른 곳으로 갔는데 어라, 남편 핸드폰이 없었다.

'택시에 빠졌나? 국경에서 빠졌나? 택시 운전사를 찾을 길이 없나?'

가만히 생각해보니, 우리가 앤드류에게 이용당한 것 같았다. 남편이 핸드폰에 영어로 문자를 넣었다. 돌려주면 후사하겠노라고. 그렇지만 그 후로 그 핸드폰을 다시 보지는 못했다. 숙소는 '스마일 게스트하우스'에서 방 2칸에을 18달러에 빌려서 들어갔다. 괜찮았다.

캄보디아 국경지대와 필자 부부

다시 찾은 앙코르 와트와
씨엠립 시내 종횡무진

뚝뚝이를 타고, 골든 가든 파크 캄보디아 왕궁 공원에 갔다.

수목이 우거져 아름답고, 큰 사원이 있다. 웨딩사진을 찍는 팀이 10팀도 넘게 많았다. 매우 화려하게 입은 신랑, 신부와 친구들이 8명~10명이 매우 화려한 옷을 똑같이 입고 같이 사진을 찍었다. 너무 화려했다. 공주·왕자 같았다. 화장도 예쁘게 했다. 각 팀 별로 옷 색깔이 다 틀렸다. 참 세련되고 예뻤다. 옷감이 광택이 나는 게 실크 같았다. 그 모습을 보고 있자니 나도 늙었지만 신랑과 웨딩 사진을 다시 찍어보고 싶어졌다.

스리랑카 결혼 예복이 너무 예쁘고 독특하다고 생각했는데 캄보디아도 참 예뻤다.

'다음에 우리도 예쁜 드레스 입고 꼭 찍어봐야지.'

웨딩 촬영은 사원을 참배하고 큰스님에게 인사드리는 것으로 끝이 났다.

공원에서 뚝뚝이를 타고 프싸짜 재래시장 구경을 갔다. 생필품과 과일, 야채, 생선이 매우 많았다. 점심도 사먹고, 과일도 샀다. 통후추·커피와 맵게 양념해 말린 육포도 많이 보였다. 육포가 소고기인지 돼지고기인지 궁금한데 어떻게 물어볼까 고민했다.

고기를 가리키면서 "음머~어~~, 꿀~꿀~?"이라고 동물 소리를 내면서 물어보니 주인이 웃으면서 똑같이 "꿀꿀~"이라고 대답했다.

이제는 하도 노하우가 쌓여서 이쯤 되면 바디랭귀지 강연을 해도 될 것 같았다. 1kg을 샀다.

보석 가게에서 루비 알도 몇 개 샀다. 한 개에 5,000원 정도 샀는데 여행 후 손자들이 학교에서 상을 타 오면 한 개씩 주고 있다. 오이·상추·과일·쌀도 사서 숙소로 돌아왔다.

내일 앙코르 와트 투어에 타고 갈 뚝뚝이를 15달러에 예약하고 여행사에서 모레 프놈펜 가는 버스 티켓을 1인당 9달러에, 내일 저녁 디너쇼 1인당 10달러에 예약했다. 시간 절약을 위해 빨리, 빨리 움직이기로 했다. 저녁은 한식으로 밥을 해먹었다. 날이 많이 더웠다. 에어컨 방에서 나오기 싫을 정도였다.

앙코르 와트는 옛날에 패키지로 와 보았는데, 너무 멋있고, 좋아서 또 오게 되었다.

앙코르 와트 유적지에 들어서니, 감회 또한 새로웠다. 관광객이 매우 많았다. 앙코르 유적지는 14세기 크메르 제국의 사원으로 300km 이상의 방대한 지역에 널려 있어 여행자는 최소한 3일 이상을 봐야 한다고 했다. 웅장하고, 거대하고, 매우 섬세한 조각들은 인류가 남긴 훌륭한 건축물로 평가받고 있다.

입장료 20달러씩 내고 입장했다.

'와~ 덥다. 거대한 앙코르 와트는 10년 전이나 지금이나, 똑같다.'

앙코르 와트는 돌로 만든 우주 모형이다. 가운데 높게 솟은 탑은 우주의 중심인 메루 산(수미산), 주변의 네 탑은 메루산 주변 봉우리, 성의 외벽은 산맥, 성벽 밖의 해자는 우주의 바다를 뜻한다.

1층은 미물계, 2층은 인간계, 탑이 있는 3층은 천상계를 상징한다. 3층으로 올라가는 계단이 좁아, 비스듬히 옆으로 올라가야 한다. 원래 신들이 다니는 곳이라, 좁고, 지금은 붕괴 위험으로 출입 금지다. 크고 작은 사원이 많이 지나, 남문 호수 다리 양 옆으로 거대한 석상들, 오른쪽은 악한 신, 왼쪽은 선한 신, 각각 54기의 석상이 줄지어 앉아 있다. 선한 신은 선한 얼굴, 악한 신은 험한 얼굴로.

바욘 사원으로 갔다. 앙코르 와트보다 10년 뒤에 지어졌다. 그곳에서 가장 볼만한 것은 '사면불상'이다. 54개의 탑으로 현재는 36개만 남아 있는데, 탑마다, 조각된 큰얼굴은 200여개로 사면으로 새겨져 어디서나 얼굴을 볼 수 있다. 사면상이기에 인간 중생을 어디에서든지 다 볼 수 있게 만들었다는 게 신기하다. 큰 바위 돌을 여러 개 연결해 미소 짓는 사면상을 만들었을 옛 선현들이 참으로 훌륭하다는 생각이 들었다.

사면상의 턱선을 쓰다듬으며 그 옛날 석공들의 손길을 느껴 봤다. 몇 천 년을 살아온 석물을 보고자 백년도 못사는 인간들이 구경온다. 이래저래 자기들 잣대로 평을 하며 주인 노릇을 한다.

너무 더워 사원을 나와 나무 그늘에 앉아서 점심을 먹었다. 김밥 김을 가져와 김에 밥을 넣고, 고추장에 멸치, 땅콩 넣고, 버무린 것을 넣고 말아서 주로 점심으로 이용했다. 과일과 함께 꿀맛이었다.

한참 쉬고, '따프롬' 브라마의 조상이라는 곳에 갔다. 지금은 나무들로 인해 완전 폐허가 되어 있다. 거대한 나무가 사원 꼭대기까지 뻗어 있고, 나무뿌리가 다 무너뜨렸다.

처음 앙코르 와트에 왔을 때 이 광경이 얼마나 안타까운지 나는 울었었다. 지금도 그때와 똑같이 폐허가 된 상태이고, 나무들은 더 큰 나무가 되어 있다. 여기저기 보수 작업하는 사원도 많이 눈에 보였다.

너무 뜨거워 서둘러 숙소로 돌아와 에어컨 방에서 쉬었다. 살이 빨갛게 익었다. 첫 번째 왔을 때보다 감흥은 그리 크지 않았다. 두 번은 안 봐도 될 듯 싶었다. 저녁에 디너쇼를 보러 갔다. 민속 쇼와 뷔페식이 차려져 있었다. 한국인 단체팀들도 보였다. 김치가 있어 밥과 김치를 많이 먹었다.

쇼도 별로 이고, 음식도 별로 이고, 너무 더웠다. 김치만 먹고, 그냥 일찍 왔다. 오늘 더위를 먹은 것 같았다. 내일은 프놈펜으로 이동한다. 보따리를 챙겨 싸 놓고 잠자리에 들었다.

캄보디아 전통 공연 장면

앙코르 와트 유적지 이모저모

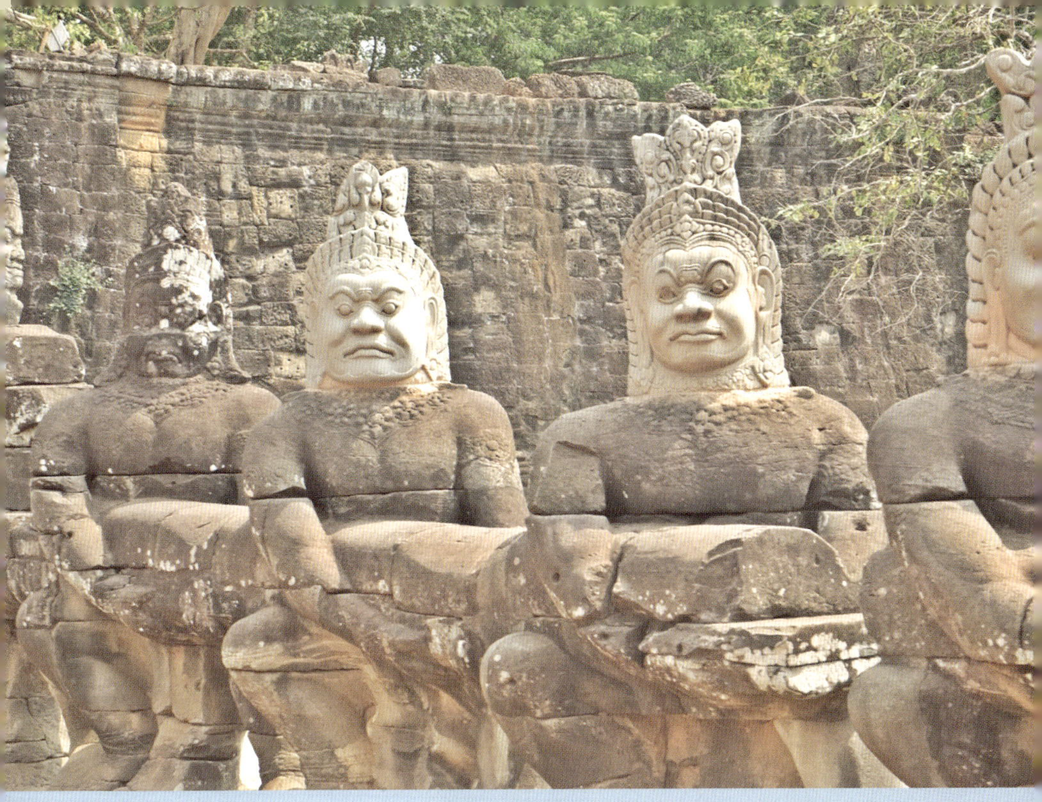

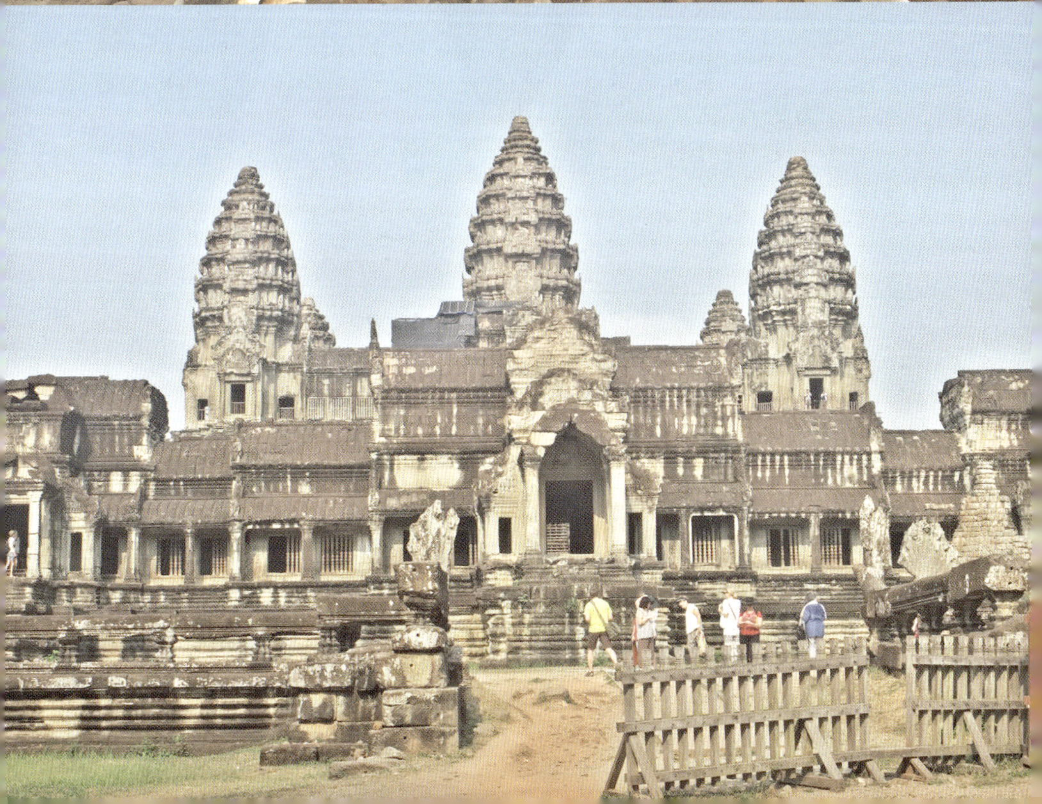

전통 결혼식 올리는 캄보디아 신랑신부들

작지만 알찬 수도
'프놈펜'에서의 뜻밖의 수확

새벽 6시에 프놈펜 가는 미니 밴(운임 9달러)이 픽업왔다. 차도 좋고 에어컨도 빵빵 틀어줬다.

가는 길은 가도 가도 일직선이었다. 길은 포장되어 있는데, 붉은 먼지는 뽀얗게 날렸다. 가는 곳마다 도로 공사, 집 짓는 공사가 한창이었다. 가는 길 양 옆은 끝없는 지평선과 논밭이 펼쳐져 있고, 논밭의 경계표시의 키 큰 야자나무들이 줄지어 서 있었다. 민가 가옥은 나무로 지었는데, 원두막 식으로 2층에 사람이 살게 지어져서 층계와 사다리를 이용해 방으로 들어가게 되어 있었다. 동남아는 덥고 우기 철이 있어서인지 집이 대부분 이런 모양으로 지어져 있었다. 나무를 엉성하게 엮어 울타리도 만들어 놓았다. 동네에 웅덩이들도 많았는데 건기 철이라 대부분 말라 있었다. 짚가리들도 많이 있었다.

12시 쯤에 프놈펜에 도착하였다. 숙소를 정한 뒤 점심 식사 후 뚝뚝이를 타고 실버 파고다에 갔다. 은으로 1.1kg짜리 타일 5,000개를 깔아 만들었는데, 크메르 쿠주 군주가 점령되기 전에 뜯어 냈다고 한다.

사원 안에 90kg짜리 순금 불상에 9584개의 다이아몬드가 장식되어 있는데 제일 큰 것이 25케럿이나 된다 했다. 박물관 왓우날룸 사원 언덕 위 왓프놈 사원도 둘러보았다.

한 나라의 수도이기에 도시가 깨끗하고, 정돈이 잘 되어 있었다. 킬링 필드는 안가기로 했다. 프랑스로부터 독립을 기념하기 위해 세운 독립기념탑도 멋있다. 왕궁도 매우 멋있게 지어져 있다. 왕궁 지붕의 뾰족이 솟은 건물 장식 위로 석양이 매우 멋스럽다.

오는 길에 중앙 시장을 둘러보니, 매우 규모가 크고 없는 것이 없었다. 이곳은 통 후추가 많이 나나 보다. 돼지고기 육포 1kg를 더 샀는데, 매콤하니 맛났다. 후추 500g을 사고, 은 팔찌 15달러, 스카프 몇 개 사고, 숙소로 돌아 왔다. 오늘 볼 것을 다 몰아서 보고, 내일 깜폿 버스 티켓을 5달러에 샀다. 이곳은 숙소와 물가가 비싸서, 일정에 깜폿 보꼬를 넣었다. '가는 길에 봐야지 언제 또 오겠는가?'

프놈펜 시가지 전경(왕궁)

캄보디아 프놈펜 전통시장 풍경

왕년 최고 휴양지 명성
'보꼬 국립공원' 트레킹

7시 차를 타기 위해 일찍 서둘러 터미널로 나왔다.

터미널에서 손님들이 많자 스님 복장을 한 사람이 와서 시주를 받았다. 스님 복장을 하지 않은 사람도 사람 앞에 서니 모든 사람이 싫은 기색 없이 돈을 줬다.

주변에 꽃 시장이 있어 한 바퀴 돌고, 7시 버스를 타고, 전형적인 캄보디아 먼지 길을 달려, 깜폿에 11시 30분에 도착했다.

숙소를 13달러에 얻고, 주변을 돌아다녀 보니, 주변에 큰 시장이 있다. 이곳은 보꼬(Bokor) 국립공원 지역이라 지대가 높은 것 같고, 날씨도 시원했다. 시장에 볼 것이 많았다. 생선과 육고기, 오이지도 있다.

아싸! 돼지고기와 상추, 쌀과 오이지도 사서 점심에는 푸짐히 먹었다. 카메라 충전하려다 프놈펜 숙소에 꼽아 둔채 그냥 왔다는 것을 확인했다. 빨강색 스카프도 두고 왔다. 충전기는 두 개째 잃어 버렸다.

전화걸으니, 없다고 했다. 찾으러 간다고 하니 전화도 안 받았다.

'안 돌려주려나 보다. 캄보디아에서 핸드폰을 잃어버려 카메라 충

전기도 잃어버려, 아구~ 속상해!'

보꼬 국립공원 투어를 신청하는데 1인당 11달러씩 들었다. 저녁 무렵 시장에 가서 쌀국수를 사다 냉수에 라면 수프·오이·양파 넣고 국수를 만들어서 먹었다. 빨래도 하고, 오늘은 편히 시장을 몇 바퀴 돌며 쉬었다.

이곳 짐 운반하는 도구는 경운기인데, 뒤에 사람 타는 곳이 트럭 마냥 5~6m 정도 매우 길었다. 짐을 매우 많이 실을 수 있었다.

아침 8시 30분에 오기로 한 투어 픽업 차는 9시에야 왔다. 각 숙소를 돌아 8명을 더 태우고야 보꼬 산을 올랐다. 지난밤의 소나기로 산의 나뭇잎들이 한결 싱싱했다.

「보꼬 국립공원은 해발 1,097m인데 넓고 높은 큰 산악 지역이다. 보꼬 산 정상에는 시원하고, 경치가 좋아, 1920년 프랑스 식민지 시절에 휴양 도시로 개발되어 호텔과 카지노·천주교 성당·우체국·경찰서 등 도시 시설이 다 갖추어져 있고, 최고의 휴양지였다.

그러나 1940년 일본군 침략과 1970년 크메르루주 정권 집권으로 폐허된 채 방치되어 유령도시처럼 있다. 그러다가 1998년부터 일반인에게 개방되었다.」

프랑스 식민 시절에 지은 리조트가 지금도 방치되어 있는데, 호텔 테라스에서 내다보는 전경이 일품이었다. 길가에는 웬 한국 박카스 캔이 뒹굴었다.'외국에는 병이 아니고 캔으로 수출하나 보다. 이런데서 보다니 반갑다야. 박카스.'

시아누크 국왕의 작고 소박한 여름 별장도 총알 자국이 무수히 난 채 건물로 방치되어 있었다.

천주교 성당은 크메르루주 군인들이 포로로 잡은 베트남 군인들을 대량 총살 한 곳이다. 붉은 벽돌 건물은 총알 자국이 벌집 같고, 한쪽에는 항아리가 뒹굴고, 입구에는 아무도 여기서 잠자지 말라는 문구도 써져 있다. 아무튼, 되게 음산했다.

우체국, 경찰서 등 모든 건물에도 총알 자국이 너무 많았다. 이 산꼭대기에서 전쟁이 치열했나 보다. 산은 조용하고 아름다운데 곳곳의 폐허 건물들이 음산했다. 우리나라 비무장 지대 같았다.

보꼬 산길은 죄수들이 노역했는데, 말라리아와 질병으로 900명 가량 죽었다 한다. 1950년대 독립 직후 우익 세력에 의해, 공산주의자들과, 좌익 성향 인사들이 이곳에서 많이 처형 되었다 한다.

아무튼, 경치는 좋으나, 음산하고, 우울한 곳이다. 보꼬산의 수많은 목숨은 누구의 아들이었고, 누구의 아비였고, 누구의 남편이었고, 누구의 형, 동생이었을 텐데. 그 산에서 꺼졌을 귀한 목숨들을 생각하니 나의 마음이 더욱 무거워졌다.

산 정상에서 트레킹으로 걸어 내려갈 사람은 걸어가고, 우린 차를 타고 뜩쭈 강에서 일몰을 보며 유람을 하는 게 오늘 투어 끝이다.

강가에 오니 오후의 햇볕이 강에 비춰 황금빛 물 조각이 일렁인다. 작은 목선 배에 독일 여자와 브라질 여자, 우리 부부, 미행이 이렇게 5명이 탔다. 다른 일행들은 안 왔다.

뱃사공은 20살 정도 되는 학생 같은데 노를 젓는 폼이 영 서툴렀다. 한 시간쯤 가다 배가 강 복판 진흙에 걸렸는데 사공이 물에 들어가 용을 쓰면서 밀어도 안 나왔다. 해는 넘어 가는데 안 되겠다 싶어, 나와 브라질 여자가 강물에 뛰어들어 배를 지그재그 식으로 움직여 밀었다.

영차~ 영차~ 외국인도 한마음으로 영차~영차~,

'도깨비도 늙은 도깨비가 낫다고, 진흙에 박힌 걸 지그재그로 움직여 밀어야 나오지. 김춘자는 지혜로워.'

배가 빠져나오며 물이 깊어지며, 내 발이 붕 떴다. 아차, 나는 수영을 못하는데. 배 난간을 움켜쥐고 "노(No) 수영, 노(No) 수영" 하고 외치면서 안달복달을 하니 다행히 모두 합심해 무거운 나를 끌어 올려주었다.

이게 뭐라고 다 같이 무얼 해낸 기쁨에 모두 손뼉을 치고 좋아했다. 강은 어둠이 내려앉고, 옷은 젖어 강바람에 너무 추워 벌벌 떨었다. 추억거리 하나가 더 생겼다.

그때, 강가 풀숲을 보라고 어린 사공이 가리켰다. 어머나! 수많은 반딧불이 어스름 속에서 반짝였다.

'오늘 일에 대해 고마움으로 보답하나 보다.'

사공이 엄지손가락을 척! 치켜들고 코리아 최고란다.

"그려~ 코리아 최고여!"

돌아오는 길에는 시장에 들러 통후추를 샀다. 보꼬 통후추는 세계적으로도 유명해서 유럽의 유명한 요리사들도 갖고 있으면 요리에 한결 자부심이 생긴단다. 나도 그 흉내를 내 보려고 후추 한 봉지를 샀다. 저녁 늦게 숙소에 들어와 젖은 옷도 빨고, 내일은 미니밴을 타고, 씨하눅빌빌로 이동하기에 또 짐을 챙긴다. 오늘 하루도 잘 보냈다.

보꼬 국립공원 정상 주변 풍광

산악 휴양지로서의 화려한 명성을 뒤로한채 폐허가 돼 있는 보꼬 국립공원 정상 광경

보꼬 국립공원 일대에서 발견한 박카스 캔.
"반갑다, 박카스!"

보꼬 천주교 성당 전경으로 건물 옆
절벽 낭떠러지에서 무고한 많은 사람이 비명에 갔다

보꼬산 인근 캄포트 지역의 일몰 유람산 투어로 유명한 뜩주 강 일대 전경

한국인 노부부가 하는,
씨하눅빌의 바닷가 레스토랑

아침 8시 30분에 미니밴을 타고 11시에 씨하눅빌(Sihanoukville) 황금 사자 주변 터미널에 도착했다.

뚝뚝이를 타고 쎄레디피티 해변으로 데려다 달래니, 5분도 안되어 도착했다. 에이! 걸어올 걸 그랬다. GBT 호텔 객실 하나를 20달러에 구해서 짐을 풀었다. 매우 깨끗하고 좋았다. 바로 바다 옆이라 밖으로 나갔다. 푸른 바다가 너무 예뻤다.

'사람도 별로 없고, 어제는 산꼭대기에서 놀고, 오늘은 바다에서 놀고, 참으로 난 행복한 사람이다.'

바닷가에 앉아 바람을 쐬며, 진파랑색 바다를 보니 눈도 시원하고, 마음도 시원하고, 여기가 지상 낙원이었다.

'캄보디아에 이런 곳이 있다니.'

캄보디아에 거지도 하나 없다. 헌 옷이랑 선물들도 준비 했는데, 줄 사람이 없었다.

'인도에서 줄 걸.'

해변에 한국 레스토랑이 있는데 노부부가 운영한다. 식사와 술을 팔았다. 할머니 음식 솜씨가 매우 좋았다. 네팔에서 2년 살다가 이곳에 다니러 왔다가 눌러 앉았다고 했다. 지금은 뷔페 집을 하려고 집 수리중이라고 했다. 김치도 만들어서 마트에 판매한단다. 김치 1kg을 샀는데, 매우 맛났다. 오랜만에 입이 호사했다. 여행에서 돌아와 얼마 전 TV 프로그램 [인간 극장]에 뷔페 집을 개업하신 모습으로 나와서 참 반가웠다.

아침에 눈을 뜨자마자 바닷가로 나섰다.

파도에 쓰레기가 밀려와 백사장이 쓰레기 천지였다. 쓰레기를 주워모았다. 다른 사람들도 같이 청소해 금방 주변이 깨끗해졌다. 아침을 먹고, 뚝뚝이를 타고 다운타운 시장에 갔다. 시장이 엄청 크고, 망고를 산더미만큼 쌓아 놓고 팔고, 이름 모를 열대 생선이 많이 있었다. 옷과 생필품은 질이 안 좋아 보였다. 지금이 망고 철인지 과일전이 온통 망고다. 망고와 쭈꾸미, 학꽁치를 샀다. 초고추장을 만들려고 식초를 사려는데 여기 말로 '비거르'가 아닌가? 어쨌든 말이 안 통해 못 사서 대신 라임을 샀다.

점심에 푸짐하게 생선을 조리고, 쭈꾸미를 초고추장에 찍어 김치에 맛나게 먹었다.

'아~ 행복하다. 이렇게, 밥 한 끼에 참 행복하다.'

선착장에 나가 내일 코롱 섬 투어 가는 배 티켓을 1인당 10달러씩 주고 예약했다. 모레는 태국으로 가는 버스 티켓을 일인당 27달러씩 주고 예약했다. 그냥 갈아타지 않고, 바로 가는 걸로 했다.

해변에서 물놀이를 하고, 한국 할머니네 레스토랑에서 맥주 한 잔

했다. 할머니와 많은 이야기를 나눴다. 우리 부부도 씨하눅빌이 너무 좋아 살고 싶다고 했다.

할머니 왈, "이곳 사람들은 저축을 안 한다. 옛날에 나라 정권이 바뀌면서 은행에서 저축한 돈을 안 준 적이 있어서 그렇다. 그 후 사람들은 집에다 현금을 보관하거나 아니면 다 써 버린다. 나라에서 군인이나 공무원, 경찰에게 건물을 임대해 준다. 한 달에 150달러씩인데 그러면 공무원들은 500달러씩 재 임대를 해서 차액은 자기가 쓴다. 또한 건물 두세 채 이상씩 가지고 있는 사람이 많다. 할머니네 건물주는 경찰이라서 봉급이 한 달에 25달러인데, 건물이 세 채다. 할머니 집이 월세 500달러이므로 집주인은 월수입이 대략 1,500달러가 된다. 그 집 사람들은 외제 차도 2대나 몰고 저축은 안하고 돈이 들어오는 대로 다 쓴다. 캄보디아에는 돈 많은 사람이 많다. 돈이 갈 곳이 없어 쓸 곳이 없다. 한국 화장품이나 사치품 파는 곳처럼 부유층을 상대하는 장사가 잘 될 것 같다"고 귀띔해줬다.

그 말을 들으니 어째 나도 귀가 솔깃해졌다.

캄보디아에 상황버섯이 유명하다 해서 1kg이 10달러 정도라 할머니께 3kg을 구해 주십사 하고 부탁했다. 너무 쌌다. 프놈펜에서 부치면 내일 버스로 온다고 했다.

씨하눅빌 해안 일대 전경

씨하눅빌 비치 해안 주변의 일몰 풍광

산호바다 '코롱섬'에서 물장구치고 놀다

아침 8시에 선착장에서 배를 타고, 코롱(Koh Rong)섬으로 출발했다.

서양 외국인들 뿐 동양인은 우리뿐이다. 승객은 100명 정도로 먼 바다로 나가니, 파도가 높았다.

파란 하늘에 짙푸른 파다. 바다 바람도 싱그러웠다. 엔진 소리도 시끄러운데, 서양 머슴애 하나가 계속 큰소리로 이야기를 한다는 게 한 가지 흠이었다. 내가 보기에는 정신이 아픈 사람 같았다. 엔진소리와 사람소리에 머리가 아프고 멀미가 나려고 했다. 어느 누구 말리는 사람이 없었다.

내가 한 소리 했다. 좀 조용히 하라고, 그 때부터 좀 조용하게 갔다. 2시간을 달려 코롱 섬에 도착했다.

'완전 달력 그림이다. 물 색깔도 예쁘고, 백사장에 방갈로에 한적하니 너무 예쁘다.'

수영복을 입고, 물에 뛰어 들어가니 물도 시원했다. 동남아 물은 뜨뜻한데 여긴 시원했다. 이런 데서는 비키니를 입어 주어야 하는데…

물이 깊지 않아 멀리까지 들어갔다. 우리는 물에서 첨벙거리고 놀고, 서양 애들은 남녀 할 것 없이 죄다 썬탠을 한다고 떼 지어 있는 물개들처럼 백사장에 자빠져 있었다.

내 인생에 최고의 순간을 즐기는 것 같았다. 신랑도 나를 지칭해 '극락이네'라고 했다. 주변 풍경에 감사하고 바다에 감사하고, 신들에 감사하고, "매번 감사합니다"라는 고백이 절로 나왔다.

바닷가 큰 나무 밑에 노란 열매가 떨어져 있어서 주워보니 캐슈넛 열매다. 열매 꼬투리에 씨가 바깥으로 나와 있다. 신기하다.

산호 모래는 얼마나 보드라운지 냄비 닦으면 매우 좋을 것 같았다. 오후 3시까지 물에서 놀았다. 돌아오는 배 안에서는 아무도 말을 하지 않았다. 지는 해와 수평선과 파란 바다. 높은 파도가 뱃전을 때리는 것을 모두들 멍하니 쳐다보고 있었다.

'모두 무슨 생각에 잠겨 있는지?'

오후에 숙소로 돌아오니 할머니께서 캄보디아 무좀약이 매우 좋다 하길래 또 오토바이를 대절 해 타고, 약방 가서 무좀약을 10병 사가지고 왔다.

말하자면 '김춘자는 팔랑귀'다. 저녁에 숙소에 왔다가 화장실에서 머리가 아파서 쓰러졌다. '아~ 캄보디아에서 아프면 안 되는데….'

페트병에 뜨거운 물을 넣어 배에 얹어 놓고 손발을 따고, 몇 시간을 보내니 좀 괜찮아 졌다.

'찬물에 너무 오래 놀아서 탈이 났나? 뇌 경색이 지나갔나?'

밤에 할머니께서 상황버섯을 가져오셨다. 운임이 있어 1kg에 15달러씩 달라고 했다.

"그래도 우린 고맙지요~."

씨아눅빌 코롱 섬의 환상적인 일몰 실루엣 풍광

고즈넉한 코롱섬 해안 풍경

코롱섬 숙소 주변 풍경

◎ 좌충우돌 쉬어가는
방콕 '방콕' ③

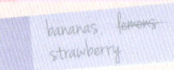

방콕의 단골 숙소 '싯데 게스트하우스'

아침 8시에 호텔을 나오며, '씨하눅빌'의 푸른 바다도 아쉬운 마음에 다시 둘러봤다.
'잘 있어~. 언제 내가 또 올 수 있을까?'
나중에 아이들 데리고 다시 오고 싶은 곳이다. 이곳은 서양 관광객만 있지 동양 사람이나 한국인은 전혀 없었다. 다들 캄보디아는 앙코르 와트만 보고 가기 때문에 그런 듯 보였다. 이렇게 조용하고, 깨끗하고, 예쁜 바다는 못 보고 떠난다는 게 참 아쉬울 것 같은 데 왜 이런 고급 정보를 모를까 싶었다.
여행사 앞에서 미니버스를 타고 터미널서 꼬꽁 가는 버스를 갈아타고 5시간 지나니 국경이었다. 내려서 출국 심사를 받는데, 여기서도 캄보디아 군인들이 300B의 급행료를 내는 살람은 바로 도장 찍어 주고, 일반 사람들은 창구 하나만 열어 세월아 네월아 하면서 찍어 주고 있었다. 몇십 미터나 줄이 늘어져 있어도 여전히 급한 게 없었다. 급하면 급행료를 내라 그런 심보였다. 근 한 시간을 줄 서서 출국 도장을 받고, 태국 국경서 입국 심사를 받는데, 일사천리, 시원시원하게 처리해줬다.

미니밴으로 뜨랏까지 2시간을 타고 갔다. 시간 있으면 뜨랏에서 놀다 가면 좋은데 아쉬웠다.

하지만 그냥 패스했다. 뜨랏에서 버스로 방콕 북부 터미널로 출발했다. 장장 7시간을 타고 밤 11시에 북부 터미널에 도착했다. 비가 왔는지, 도로는 물이 한강수와 같았다. 가게들도 다 문 닫고 택시도 없고 사람들도 없었다. 미터 택시 승강장에 가니 70명 정도가 이미 줄을 서 있었다.

할 수 없이 카오산으로 가는 3번 버스 정류장으로 갔다. 행인 길에 물이 발목까지 차는 길을 걸어 정류장까지 갔는데 다행히 막차가 있었다. 1시간 정도 버스를 타고 카오산에 와서 짐을 맡겨놓은 싯데(SITDHE) 게스트하우스에 도착하니 밤 1시가 넘었다. 다행히 방이 있어, 600B에 방을 잡아서 들어 왔다. 캐리어 백은 보관 표를 잃어버려 못 찾고, 그냥 너무 힘들어 뻗었다. 트윈 베드를 붙여서 세 명이 잤다.

이 숙소는 이번 여행에서 인도 가기 전후에도, 미얀마 여행 후에도, 캄보디아 여행 후에도 꼬박꼬박 들른 곳이었다.

이 집을 오는 이유는 올 적마다 방이 있고 조용하기 때문이다. 처음에는 주인이 빡빡한 성격인지 추가 이불도 안 주고 융통성이 없었는데 자주 보다 보니 점점 서비스도 잘 해 주셨다. 한번은 이곳 현관 지붕 위에는 만국기가 쭉 꽂힌 장식이 있었는데 우리나라 태극기가 다 떨어진 게 달려 있기에 주인에게 새것으로 바꿔 달라고 부탁했다. 국기값은 내가 낸다고 했다. 그런데 그날 오후에 당장 새것으로 교체되어 있었다. 물론 돈도 받지 않았다.

또 오늘 아침에는 주인 여자가 맡긴 캐리어 3개에 10Bx11일 해서 330B를 받아야 하는데 200B만 받았다. 그러한 배려가 너무 고마웠다. 원래 매우 빡빡한 '아주머니'인데 큰 인심 쓰셨다. 고마워서 물티슈 큰 거 하나 드렸더니 매우 좋아하셨다.

미얀마 삼채 냄새가 고약해 한 번 더 말려서 한국으로 보내려고 앞마당 햇볕에 널어 두었는데, 오후에는 걷어 주시고, 담요 하나 더 달라고 하니, 주시며 돈도 안 받으셨다.

'아주머니에게도 마음이라는 게 있구나.'

땡화생에서 한국에 가져갈 꿀, 굴 소스, 뿌팟 퐁카리 양념 등을 샀다. 오늘은 뒹굴뒹굴 과일 먹으며 쉬었다. 저녁에 마사지 받고, 일찍 잠자리에 들었다.

어제 사서 온 짐과 캄보디아에서 산 상황버섯, 삼채 총 15kg을 2800B를 내고 한국 집으로 부쳤다. 주인 아주머니가 시장 캐리어를 빌려줘서 우체국까지 썽태우를 안 타고 걸어갔다.

오는 길에 땡화생 5층에서 동남아 뒷물 역할을 하는 비대 호수를 감상하다가 망고 7k씩 40개를 사가지고 와서 실컷 먹었다.

'내일 하노이로 간다. 오늘이 방콕 마지막 날이다.'

오후에는 손주 기민이와 상윤이 남방도 사고, 쌀국수를 사다 냉국에 말아서 먹었다. 숙소에 한국 아가씨가 왔다.

TV 프로그램 [인간극장] '내 딸 향옥이'편에 나온 아가씨인데, 중풍 걸린 아버지 병 수발 드는 김포 아가씨다. 쉬러 왔다고 했다. 그 아가씨도 이 숙소가 단골이라고 했다. 주인 '아주머니'가 커피를 주셨다. 쌀쌀맞은 주인 여자가 자꾸 좋아지는 순간이었다.

야왈렛 시장 한 점포

과일 가게의 아보카도

방콕 카오산로드 싯데(SITDHE) 게스트하우스 외관

Chapter 4. 베트남 하노이

베트남 북부 싸파 지역의 계단식 다랑이논과 밭 전원 풍광

몸이 안 좋아 쉬엄쉬엄 구경하는 '항베'

아침에 눈을 뜨자마자 망고를 까먹었다. 태국 돈 남은 것을 환전하고, 짐을 챙겨 숙소를 나서는데, 게스트하우스 아주머니가 배웅을 하셨다. 쌀쌀맞은 분인데 그래도 정이 많으신 분이다.

이번 여행에 4번, 작년 여행에 2번 묵었던 집이다. 다음에도 태국을 오면 숙소는 또 이리로 올 것 같다. 택시를 불러 수완나폼 공항까지 350B에 갔다.

예정대로 베트남행 비행기에 오르니 바로 점심을 줬다. 매우 잘 먹고, 차 한잔 하니 어느새 하노이에 도착했다. 공항에서 미니밴을 타고 항베에 내렸는데 우리가 찾던 숙소를 못 찾았다.

'리멤버 투어' 사무실로 가 내일 싸파 가는 밤 9시 기차 왕복 티켓을 45달러에 발권하고, 리멤버에서 소개한 '드레곤 레이싱 호텔' 객실 하나를 27달러에 얻었다. 조식을 포함이니까 가격은 괜찮았다.

숙소에 가 보니 직원들도 상냥하고 방도 매우 깨끗하고 좋았다. 항베는 복잡하고 사람도 많고 활기찬 도시다. 길거리에서 한국 패키지 관광객을 만났다. 달러로 과일을 사려는지, 주인과 옥신각신했다. 주인은 베트남 돈을 달라 했다. 돈을 바꾸어 애플 슈가를 1kg에 8만동어치 사 주었다.

호텔로 와서는 내일 싸파 갈 준비를 했다. 캐리어는 이 호텔에 보관하고, 배낭만 메고 가기로 했다. 이제 여행 기간도 얼마 남지 않았다. 한마디로 집으로 돌아갈 날이 가까워지고 있었다. 호텔 조식으로는 에그 스크램블과 빵, 차와 과일이 나왔다. 우리가 좋아하는 패션 프룻트를 주스에 섞어 많이 먹었다. 식사하고, 요즘 가슴이 뻐근하게 아파서 싸파 고산 지역에 가면 심장이 더 안 좋을 것 같아 가슴에 부항을 떴다. 어혈이 많이 나왔다. 몸 컨디션이 영 안 좋았다.

그래도 밖으로 나와 호안키엠호수를 한 바퀴 돌기로 했다. 호수 주변에는 일요일이라서 가족 단위 사람들이 많았다. 웨딩 촬영하는 사람들이 군데군데 있고, 운동하는 무리들, 음악 틀어 놓고, 사교 춤을 추는 무리들, 요가 하는 사람들, 에어로빅 하는 중년 부인들, 새 모이 주는 할아버지, 호수가 나무들로 신선하지만, 하노이 사람들도 신선하니, 활기찼다.

꽤 큰 호수를 한 바퀴 도는데, 두 시간 정도 걸렸다. 몸이 으슬으슬 추우며, 힘이 없었다. 숙소로 들어와 약을 먹고 누웠다.

정오에 체크아웃인데, 싸파 가는 기차는 저녁 9시 차다.

'몸은 아픈데, 어디가 있지?'

연장하려고 프런트에 문의하니, 연장해도 안 된다고 했다. 괜히 눈물이 핑~ 돌았다. 등 따뜻하게 누워 쉬고 싶은 마음이 간절했다.

체크아웃하고서 사장이 한국인인 리멤버 여행사 사무실에 가서 환전도 하고, 좀 쉬었다. 그래도 시간이 남아, 시장 구경을 하고, 찰밥도 사고, 오이, 토마토도 사고, 주전부리 과자도 사가지고, 택시를 타고, 하노이B역으로 갔다. 역 대합실에서 찰밥을 먹었다. 과일을 섞어 찐 빨강색 찰밥이다. 맛은 똑같고, 색깔만 빨강이었다. 이젠 길거리에서도 밥도 잘 먹었다. 한국인을 만났는데 TV 프로그램 [세상은 넓다]에 34번 출연한 여행가였다. 싸파 간다고 했다. 타고 갈 기차가 도착해 6인실 침대차에 탔다. 이불 촉감이 좋고 깨끗했다. 눕자마자 죽은 듯이 깊은 잠을 잤다.

호안키엠호수 풍경

하노이 시가지 전경

싸파. 내가 준 배낭 메고 좋아하는 원주민

하노이 맥주가게에서 물담배를 즐기는 젊은이들

하노이 한 시장통에서 베트남 전통 운반도구를 양 어깨에 메고 포즈 취한 필자

산수화처럼 아름답고 정겨운 산마을 '싸파'

　기차는 밤새 10시간을 달려서 새벽 6시에 라오까이 역에 도착했다. 밤새 매우 단잠을 잤다. 몸이 한결 개운했다.
　싸파 가는 미니버스 운전사들이 호객행위를 했다. 1인당 4만 동씩 내고, 버스에 올라 산꼭대기 쪽으로 한 시간을 올라갔다. 주변은 평지가 없고, 높은 산을 개간해 만든 다랑이밭이 많았고, 나무도 별로 없는 척박한 산들이 많았다.
　산 위로 해가 떠올랐다. 미니 밴 버스가 구불구불 산길을 힘들게 올라갔다. 주변 마을엔 연기인지, 안개인지, 뿌연 안개 속에 작은 지붕들이 보였다. 산 위에 작은 도심에 차가 정차했다.
　사파에 도착했다. 여행자들이 내리고 운전수가 숙소를 물어보기에 싸고 깨끗한 방을 추천하라니, 자기 집으로 가자고 했다. 규모는 작은 '미모사 게스트하우스'였다. 하루에 12달러 달라는 곳인데 방이 깨끗해서 묵기로 하고 짐을 풀었다. 아침을 먹으러 밖으로 나오니 썰렁하니 추웠다. 하노이는 더웠는데, 여긴 추웠다. 국수집 국수 국물이 큰

솥에서 펄펄 끓고 있었다. 구수한 냄새가 좋았다. 국수 한 그릇에 3만 동씩 우리 돈 1500원 정도 내고 먹었다. 태국 국수보다는 맛이 없었다. 식사 후 동네 구경에 나섰다.

이곳은 온통 호텔과 숙소들, 기념품 가게, 식당뿐이었다. 그리고 검은 모자와 검은 옷을 입은 몽족 여인들이 소쿠리 배낭을 메고 거리를 누볐다. 이 여자들은 가이드도 하고 수공예품도 팔곤 했다.

마을 앞 판시판산이 얼마나 높고 크고 웅장한지 하늘과 땅에 장막을 쳐 놓은 것 같았다. 베트남에서 가장 높은 산으로 해발 3,143m나 된다고 한다. 구름 때문에 봉오리가 안 보이고 앞이 막혀 좀 답답했다. 산을 구름이 가려 시시각각 모습이 달랐다. 조금씩만 보여줬다. 아마도 일 년에 산 모습 전체를 보는 날은 하루도 없을 것 같았다.

동네를 돌아다니다 한국 청년 두 명을 만났다. "어디 가느냐?"고 물으니 라오차 빌리지를 간다고 했다. 소수 민족 마을이다.

6km 정도 된다는데 걸어서 간다고 해서 우리도 거기로 따라갔다. 날씨도 우리나라 봄 날씨고 시골길 같은 주변은 너무 아름답고 대기도 달콤했다. 판시판산은 구름을 바바리맨처럼 열었다 닫았다 했다. 열리면 멋있는 산과 하늘에 닿아 있는 봉우리가 너무 멋졌다.

산 아래 동네는 온통 다랑이논과 밭으로 그림 그려 놓은 것처럼 선명한 모습이었다. 길이 난 모양도 구불구불 환상적이었다. 논밭에 곡식이 다 자란 수확기에는 더 멋있을 것 같았다.

또 한 번 "감사합니다"라고 하면서 마음을 내려놓았다. 눈이 호강했다.

'이리 좋은 걸 우리 자식들과 같이 봐야 하는데….'

사진을 찍으려 하니 온통 구름에 옆 사람도 안 보였다. 시골 밭둑 길을 동양인, 서양인, 원주민, 알록달록 옷 입은 사람들이 일 열로 줄지어서 산비탈을 걸어가는 모습이 장관이었다. 농가 마당에는 돼지도 있고 울타리에는 유채꽃도 노랗게 피고, 작은 방이나 학교도 보였다. 이것저것 사방에 한눈을 팔며 걷다 보니 어느새 4시간이나 걸었다.

높은 언덕길에 앉아 아침에 사서 온 주먹만 한 파인애플로 목을 축였다. 청년들은 아직 힘이 남았는지 저 멀리 아랫동네까지 간다고 했다. 우린 그만 멈추고 거기서 쉬었다 되돌아오기로 했다.

청년들을 보내고 우린 언덕에 앉아 주변 경치를 감상했다. 원주민 아이가 사탕수수를 깎아서 팔았다. 2만동(1천 원) 어치 사니 꽤 많이 줬다. 딱딱한 걸 깨무니, 달콤한 사탕 물이 입에 고였다. 달달한 사탕수수를 입에 물고 앉아서 주변의 거미줄처럼 일구어 놓은 다랭이 밭과 높은 산의 구름 쇼를 보노라니 신선이 따로 없었다.

'김춘자, 류덕수가 신선이다. 우리가 전생에 나라를 구했나? 어찌 이리 좋은 곳을 볼까? 감사합니다. 우리가 살며 잘못한 일은 회개합니다. 나쁜 일 안 하고, 잘 살겠습니다.'

너무 행복해서 눈물이 핑 돌았다. 엉덩이를 털고 일어나, 다른 길로 되돌아 나왔다. 오는 길에 코가 범벅인 아이, 머리 안 빗어 산발인 아이들과 들꽃도 따며 놀면서, 사파 메인 동네로 오니, 3시나 되었다. 이 동네는 등산복 가게가 많았다. 진짜인지, 가짜인지 이름 있는 메이커는 다 있었다. 싸기도 쌌다.

돼지고기를 사서, 숙소에 들어와 샤브샤브를 해 먹었다. 4개월간 여행 중 싸파가 최고이지 싶었다. 3일 일정인데, 너무 아쉬웠다.

돌아가는 기차표를 이미 샀기에 어쩔 수 없었다. 저녁나절에는 동네로 나가 망중한을 즐겼다.

싸파의 순진무구한 어린이들

물 건너 산 넘어 싸파 소수민족 마을을 찾아가는 여행자들

싸파 다랑이논과 밭 전원지대에서 맞이하는 일출 광경

웅장한 천국 파노라마, 동쩌이 짬똑 언덕 투어

　유치원 옆 매우 전망 좋은 게스트하우스를 발견하여, 하루 15달러에 아침 일찍 서둘러 방을 옮겼다. 1층이 레스토랑이고, 목재로 건물을 매우 정성스레 지은 집이었다.
　무엇보다도 테라스에서 판시판산이 매우 잘 보였다. 너무 좋았다. 너무 좋아 아무것도 안하고 산만 바라보고 싶었다. 여행사에서 자가용 25달러를 주고 짬똑 언덕 투어를 오늘 가기로 했다.
　싸파에서 해발 1,900m의 짬뜩 언덕을 넘으면 '동쩌이'라는 지방이 나온다.
　우리는 언덕을 보러 가기로 했다. 베트남에서 제일 높은 언덕을 사이에 두고 싸파와 동쩌이 지역으로 나뉘는데, 기후변화가 컸다.
　싸파는 겨울에 흰 눈이 쌓이기도 한다. 언덕으로 가는 길은 얼마나 멋있고, 신비하고 황홀하던지, 이건 인간의 세상이 아니라 천국이라는 느낌이 든다.

언덕 위에 올라서니 바람 소리가 윙윙 들렸다. 바람이 세서 사진을 찍기도 힘들고 서 있기도 힘들었다.

'무척 춥다. 추워~.'

머리는 날려 산발이고, 콧물은 줄줄 흘렀다. 그래도 하늘과 가깝고, 판시판 산 중턱은 코 앞에 보였다. 칼바람을 맞으면서도 키 작은 흰 들꽃이 많이도 피어 있었다. 들꽃을 아래로 깔고, 산봉오리를 찍었다. 칼바람 소리도 함께 찍었다.

구름 뒤로 웅장한 산이 말했다. 한국에서 온 덕수와 춘자를 사랑하고, 환영한다고 말했다. 합장하고, 나는 대답했다.

'우리를 이리로 불러줘서 감사하고 또 감사합니다.'

옆에서 신랑도 따라 합장하고, 인사했다. 신랑이 중얼거렸다.

"이건 인간 세상이 아니야."

우린 또 마음을 내려놓았다. 대 자연 앞에서.

100년도 못 사는 인간들, 인간들이 자연의 주인이 아니라, 몇 천 년을 사는 자연이 주인이다,

'우리가 살아생전에 여길 또 올 수 있을까?'

바위에 앉아 판시판산의 구름이 만들어 내는 시시각각 바람에 모양이 바뀌는 웅장한 파노라마를 넋 잃고 보고 있었다. 운전수가 빨리 오라고 불러 댔다. 내려가자고, 멀리 동쩌이로 내려가는 구불구불 하얀 길도 더 가 보고 싶고, 산도 더 보고 싶지만 아쉬운 발걸음을 돌렸다.

차를 타고 내려오면서 '탁박'이라 불리는 100m짜리 수직 폭포를 보았다. 건기라 물이 적었지만, 우기 때는 볼만 하겠다 싶었다.

내려오면서, 경치 좋은 곳을 몇 번이나 차를 세워 사진을 찍었다.

싸파는 프랑스 식민지 시절에 고산지역이라 시원하고, 풍광이 좋아 휴양지로 이름 날렸다.

오늘날에는 관광객과 베트남 신혼여행지로 많이 이용한다. 주변 공원과 호텔들과 건축물들이 유럽풍으로 지어져 있어 완전 유럽 같다.

싸파의 중심 거리 까우 마이 거리를 도는데 성당이 매우 예뻤다. 운전수에게 싸파 시장에 내려 달라 했다. 현대식 시장으로 건물을 지었으나, 아직 크게 활성화된 건 아니었다.

육고기 시장, 야채시장, 옷 시장이 따로따로 구분되어 있고, 산이 높아서인지, 한약재가 많고, 약재가게가 많다. 말린 버섯도 많이 보였다. 시장에서 구운 고기와 밥을 사서 부근의 큰 호수 옆에서 늦은 점심을 먹고, 숙소로 돌아왔다.

저녁 무렵 나가 등산복 가게에서 노스페이스 티와 바지 몇 개를 샀다. 티는 10달러, 바지는 20달러씩 주고 아이들 것을 샀다.

배트남 북부 싸파 일대 다랑이논 전원에서 살아가는 소수민족들 모습

소박한 깐깐마을과 유럽풍 '싸파' 정경

아침에 일어나면 눈 비비고 테라스 의자에 나와 앉아 앞산을 바라봤다. 구름이 하얗게 가려져서 산은 조금만 군데군데 보였다.

시간이 흐르면, 서서히 구름이 벗겨지며, 새로운 그림으로 탄성을 지르게 한다. 바람에 구름이 마구 날린다.

아침을 먹고 오늘은 깐깐 마을로 가기로 했다. 걸어가는데 가다 보니 꽤 멀었다. 구불구불 3km는 걸어, 입구에 도착하니, 검은 옷을 입은 소수민족들도 보이고, 수공예품을 만들어 파는 곳도 있었다.

무엇 하나 살려고 보니, 딱히 우리에게 필요한 게 없었다. 주변의 계단식 논과 밭이 잘 어우러져 있고, 높은 언덕까지 한 뼘 되는 땅도 개간하여 밭을 매우 정갈하고 예쁘게 가꾸어 놓았다. 기계도 없이 사람의 힘으로 저 많은 논과 밭을 다 갈무리했다. 체구도 작은 사람들인데, 참으로 부지런하고, 대단하다는 생각이 들었다.

붉은 모자를 쓰는 자오족도 보인다. 원주민의 작은 집들도 구경하고, 참으로 옷가지, 부엌 살림살이들이 너무 소박했다. 옷 몇 벌, 냄비 몇 개, 접시 몇 개 불 때는 화덕 하나가 끝이었다.

'우리는 너무 많이 가지고 있다. 반성해야 한다.'

계곡물에 발을 담그고 땀을 식히고 돌아오는 길에 등산복 가게에 들러 노스페이스 배낭 2개를 35달러에 샀다. 인도에서 도둑맞고, 인도에서 하나 산 것이 본드 냄새가 많이 나고, 또 하나는 아주 낡았다. 배낭을 사며 점퍼를 구경하다 밖에 나오니 남편이 없어졌다.

아무리 찾아도 없었다. 제일 잘 보이는 언덕 쪽 길가에 30분을 낮아 있어도 안 왔다. 그냥 숙소로 돌아가기로 했다.

마음이 급해 지름길로 간다는 것이 산길을 헤매다가 뽕나무를 보았다. 뽕나무 잎이 연하게 피어 있어, 급한 와중에 한 움큼을 따서 봉지에 담고, 땀을 뻘뻘 흘리며, 숙소로 돌아왔다. '쌍놈의 영감탱이'가 숙소에 와 있었다. 먼저 갈 거면 간다고 얘기를 할 것이지, 열나고 화딱지가 나서 소리소리를 질렀다.

"에이! 쌍놈의 영감탱이 같으니라고!"

속 터졌다. 춘자 속 터졌다. 밖에 나와 판시판산을 보며, 화를 가라앉혔다.

늦은 점심을 뽕잎 쌈을 싸 먹었다. 맛이 깔끔하고, 맛났다.

식사 후 낮잠을 늘어지게 한숨 자고, 혼자 밖으로 나왔다. 골목골목 구경도 하고, 여기는 파인애플이 주먹만 한 게 매우 달았다. 파인애플을 까서 나무젓가락을 찔러 주니까 젓가락을 들고 먹으면 됐다. 파인애플을 한 입 한입 물고 느리게 걸으며 나만의 자유를 만끽해 봤다.

그렇게 유유자적 돌아다니면서 참깨를 잔뜩 묻힌 도넛도 사 먹고 노스페이스 바람막이 점퍼도 개당 10달러씩 주고 색깔별로 6개를 샀다. 내일은 하노이로 가는 날이다.

몽족 아가씨들과 사진도 찍었다. 방귀가 어찌나 많이 나오는지 민망할 정도였다. 뒤늦게 생각해 보니 '아~ 낮에 뽕나무 잎 쌈을 먹어 그런가 보다'라는 생각이 들었다.

오늘 하노이 가는 날인데, 오후 2시에 체크아웃하기로 했다. 쓰던 헌 배낭을 버리기는 아까워 필요한 사람에게 주면 좋을 것 같아, 들고 나와 몽족 '아주머니'에게 주니 매우 좋아했다. 두 분에게 하나씩 나누어 주니, 나도 기분이 좋고, '아주머니'도 메고 좋아했다.

오전에 함종산을 다녀오기로 했다.

남편은 안 가고 미행이와 둘이 갔다. 산 입구까지 기념품 가게에 주로 한약재와 버섯 말린 것을 파는 가게가 주~욱 늘어섰고, 과일 가게가 별로 없었다. 계절 때문인지 입장료가 7만동이나 했다. 너무 비쌌다. 힘들게 걸어 올라와 그냥 들어가기로 했다.

유원지처럼 꾸며 놓았다. 산이 높아 판시판산도 잘 보이고, 교회 앞에 있는 까우 마이 거리, 주변 침엽수 사이로 유럽풍 붉은 지붕, 흰 건물들이 매우 아름다웠다. 호수와 어우러져 유럽에 온 것 같은 풍경이었다. 높은 산과 울창한 숲에 싸인 싸파가 한눈에 보였다.

거기에 파란 하늘과 하얀 뭉게구름, 멀리 보이는 계단식 논과 밭… 참으로 아름다웠다. 공기 또한 달디달았다.

서둘러 숙소로 와 점심을 먹고, 버스 정류장에 와 라이까이 행 미니밴을 탔다. 저녁 7시 차 인데, 여유롭게 떠났다. 라이카이 역전은 무척 더웠다. 시원한 맥주 한 캔씩 먹고, 장기 두는 시민들과, 신랑은 장기를 뒀다. 기차 맨 위 침대칸이라, 미행이 쪽 에어컨이 너무 세서 못 잔다고 난리였다. 베개로 막는다고 난리 쳐 내 베개를 주고 나니 나는 머리가 흔들려서 밤새 잠을 못 잤다.

베개를 달라 할 수도 없고, 등뼈와 머리가 아파 밤새 후회했다. 남보다 나를 먼저 생각해야 하는데 난 항상 이 모양이었다.

아침에 보니 내 밑칸에 사람도 없어서 침대 베개가 그냥 있었다. 짜증이 확 올랐다.

'미행이는 보였을 텐데 그쪽 베개 좀 나한테 주지, 내 맘 같지 않네…'

아침 4시 30분에 하노이 역에 도착했다. 머리와 등뼈가 너무 아팠다. 역 광장에 택시들이 줄지어 서서 호객행위를 했다. 황배까지 8만동, 4만동 부르는 게 값이었다. 큰길로 나와 지나가는 메타 택시를 타니, 2.8만동에 레이싱 드레곤 호텔에 도착했다.

문은 잠겨 있어, 골목에 앉아 기다리고 있는데, 새벽에 과일 장사들이 하나 둘 나와 길가 양 옆으로 쫙 늘어섰다. 이 호텔에 여러 날 묵어도 새벽장 열리는 걸 몰랐다.

망고도 푸른 망고만 있어 1kg을 샀다. 6시쯤 호텔 문을 열었다. 오후 2시 체크인이라고 했다. 배낭을 들여놓고, 호안끼엠 호수 주변을 돌아다녔다.

주민들이 모여 운동하는 사람들도 많았다. 우리도 그들 뒤에 서서 따라 했다. 맨 뒤에 서서 했는데, 뒤돌아 운동할 때는 우리가 제일 앞이라 보고 할 사람이 없어, 우리는 그 사람들과 마주 보고 따라 하며 깔깔거리고 한바탕 웃었다. 쌀국수 가게에서 작은 목욕탕 의자에 앉아 뜨거운 쌀국수를 시원하게 먹었다.

아직도 시간이 많이 남아, 성 요셉 성당과 오페라 하우스도 구경 하고, 너무 더워 11시에 호텔로 와 내일 땀꼭 투어 31달러, 6일 날 하롱베이 1박 2일 투어 인당 84달러에 예약을 했다. 피곤해서, 늦은 점심을 먹고 잤다. 늘어지게 자고 일어났더니 밤 11시이다. 밀린 빨래를 해서, 수건에 밟아 물기를 빼 널어 두고, 또 잠을 잤다.

함종산에서 내려다 본 '작은 유럽' 마을 풍광

흥겨운 나룻배 유람 삼매경
'땀꼭 투어' '하롱베이 투어'

땀꼭 투어를 가기로 했다. 호텔 조식을 든든히 먹고, 특히 패션 푸룻트는 우리가 제일 많이 먹었다.

아침 8시에 여행사 미니 버스가 픽업 왔다. 버스에 오르니, 한국인 젊은 부부와 아가씨 한 명이 타고 있어 반가웠다. 그간 여행하며 한국 패키지 팀을 만나면 너무 반가워서 쫓아가 인사하는데 항상 상대들은 나보다 덜 반가워하는 것 같았다.

'하긴 그 사람들은 한국 떠난 지 며칠 안 되었을 테니까. 우리처럼 몇 달 동안 한국 사람 못 보면 그대들도 우리처럼 되리라~.'

그런고로 오늘 젊은이들에게는 조금 절제하며 반가워했다. 가는 길이 너무 차가 막혀서, 4시간을 달려서 작은 사원 하나 보고서, 식당으로 이동해 베트남식 뷔페 음식을 먹었다.

한국 젊은이들은 입에 안 맞는지 조금 먹는데 우리는 이것저것 많이 잘 먹었다.

'암~ 밥이 보약이여.'

이렇게 장기간 여행의 원천은 식사다. 우리는 먹는 것에 신경을 많이 써 왔다. 그래서인지 건강하게 잘 다니고 있었다.

식사 후 3명씩 작은 배를 타고, 강을 올라갔다. 여기가 '육지의 하롱베이'라는 곳이다. 주변의 동글동글한 산봉우리 들이 매우 멋있었다. 아줌마 사공이 건네주는 '논'이라는 고깔모자를 쓰고, 주변이 온통 초록색인 강을 올라갔다. 눈을 지그시 뜨고 주변의 살아 있는 수묵화를 감상했다. 참으로 평화로웠다. 이곳에서 며칠 간 머물고 싶었다.

배에서 내려 사원 구경하고, 갖가지 기념품 가게도 보고, 배를 타고, 동굴도 지나 내려 왔다. 돌아오는 길도 차가 막혀 저녁 8시에 호텔에 도착했다. 스텝들이 나와서 잘 다녀왔느냐고 환영해 줬다. 피곤하여 시장 통에서 밥을 사왔는데 밥이 쉬어 있었다. 짜증내다가 저녁을 안 먹고 그냥 잤다.

동쑤언 시장으로 걸어갔다. 베트남은 웬 사람들이 이리 많은지, 길거리도 바글바글하고 시장통도 사람으로 바글바글했다. 가는 곳마다 오토바이들이 많은데, 운전하는 여자들 얼굴에 두꺼운 마스크로 얼굴 전체를 가리고, 점퍼 소매 끝에 장갑처럼 손을 가릴 수 있게 되어 있어, 손이 햇볕에 타지 않게 되어 있었다. 마스크가 두꺼운데도 써 보니까 숨쉬기도 수월하고 좋아 10개를 샀다. 손주들 것도 몇 개 샀다.

여기 채칼이 잔 게 매우 맘에 들어 또 몇 개를 사고, 원목 둥근 도마도 몇 개 사고 싶었지만 무거워서 한 개만 샀다. 과일 망고와 패션 푸릇트를 2kg을 사가지고, 숙소로 돌아와 한숨 잤다. 저녁을 먹고, 주말 야시장에 나갔다. 항베 차도로를 막아 야시장이 섰다. 사람 쓰나미였다. 젊은이들이 많았다. 물건들도 많고, 질도 좋아 보였다. 짝퉁 시계도 많고, 향수도 많았다. 향수가 진짜인지 가짜인지 구분이 안 될 정도로 냄새도 괜찮았다. 3병에 20달러를 주고 샀다.

아침에 식사하러 식당에 가니 좀처럼 음식이 안 나왔다. 서빙 하는 아이들이 부엌에서 음식을 어설프게 만들고 있었다. 요리 하는 아줌마가 안 나왔다 보다. 얼른 식당에 들어가 에그 스크램블을 빠르게 만들어 주었다.

'아무래도 내가 지들보다 빠르지!'

그렇게 한참 도와주고, 우리 것도 빨리 만들어서 식사 후 서둘러 체크아웃을 했다.

'1박 2일 하롱베이를 가야 하니까.'

1박 2일 투어 비용 84달러를 싸파 다녀온 후 숙박비 3일, 다녀와서 10일까지 숙박비, 8일날 흐엉 사원 33달러를 헷갈리니까, 모든 비용을 미리 다 지불했다.

1층에 짐을 맡겨두고, 직원들의 배웅을 받으며, 미니버스를 타고서, 하롱베이로 출발했다. 미니 버스 안에 사람이 가득 타서 좁고 더웠다. 4시간 정도 달려 하롱 선착장에 도착했다. 선착장에는 수백 척의 배가 정박해 있었다.

우리 일행은 그중 한 배를 갈아타고, 바다로 나가는데, 비취색 잔잔한 바다와 크고 작은 예쁜 섬들이 너무 멋있고, 예뻤다. 아마도 섬들이 2,000개 이상이라고 했다. 둥근 봉우리도 있고, 기암 괴석 봉우리도 있고…. "아~!" 하고 탄성이 절로 나왔다.

명칭이 '하롱', 그러니까 '용이 내려온 자리'란 뜻이다.

옛날 외적이 쳐들어와 고통 받을 때에 하늘에서 용 부자가 내려와 적에게 여의주를 쏴서 침략을 막았으며, 그 여의주가 크고 작은 봉우리로 남아 그 후에도 왜적의 침략을 막아 주었다는 전설이 있다. 어떤 섬에는 그 당시의 무기가 잔뜩 발견되기도 했단다.

　1시가 넘어, 큰 배로 옮겨 탔다. 1층은 선실 방, 2층은 레스토랑, 3층은 갑판으로 되어 있는 우리가 1박 2일 동안 머물 배다. 목선인데, 매우 멋졌다. 2층 레스토랑에서 늦은 점심을 먹고, 방을 배정받고 선실에 들어가니 너무 깨끗하고 샤워실과 화장실이 오밀조밀 꾸며져 있었다. 벽면에는 손잡이들이 설치되어 있고, 방에도 손잡이들이 설치되어 있다. 짐을 풀고 갑판에 올라가 시원한 바람을 쐬며 사방을 둘러보니 주변에 배가 많이 떠 있었다.

　오후에 작은 배로 갈아타고 항 티엔꿍 동굴에 갔다. 관광객들이 너무 많아 동굴 계단을 50m를 사람에 떠밀려 올라갔다. '하늘의 궁전'이라는 이 동굴이 하롱베이에서 제일 아름다운 동굴이란다.

　동굴에 들어가니 운동장처럼 넓고, 크고 작은 종유석들이 매우 웅장하고, 멋있다. 조명 시설도 만들어 놓았고, 종유석 암벽이 조명을 받아 반짝반짝 빛났다. 다이아몬드 알갱이 처럼! 천정의 돌들도 물결 모양으로 이루어져 있다.

　저녁나절에 크루즈 배로 돌아와 카누 탈 사람과 수영 할 사람으로 나누어, 바다로 나갔는데, 카누는 2명씩 타는데, 신랑과 나는 수영을 못하고, 바다 색깔이 짙푸른 것이 엄청 깊고 무서워 안 탔다. 수영은 물이 차서, 추울 것 같아, 우리 부부는 그냥 쉬기로 했다. 모두들 다 나가고 갑판에 누워 자유를 만끽했다.

　바람·하늘·바다 2,000개가 넘는 크고 작은 섬들에 갈매기들까지, 저녁 노을이 지고 있었다. '우리 인생에 이런 일이 또 있을까?'

　한 폭의 그림이었다. 그림 속에 우리가 들어가 있는 착각을 했다.

"참~ 조오타! 감사합니다."

저녁을 먹고 맥주 한 캔씩 들고 갑판으로 올라갔다. 주변은 깜깜한데 하늘엔 온통 별들이 총총히 반짝였다. 크고 작은 배들이 수십 척이 바다 가운데, 정박해 있었다. 손님들이 식사하고, 떠들며 즐겼다. 배에서 흘러나오는 불빛이 매우 장관이었다. 서울 강남의 아파트촌 같았다.

별에 취해, 분위기에 취해 맥주 한 캔에 취기가 올라왔다. 흥에 겨워 민요 한 가락을 구성지게 뽑았다.

"문경 세제는 웬 고개인가, 구부야 구부 구부 눈물이 난다. 아리아리랑 스리 스리랑 놀다 가세 놀다 가세 저 달이 떴다 지도록, 놀다 가세 아리 아리랑 스리 스리랑 아라리가 낫네~."

아침에 눈 뜨자마자 맨발로 갑판으로 올라갔다. 여전히, 옅은 안개 속에서 수많은 봉우리가 줄지어 인사했다. 입에서 나모 모르게 "아~ 너무 좋다. 감사합니다. 베리베리 굳!"이라는 말이 나왔다.

이번 여행 팀은 프랑스 노부부, 아들내외, 손자, 손녀, 영국인 남자 대학생 2명, 베트남 부부, 한국 아가씨, 우리 팀 세 명, 그리고 독일 부부로 구성돼 있었다. 연령층이 다양했다. 애기부터 노인까지.

'다들 멀쩡해 보이는 걸 보니 어제저녁 배에서 술 장사를 좀 못 했나 보다.'

프랑스 노부부의 아들이 요가를 한다고, 갑판 위에 가부좌를 틀고 앉아있었다. 내가 웃음 요가를 가르쳐 주겠다고 나섰다.

"아이 래핑 요가 티철"이라고 하니 알아들었다. "하하하~, 아랫배에서부터, 퍼 올리듯 하하하~ 웃으라"고 가르쳐 주었더니, 목에 핏대를 세워가며 열심히 따라 했다.

그 다음은, "땅을 치며 웃는 요절 복통을 아~하하하하~"라고 하며 큰 웃음소리를 내자 승객들이 갑판으로 올라 왔다. 우리가 땅을 치며 웃는 모습을 보고, 가이드까지 합세해 "아~하하하하~"라고 큰 웃음소리는 퍼져 주변 배에서도 목을 빼고, 그 기이한 전경을 쳐다봤다. 승객들에게 웃음은 머리와 오장육부 그리고 정신 건강에 매우 좋고, 한 번 웃으면 1년은 더 살 수 있다고 짧은 영어 단어를 나열해 가르쳐 주니까 모두 즐거워했다.

'미리 가르쳐 줄 걸, 오늘 헤어지는데….'

조식은 계란 프라이와 빵 토스트로 부실했다. 진주 양식장 견학 후 하롱베이 한 바퀴 유람했다. 참으로 눈과 마음, 머리까지 맑아지는 듯했다.

아름다웠다. 멋있는 시도 짓고 싶지만 글 실력이 없어서 이 감동을 다 표현할 수 없어 아쉬웠다. "아~ 참 좋다"는 말만 마음을 담아 연발했다.

'이렇게 좋다고 느끼는 마음이 알아서 뭉쳐서 고운 말들로 펼쳐지면 좋으련만.'

햇볕에 반짝이는 물비늘들… 배를 타고 선착장으로 나와서, 식당에서 점심 식사를 했다. 반찬 중 양배추를 채 쳐서 기름에 볶았는데, 참 맛있었다. 집에 가서 해 먹어 봐야겠다 싶었다.

미니 밴으로 갈아타고, 하노이 숙소 앞에 도착 하여, 일행들과 아쉬운 작별을 고하는데, 일행들이 하하하~ 하고 아까 웃는 시늉을 하면서 손을 잡아 준다. 우리도 하하하~ 웃으면서 모두들 건강하라는 마음을 담아 악수를 했다.

이번 하롱베이 투어는 참 좋았다. 호텔 스텝들이 전부 나와 잘 갔다

왔냐고 반겨 줬다. 그리 큰 호텔도 아닌데, 여긴 직원들 교육이 일류 호텔 못지않았다.

'들어 올 때 문 열어 주지, 호텔에서 얼굴 보면 인사하지, 투어 갔다 저녁에 들어오면 전 직원이 일렬로 서서, 환영 인사를 해 주지.'매니져 '준'과 여직원이 매우 살갑게 잘 대해주었다. 이 호텔에서 우리가 11일 묵은 것 같았다. 짐을 찾아 우리 방으로 들어오니 깨끗한 흰 침대 시트 위에 빨간 장미 꽃잎으로 모양을 내어서 깜짝 선물을 받은 것 같았다. 여기는 항상 손님에게 감동을 줬다. 저녁을 먹고 시장 한 바퀴를 돌면서 파파야를 사다 먹었다.

닌빈 땀꼭 일대를 유람하는 여행자들

'육지의 하롱베이'라 일컬어지는 베트남 북부 닌빈 지방의 땀꼭지대 전경

하롱베이 일대 환상적인 일몰 풍광

하롱베이 일대 가슴 탁 터지는 풍광

닌빈 땀꼭 일대를 유람하는 여행자들

하롱베이를 함께 유람한 여행자들

멋진 미국 할배와 조우한 '흐엉띠엔 사원'

아침 조식에 '패션 프룻트'를 많이 먹었다. 매우 시큼달콤했다. 오렌지 주스에 타서 먹으면 맛나고 피로 회복에도 최고다. 다른 손님들은 너무 시니까 잘 안 먹었다. 우리는 머리를 굴려서 달콤한 주스에 섞어 먹곤 했다.

호텔 스텝들 배웅을 받으며, 8시 30분에 흐엉 사원가는 미니 버스에 올랐다. 쿠션 좋고 차도 좋고 에어컨도 빵빵했다.

"오~ 좋아, 좋아!"

오늘도 좋은 예감이 들었다. 이번 일행으로 오스트리아 부부, 미국 할아버지와 손녀 2명, 필리핀 사람 4명, 우리 일행 총 11명이 떠났다.

창밖으로 보이는 베트남 농촌 논은 벼가 한창 커서 온 들판이 진초록색이고, 주변 산봉우리들도 진초록이었다. 눈이 매우 편안했다. 진초록 논 사이 수로 도랑이 폭이 한 3m정도 되고, 길이는 1km정도 되는데, 흰 오리 떼 수천마리가 떼 지어 놀고 있었다. 매우 장관이었다. 진초록 논 사이에 흰 오리 떼들, 사람은 안 보이는데 오리만 꽥꽥 거리고 분주히 움직였다.

　미니버스를 2시간 타고, 미득에 내려, 보토를 타고, 강을 1시간 정도 올라가는 길이 주변 경관이 매우 멋있고 아름다웠다. 땀꼭과 비슷했다.

　동남아는 참 멋있는 곳이 많았다. 부러웠다. 관광 수입도 많이 들어올 것 같았다.

　우리나라는 관광 자원도 상대적으로 빈약하고 국회의원들은 이러한 한계를 이겨내고 관광수입 극대화 방안을 모색하기는커녕 매일 싸움질만 하니 아줌마인 나도 한숨 나올 때가 많다.

　배를 내려 점심식사를 미국 할아버지와 손녀와 한 테이블에 앉았다. 할아버지는 긴 은발 머리를 뒤로 묶었고, 소매가 넓은 블라우스 같은 남방과 바지도 몸빼 같은 바지를 입었는데, 매우 멋졌다. 얼굴에 주름이 많은 게 흠이라면 흠이랄까. 할아버지의 손녀딸은 고등학생 정도 되어 보였다. 할배 나이가 67이라는데 우리 신랑과 같았다. 주름이 76살은 되어 보이는데 옛날 유럽 영화의 중세 기사도 같은 복장을 했다. 참 멋있는 할배였다.

　흐엉 사원 입구에서 케이블카를 타고 산 위로 올라가는데 주변 산봉우리들이 너무 아름다웠다. 초록색 숲에 붉은 꽃이 핀 큰 나무들이 군데군데 있어서 더욱 멋졌다.

　사원은 관음보살 모시는 사원이고, 산 위 종유 동굴 속에 불상이 모셔져 있고, 입구에는 수백 개의 초가 켜져 있었다. 참배객, 관광객이 모여 복잡했다. 밖으로 나와 붉은 꽃나무 옆에서 은발 머리를 묶은 멋있는 할배랑 사진 한 컷 찍었다.

　"할배요, 조금만 더 젊었으면 참 좋을 텐데요~."

늙어도 멋을 간직한 할배였다.

약재와 과자 가게의 호객행위도 요란했다. 특이한 건 불을 때서 바게트 빵을 잔뜩 구워내는 가게였는데 바깥에서부터 고소한 빵 냄새가 진동했다. 빵을 한 봉지 사서 하나씩 입에 베어 물었더니 부푼 것이 푹 숨이 죽어 매우 조그맣게 되었다. 담백한 맛에 큰 것 한 개를 금방 해치우고 돌아오는 보트를 타고 막히는 도로로 숙소에 들어오니 5시였다. 흐엉 사원과 땀꼭이 꽤 비슷하다. 다음에 흐엉 사원은 안 가도 되겠다 싶었다.

'이제 이틀 후면 집에 간다. 우리 집에 간다. 우리 새끼들 있는 우리 집에 간다.'

짐을 다 싸 놓고 잠자리에 들었는데 괜히 마음이 두근거려서 잠이 오질 않았다. 그래도 잠을 청하려 애썼다.

'눈을 꼭 감고 잠자리를 세어 보자. 잠자리 한 마리, 잠자리 두 마리, 잠자리 세 마리… 잠자리 서른 마리…'

닌빈 산악지역에 올라 주변 풍광을 조망하는 한 여행자

흐엉띠엔 사원 입구 및 내부 전경

흐엉띠엔 사원에서 조우한 멋진 미국인 꽃할배와 함께 한 필자

동남아 4개월 자유 배낭여행
대장정 후 집으로!

집 떠난 지 엊그제 같은데, 벌써 내일이 귀국이다. 그래서 오늘은 귀국 준비를 해야 한다. 새벽 길거리 장에 나섰다. 손주 기민이, 상윤이에게 먹일 망고를 사려니 여기 하노이에는 그린 망고만 있었다. 그린 망고는 몹시 딱딱하고 시어서 별로인데, 2kg만 사고 다른 걸 더 사 가야겠다.

서둘러 조식을 먹고, 동쑤언 시장을 가서 잭푸릇 1kg과 쥐포, 육포, 라이스페이퍼에 도마와 채칼도 샀다. 남은 짐들도 정리하면서 접는 부채 2개는 지배인과 여직원에게 주니까 매우 좋아들 했다. 태극기가 그려진 손톱 깎기는 호텔 직원에게 주고 쌀과 물티슈, 그릇은 청소하는 시우에게 주고, 헌 작은 배낭, 때수건, 볼펜들까지 다 나누어 주어서 짐을 줄였다.

시장에서 사서 온 패션 프릇 3kg도 껍질을 벗기고 까서 알맹이만 빼내어 생수병에 넣었다. 한국에서 못 보던 열대 과일을 아이들에게 줄 생각을 하니 마음이 흐뭇했다. 그렇게 이것저것 짐을 줄였는데도 가방을 꾸리고 보니 들고 갈 것들이 많았다.

집으로 돌아갈 비행기는 아침 8시 비행기라서 우리를 픽업해서 공항까지 데려다줄 차를 15달러에 예약했다.

자는 둥 마는 둥 어떻게 눈을 붙이고 일찍 일어나 식당에 내려가서 제일 먼저 아침을 먹었다. 짐을 챙겨 내려와 체크아웃하고 나니 매우 근사한 자가용이 우리를 태우러 와 있었다. '그래. 돈이 좋긴 좋다.'

레이싱 드래곤 호텔의 직원들이 밖으로 나가는 우리를 배웅도 해 주었다. 덕분에 연예인이라도 된 것처럼 폼 나게 차를 타고 공항으로 달렸다.

기다리던 베트남항공 비행기를 타고 하늘을 나니 마음이 들뜨는 것이 벌써 집에 도착한 것만 같았다. 비행기 안에서 식사 후 와인 한 잔 마시면서 지난 4개월을 회상해 보는데 싱긋이 미소가 절로 나오다가 신랑이랑 둘이서 낄낄거리며 웃기까지 했다. 사람들이 흘깃흘깃 쳐다봤다.

'하지만 그대들이 우리가 겪은 4개월을 어찌 알겠는가?'

뜨거운 땡볕에 먹고 싶던 시원한 맥주를 한 캔씩 또 먹고 잠에 빠져들었다.

한숨 자고 나니 그리운 인천이라고 했다. 서둘러 수속 밟고 나오는데, 배낭에 그냥 넣은 망고 2개가 들킬까봐 조마조마했다. 다행히 별다른 지적 없이 통과되었다.

인천국제공항에는 막내아들이 마중나왔다. 아들이 우리를 쳐다보고 웃었다.

"꼴이 그게 뭐야~."

"꼴이 왜 이렇긴, 미얀마에서 한 나절 동안 말았던 파마머리가 빠글빠글하게 다 자라서 사자 머리가 다 돼서 그렇지."

거기에 옷차림은 때 이른 샌들 신에 얼굴은 새까맣고, 옷도 빛바래고 다 낡았다.

"그래도 입술은 빨간색으로 발랐다야~."

이렇게 대답하면서 깔깔 웃었다.

그동안 인천 딸네에 맡겨둔 강아지 깜희를 데리러 가니 깜희가 그래도 우리 얼굴을 안 까먹었는지 꼬리를 흔들며 매우 반가워했다. 딸네 집은 부부가 둘다 직장을 다니고 손자도 겨우 일곱 살이니 살림 돌볼 사람이 없어서 넓은 집이 엉망이었다.

대충 집을 치워 주고 저녁을 먹고 집으로 오는데, 손자 놈이 할머니 따라 외갓집 간다고 나섰다. 그래서 손자까지 데리고 우리 집으로 왔다. 우리 집도 4개월을 비웠고 막내아들이 어질러 놓아서 엉망이었다. 돌아와서 쉬지도 못하고 대충 청소를 했다.

'그래도 아~, 이 포근함. 역시 우리 집이 최고여~! 다음에는 어디로 갈까?'

집에 오자마자 다음 여행지 생각이라니? 김춘자 역마살이 단단히 들었다.

베트남 하노이 시가지 스카이 라인 황혼녘 풍경

제 3 부
태국에서의 두 달 피한(避寒)여행

태국 북부 빠이 지역 윤라이 전망대에서 즐기는 일출 무렵 주변 풍광

Chapter 1.
태국에서의 두 달
피한(避寒)여행 ① 치앙마이 편

치앙마이 매사 코끼리 캠프 조련사들이 코끼리를 목욕시키는 장면

항상 한 나라를 한 달 정도 들여 천천히 이동하면서 여행을 했는데 이번에 간 치앙마이에서는 두 달간 방을 렌트했다.

　이번에는 느긋하게 쉬려고 온 여행인 만큼 이곳저곳 부지런하게 다니지는 않았다. 대신 편안하게 쉴 만한 곳을 위주로 다녔는데 그중 좋은 온천 몇 곳을 알게 되어 이 책에서 소개하고자 한다.

　처음 치앙마이에 오시는 분들은 타패나 올드시

란슬럿 레지던스 내부

티 쪽에 숙소를 구하는 것을 추천한다. 여행자들에게 필요한 모든 것이 이곳에 있기 때문이다. 볼거리도 그 일대에 몰려 있다. 이곳에는 여행사들과 숙소들, 작은 시장은 물론, 사원들도 많고 예쁜 카페들과 마사지 집도 있다. 숙소 근처에 여행사가 많으면 투어 신청하기 쉬워서 여행 다니기에 좋다. 거기에 유명한 썬데이 마켓도 타패에서 열리고 토요 마켓도 이 부근에서 열린다.

　큰 재래시장 와롯루 마켓과 과일, 야채 도매시장, 무앙마이 마켓도 걸어갈 수 있다. 이 모든 곳을 내 발로 걸어 다니며 볼 수 있다. 기동성이 정말 최고다. 그래서 그런지 타패는 항상 세계 각국 여행자들로 넘쳐나서 북적북적하다.

　올드시티 안쪽 방은 한 달 숙박 기준으로 제일 싼 방값이 월 60만 원 선이다. 나는 어느 네이버 블로그에서 추천한 '빅씨몰' 부근이 저렴하다는 정보를 구해 방을 구하러 가보았다. 빅씨몰은 신도시 지역이라더니 과연 신축 건물들이 많았고 외벽에 방세를 놓

인근 시장에서 장 봐온 찬거리로 만든 식사

는다고 써 붙인 곳이 많았다. '트레져 콘도'·'마이힙 콘도'·'힐사이드 콘도' 등 열 군데 정도를 다녀보니 방은 대부분 좁았고 객실료는 월 50~80만 원 선(한 달 기준)이었다. 다른 지역, 님만 해민이나 산티탐, 타패는 50~100만 원 선이었다.

우리는 산속 동네를 며칠씩 묵어오기에 가격 부담 없는, 넓고 시원한 방을 구했다. 우리가 고른 '랜슬럿 레지던스'의 방은 큰 침실 1개와 큰 거실 하나가 있는 투룸으로, 에어컨과 장롱, 소파, 그리고 싱크대가 딸려 있었다.

내부가 조금 낡았으나 넓고 시원해서 이곳에 묵기로 했다. 방값은 월 6,400바트(23만 원 정도)인데 보증금으로 400달러를 내고, 전기와 수도, 청소 비용은 별도였다. (월 2만원 정도) 방 안에는 앞서 언급한 가구만 있기에 이불이나 수건, 비누 같은 모든 비품은 내가 준비해야 했다.

여기서 주요 팁이 있다면 보증금은 꼭 달러로 내고 찾을 때도 달러로 받자. 처음 계약 시 계약서에 명시하라. 보증금 달러 지불 환불 달러로 받는다. 나중에 귀국해서 도로 원화로 환전하려면 태국 돈이 많은 것보다 달러를 더 가지고 있는 게 이득이다. 이 숙소에서는 7분 걸어가면 큰 쇼핑센터, 빅씨엑스트라가 있었다. 의류부터 음식, 전자제

품까지 모든 것이 다 있어 편리했다.

도시를 이동할 때에는 '그랩 택시(Grab Taxi)'를 타 보는 걸 추천한다. 가령 숙소에서 무앙마이 시장까지 가는데 썽태우는 150바트가 들지만 그랩 택시는 80바트면 된다. 출국 전 '그랩 택시' 앱을 깔아서 나오면 좋다.

그 외에 치앙마이 시내에는 에어컨 시내버스가 몇 노선 다닌다. 버스는 한번 타는데 20바트 정도 든다. 시내버스만 타고 다녀도 주변 지리는 금방 익혔다. 거기에 태국은 치안이 다른 나라보다 매우 좋다. 그러니 액티브 시니어 어르신들도 걱정 없이 나와도 괜찮다.

◎ 볼 거리: 올드시티 안에는 아주 많은 사원이 있다.

썬데이 마켓, 나이트 바자, 왓쩻욧, 치앙마이 대학, 도이쑤텝, 푸핑궁전, 비쌍 마을, 람빵 박물관, 쌈깡펭 온천, 메깜퐁 빌리지 매림 등.

여행사를 통해 백색 사원, 골든 트라이앵글, 치앙라이, 도이인타논, 미얀마, 도이뚱 등도 가 볼 수 있다.

◎ 치앙마이 숙소: '란슬럿 레지던스'

내 글을 보고 가실 분들에게 보탬이 되었으면 하는 마음에서 숙소 직원 '문'에게 내 사진을 보여주는 사람들에게 이불과 침대 시트를 특별 서비스할 것을 약속받았다.

태국에서는 과일이나 야채는 싼데 이불은 제법 비싸기 때문에 현지에서 구입하면 신경 쓰인다. 이 나라는 공산품이 상대적으로 비싼 편이다. 고작 한두 달 살건데 이불을 쓰다 버리고 오기에는 아깝다. 그리고 스텝 '문'에게 한국 사람들에게 잘해주라고 부탁했다.

탄슬럿 레지던스 건물

피한여행지 치앙마이 숙소 '랜슬럿 레지던스' 스탭 미스 문

치앙다오 유황 온천

치앙마이에서 버스를 타고 2시간 정도 달렸더니 치앙다오의 작은 읍내에서 내려 줬다.

이곳의 교통수단은 노랑 썽태우뿐이다. 온천 주변에 숙소가 있지 않을까 싶어서 썽태우(150바트)를 타고 핫스프링으로 갔다. 그랬더니 산골짜기 개울 옆에 우물처럼 생긴 시멘트 원통 8개가 늘어서 있다. 시멘트 통마다 온천물이 흘러넘쳤다. 이른바 길 위에 있는 노천 온천장이다.

그런데 탈의 시설도 없고 따로 차려진 숙박 시설도 없다. 근처의 작은 구멍가게 이외에는 간식을 사 먹을 곳도 여의치 않았다. 대신 가격만큼은 누구나 좋아할, '공짜'다.

구멍가게 주인이 온천에서 1km 떨어진 곳에 있는 방갈로 숙소를 하나 소개해 주었다.

'팜스테이'라고 하는데 고무나무와 망고나무가 있는 큰 농장 집이었다. 하루에 600바트를 주고 예쁜 방갈로 집 한 채에서 묵을 수 있게 되었다. 대나무를 엮어서 만든 집 옆에는 개울물이 흐른다. 조식은 무료이고 저녁은 1인당 80바트씩 받는데, 매 끼니 직접 키운 채소로 정성스러운 태국 가정식을 만들어 준다. 매우 맛있었다.

넓은 농장을 구경하는 것도 재밌었다. 치앙다오는 온 동네가 망고 나무 농장이었다. 그리고 곳곳에 대나무가 많이 자라 있었다. 이곳의 대나무들은 저들끼리 한 뭉텅씩 모인 채로 듬성듬성 자란다. 대나무로 엮은 울타리도 심심찮게 보였고 대나무 목침을 많이 쓰는 것도 보았다. 숙소 마당에 나무로 지은 정자 처마 밑에는 늘 커다란 바나나가 매달려 있었다. 주인아저씨가 투숙객에게 언제든지 따 먹으라고 매일 새로 매달아 둔다. 간식 살 곳이 없어서 우리는 요긴하게 잘 먹었다. 숙소에서는 각종 차도 무료로 타 먹을 수 있게 해 놓았고 식수도 제공했다.

그곳에서 머무는 동안 우리의 일상은 이랬다.

팜스테이에서 아침 식사를 하고 후 바나나 몇 개를 따고 바가지 하나 들고 나온다. 아침 산책 겸 10분 정도, 공기 좋은 시골길을 따라 걸어가면 노천 온천장이 나온다. 입고 나온 반팔 티셔츠와 반바지 차림 그대로 뜨거운 물의 온천을 하다 너무 더우면 찬 개울물에 풍덩 몸을 담근다.

그러다 배고프면 옆 구멍가게에서 맥주와 송땀, 까우니여우를 사서 간단히 점심을 먹고 또 온천을 하다가 젖은 옷 그대로 숙소로 온다.

밤에도 온천을 하러 갔는데 하늘에 가득한 별도 볼 수 있고 날 것 그대로의 반딧불도 많이 볼 수 있었다. 하지만 밤에는 날씨가 몹시 추워 두꺼운 티셔츠와 내복으로 갈아입었다. 여기서 다른 곳으로 이동을 할 때는 노랑 썽태우를 불러야 한다. 주인이 불러 준다. 썽태우 값은 무조건 150바트였다.

팜스테이 방갈로 숙소 정보

Raisiwavej & Farm Stay
081-9606921
081-9616590
주인 이름: 웻

- **교통편**: 치앙마이 창프악 터미널에서 치앙다오 가는 버스(40바트)를 탄다. 차장에게 치앙다오 핫수프링 간다고 얘기해 놓자. 종점은 팡까지 가는 버스다. 간식은 치앙다오 읍내서 사야한다.

숙소 근처의 볼 거리

① 빠뽕 템플. 타이에서 3번째 높은 산 2,175m 자락에 큰 사찰이 볼 만 하다. 가는 길 우림이 매우 좋다.

② 치앙다오 케이브. 7km 천연 동굴이 볼 만 했다. 가이드를 동반하면 200바트를 주고 더 멀리까지 들어갈 수 있으나 그냥 일반인이 볼 수 있는 곳까지만 가도 볼 만 했다. 입장료는 50바트. 케이브 앞에 작은 식당들이 있었다.

우리는 썽태우를 불러 템플까지만 가서 천천히 둘러보고 내려온 후 차들이 많이 모여있는 주차장에서 케이브로 가는 차를 얻어 타고 케이브까지 갔다. 숙소로 돌아올 때는 역시 150바트짜리 노랑 썽태우를 타고 왔다. 썽태우를 하루 대절하자니 비싸고, 구경하는 게 마음이 급해 편치 않아 이런 방법으로 했다. 템플 근처에 있는 차들이 대부분 동굴로 가니 활용할 만한 요령이다. 그리고 매주 화요일, 터미널 근처에 장이 열렸다. 시내 편의점 근처에 매주 목요일 5~8 나이트 마켓도 열린다.

숙소에서 온천가는 길

템플에서 만난 젊은이들과 함께

노천 온천장 풍경

방갈로 숙소 주인 부부, 웻과 그의 아내

숙소에서 만들어 주는 가정식

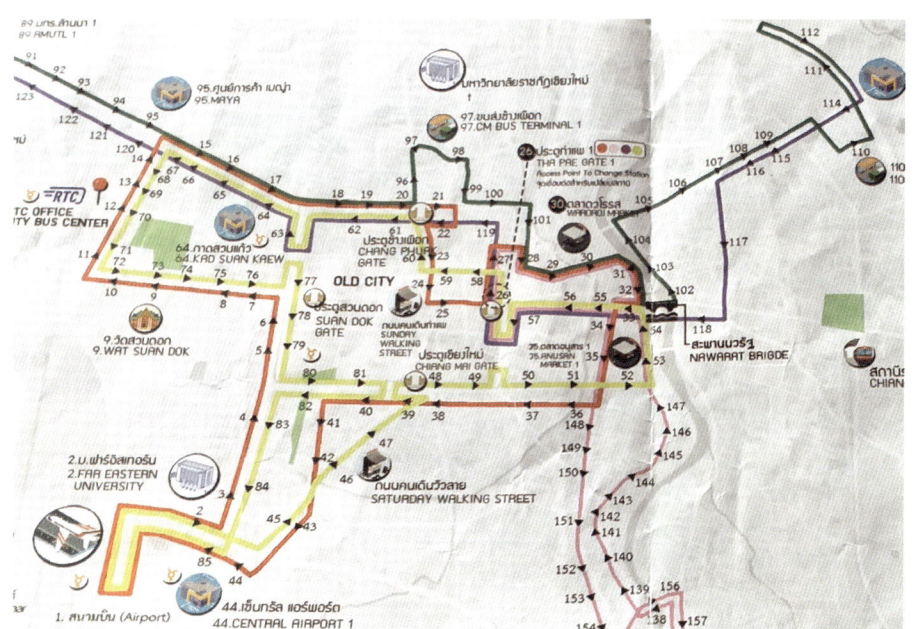

치앙마이 버스운행 노선도

고구마 아줌아 동남아 피한·배낭여행

팜스테이 입구

팜스테이 주변 농장 풍경

투숙객들 먹으라고 바나나를 달아놓은 정자

방갈로 숙소 외관 및 객실 내부

듬성듬성 뭉텅이로 자라는 치앙다오의 대나무 옆 숙소 전경

빠뽕 템플 주변 정경

치앙다오 케이브 주변 풍경

치앙마이 창푸악 터미널

หนองเกิด
สันป่าตอง
10-6996
30-4880

동굴 앞 약제 가게

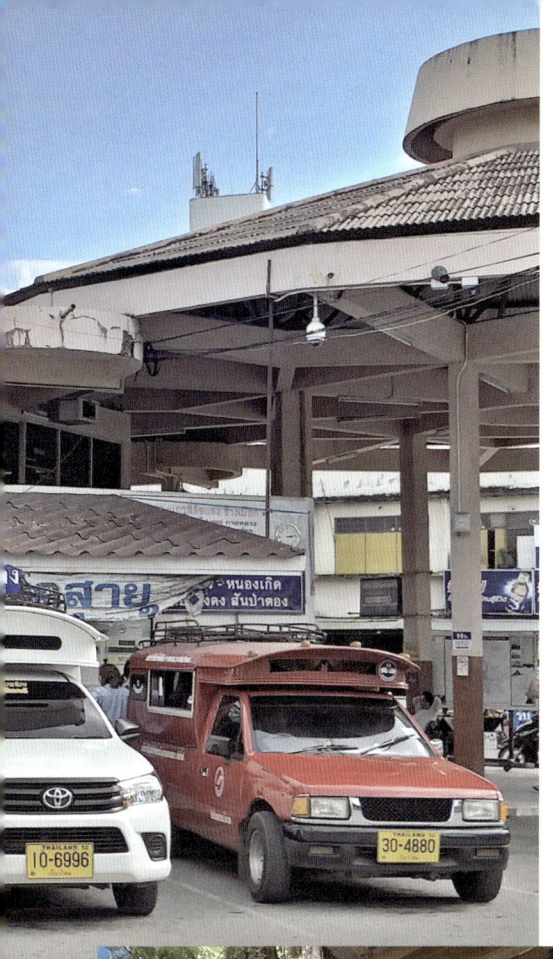

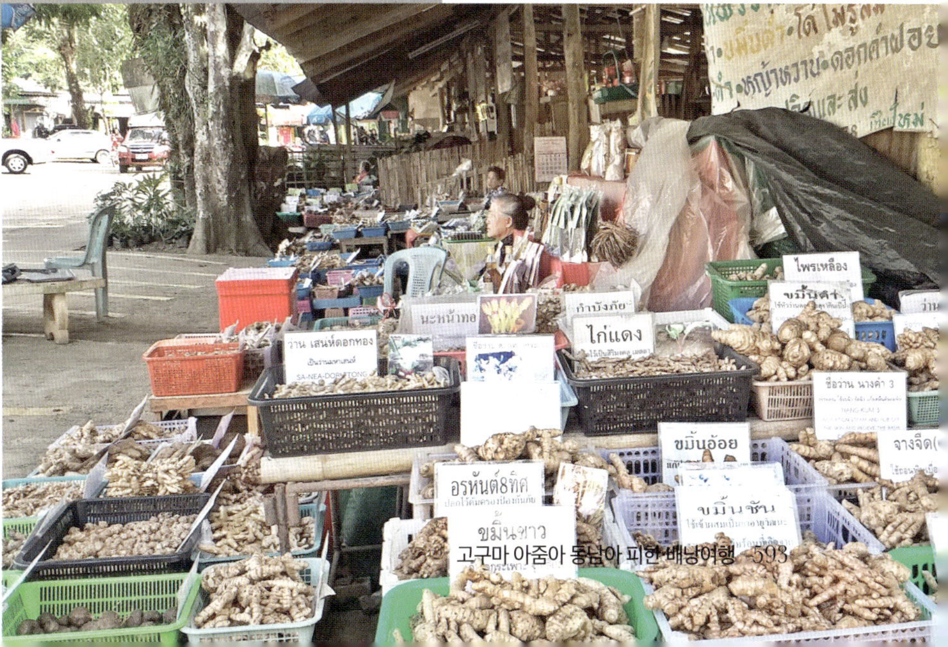
ไพรเหลือง
ไก่แดง
วาน เสน่ห์ดอกทอง
SA-NEA-DORNTONG
ขมิ้นอ้อย
อรหันต์8ทิศ
ขมิ้นชัน

Chapter 2

태국에서의 두 달
피한(避寒)여행 ② 빠이

태국 북부 치앙마이 빠이 랜드스플랏 일대 전경

빠이는 치앙마이에서 서쪽에 있는 산으로 미니 밴 차로 올라가는 데 3시간 반이 걸린다. 762 굽이를 돌아 올라가면서 보면 경치가 매우 좋다. 빠이는 2시간 걸으면 돌아볼 수 있는 작은 마을인데 주변의 산들이 연꽃잎 모양처럼 겹겹이 포개져 있고 연밥처럼 마을이 자리잡고 있다. 낮에는 한적한데 밤이면 메인도로에 야시장이 열린다. 줄지어 켠 불빛 아래 오만 먹거리에 의류, 장신구들 좌판에 예쁜 라이브 카페들을 보고 있으면 화려하니 잔칫집 같다. 무슬림 음식, 인도 음식, 스시 같은 여러 나라 음식들도 판다.

낮에는 없던 사람들이 하나 가득 모이니 온통 북새통이다. 빠이는 세계 배낭여행자들의 블랙홀이란다. 한번 들어오면 떠나질 못해서. 몇 걸음만 벗어나면 동네 논이고 밭인 곳이 이렇게 사람이 북적거리니 신기할 따름이다. 빠이에는 볼거리 먹을 거리가 많은 재래 시장들이 있다. 예쁜 카페들도 많고 마사지 집도 있다. 치앙마이보다는 공기가 좋고 조용하고 예쁘고 방 값도 싸다. 메인 도로에는 여행사나 버스 터미널, 그리고 오토바이 대여점이 있다.

◎ 근처의 볼거리

투어는 여러 명이 가는 단체 투어를 신청해야 저렴하다.

- **매홍선 투어:** 호수와 동굴을 코스로 넣어서 하루 일정으로 다녀오자.
- **빠이 근교:** 윤라이 전망대. 뱀부브릿지. 랜드스플릿. 하이트부다. 메모리얼 브릿지 등을 하루 투어로 둘러보자.
- **유황 온천:** 리조트 핫수프링. 아침부터 하루 코스. 입장료 100바트를 내면 깨끗한 온천에 리조트 수영장까지 이용할 수 있다. 빠이 노천 온천은 300바트의 입장료를 내야 할 수 있다.

◎ **가는 길**

치앙마이 아케이드 터미널에서 미니밴 타고 가기(150바트).

◎ **내가 묵은 숙소: PR AVES HOUSE**

방갈로식이 아닌, 마당에 정원도 있는 숙소이다. 여긴 밤에 춥다. 메인도로에서 가깝지만 조용하다. 하루 묵는 비용은 400바트이다. 방 앞에는 개인 티테이블도 있다. 주인 딸들이 운영한다. 커피도 무료로 준다. 다른 숙소보다 좋고 저렴하다.

빠이의 밤. 화려한 야시장이 된다

리조트 온천 열탕

리조트 온천

리조트 수영장

빠이 강가 주변 풍경

빠이의 윤라이 언덕 전망대에서 조망을 즐기는 여행자들

뱀부 브릿지 주변 풍경

빠이캐넌 일대의 석양 무렵 풍광

쌈깜팽 유황 온천장

쌈캄펭 온천은 치앙마이에서 동쪽으로 35km 지점에 있는 유황 온천이다.

앞 본문에도 소개한 그 온천이다. 넓고 깨끗하고 예쁘게 가꾸어 놓았다. 편의 시설이 잘 되어 있다. 족욕장도 있고 계란 삶아 먹는 곳도 있다. 식사할 수 있는 식당이나 가게들도 많다. 그래서 그런지 가족을 동반한 현지인과 관광객이 매우 많다. 공원 입장료 100바트를 주고 들어가서 온천을 하러 간다. 독탕은 따로 한 시간에 60바트의 온천료를 받는다. 수영장이나 세면장도 있다. 주변에 숙소는 없는 것 같다.

◎ **교통편**

와롯루 꽃시장 옆 삔 강가에서 빨강 썽태우, 쌈깜펭 핫스피링 가는 걸 타면 된다. 50B. 온천에서 돌아오는 버스 막차가 4시인 것 같다. 확인하라. 단점은 주변에 숙소가 없어 며칠 머물지 못한다. 입장료도 매번 내야 한다. 어쩌다 한 번 다녀오는 걸로 하면 되겠다.

쌈깡펭 온천

도이사켓 유황 온천

이곳은 아직 인터넷에 자료가 없어 두 번을 다녀오고 나서야 정리를 해 본다. 교통이 꽤 불편하다.

하지만 불편한 만큼 사람도 없고 물도 매우 좋고 깨끗하다. 그리고 동네 인심이 매우 좋았다. 동네 사람들이 먼저 웃으며 "싸바이 싸바이~" 하고 말을 걸어온다. 처음에는 그게 무슨 말인가 했더니 인사를 해 주는 것이었다.

3천 평도 넘어 보이는 넓은 부지에 지은 지 얼마 안 된 듯한 온천이 있다. 7개의 노천 온천탕에 긴 족욕탕과 아이들 수영장이 있다. 계란을 삶아 먹는 펄펄 끓는 탕에 독탕과 대중탕, 그리고 마사지 건물이 따로 있다. 마사지는 150바트인데 마사지사의 실력이 뛰어났다.

이 온천은 입장료도 없는데 대중탕만 50바트, 독탕만 100바트씩 돈을 받는다. 이곳 유황 온천은 내가 여태 다녀본 곳 중에서 수질이 최고다. 온천 안에는 음식 값이 매우 저렴한 식당도 있고 커피숍도 있다. 이처럼 시설은 최고로 잘해 놓았는데 손님이 하나도 없는 곳이었다. 사람이 없어 그 예쁜 대중탕을 매일 나 혼자서만 했다.

아침에는 대중탕을 하다가 저녁에는 동네 아줌마 아저씨들과 바가지를 들고 와서 노천탕에서 온천을 하곤 했다.

온천에서 제일 가까운 숙소를 구했다. 숙소에는 냉장고와 커피포트, 에어컨이 구비되어 있었고 물을 제공해 주었다. 온천복도 남자에게는 반바지를, 여자에게는 고무줄 치마로 맞춰서 준다. 주인 부부 잭과 오잉은 숙소뿐만 아니라 온천 안에서 식당도 운영한다. 간식과 음식을 자주 해 주었다. 숙소에서 온천까지는 2분밖에 걸리지 않아서 머무는 동안은 매일 아침 세수도 온천에서 했다.

◎ 교통편

와롯루 꽃시장 옆 삔강 가에서 50바트를 주고 도이사껫행 노란 썽태우를 탄다. 50분 정도 타고 가다 도이싸켓에서 내린다. 길 건너 작은 시장이 나오면 도이싸켓 온천 간다 하면서 다시 20바트를 주고 노랑 썽태우를 탄다. 썽태우는 30분 정도 산으로 가다가 온천 입구에 내려준다. 입구에서 길 건너면 온천까지 2km 표지판이 보인다. 보통 입구에서 오토바이가 대기를 타다가 1인당 20바트씩 받고 사람을 온천까지 나른다.

우리는 처음 갔을 때 그걸 몰라서 동동거리다가 온천 입구에서 지나가는 차를 하나 세워 온천까지 태워 달라고 부탁했다. 태워다 준 게 고마워서 빵 한 봉지 드렸다.

◎ 근처의 볼거리

동네 이곳저곳에 삼림이 우거져 있고 논밭이 아름답다. 공기가 너무 좋아서 한 달 머물러도 매우 좋겠다. 동네가 상당히 부촌이며 별장 촌 같다. 유황 온천을 즐기면서 간간이 마사지를 받으면 시니어들에게 매우 좋겠다. 공기가 너무 좋았다. 이곳도 내 사진 보여주면 매우 잘해 주기로 약속을 받았다.

◎ 도이싸켓 온천 인근 숙소 연락처

Pornsawan GH.

084-488537

084-4886537

- 주인 부부: 잭과 오잉

이곳 숙소는 하루에 600바트이다. 물과 커피, 간단한 간식, 그리고 온천복을 제공한다. 와이파이도 된다. 치앙마이로 돌아갈 때는 주인이 도이싸켓 마켓까지 차로 데려다 주었다. 거기서 치앙마이까지 가는 노랑 썽태우를 타면 본 숙소로 돌아갈 수 있다.

세면장

도이싸켓 온천 지대 전경

고구마 아줌아 동남아 피한·배낭여행

노천탕 주변 풍경

도이사껫 온천 숙소

온천 근처 숙소 주인 부부 잭과 오잉

온천 주변의 예쁜 동네 풍경

도이사껫 온천 입구

초보에서 고수 배낭여행자로 등극한 '고구마 아줌마'의 실전 여행담

고구마 아줌마
동남아 피한 배낭여행

인쇄 · 발행	2019년 8월 15일
지은이	김춘자
펴낸 곳	여행마인드(주)
발행 · 편집인	신수근
편집디자인	나래
등록번호	제2014-54호
주소	서울 관악구 관악로 105 동산빌딩 403호
전화	02-877-5688(대)
팩스	02-6008-3744
이메일	samuelkshin@naver.com

ISBN 978-89-88125-43-4 부가기호 03910 (PUR제본)
정가 26,000원